【日本棋院最新版】

# 围棋定式大事典

## （下卷）

（日）高尾绅路　著

苏　甦　译

北方联合出版传媒（集团）股份有限公司

辽宁科学技术出版社

KIHON JOSEKI JITEN (GEKAN) HOSHI・MOKUHAZUSHI・TAKAMOKU・SANSAN NO BU
Copyright © Shinji Takao 2010
Chinese translation rights in simplified characters arranged with The Nihon Ki-in
Through Japan UNI Agency, Inc., Tokyo

© 2024辽宁科学技术出版社
著作权合同登记号：第06-2021-121号。

**图书在版编目（CIP）数据**

围棋定式大事典. 下卷 /（日）高尾绅路著，苏甦
译. —沈阳：辽宁科学技术出版社，2024.4
ISBN 978-7-5591-3370-0

Ⅰ.①围… Ⅱ.①高… ②苏… Ⅲ.①定式（围棋）—
基本知识 Ⅳ.①G891.3

中国国家版本馆CIP数据核字（2024）第018730号

出版发行：辽宁科学技术出版社
　　　　　（地址：沈阳市和平区十一纬路25号　邮编：110003）
印　刷　者：辽宁新华印务有限公司
经　销　者：各地新华书店
幅面尺寸：145mm×210mm
印　　张：16.5
字　　数：300千字
印　　数：1～4000册
出版时间：2024年4月第1版
印刷时间：2024年4月第1次印刷
责任编辑：于天文
封面设计：潘国文
责任校对：栗　勇

书　　号：ISBN 978-7-5591-3370-0
定　　价：58.00元

联系电话：024-23284740
邮购热线：024-23284502
E-mail:mozi4888@126.com
http://www.lnkj.com.cn

# 前　言

　　定式是众多前辈们智慧的结晶。他们的睿智和对棋道不断的探索都融合在了一个个定式之中。

　　从字面意思可以看出，定式指的就是在角上的定形方法。已经成为被认可的下法，就会在实战（棋谱）中反复出现。只是偶尔下出的变化不能称之为定式。

　　反复出现的下法，是黑白双方都可以接受的结果。所以说，定式最终定形之后都会形成两分。如果不是两分局面，就不会反复在棋盘中出现。

　　本书将这些定式收录其中。下卷收录了"星""目外""高目""三三"类别的定式。"小目"类定式请阅读本书上卷。

　　星和三三在角上都是左右对称的选点，所以并没有如小目、目外、高目那么多的挂角手段。可以说是一手棋已经将角守住，这样可以快速占据大场，有行棋速度快的优点。同样花费一手棋，下在处于高位的星可以有未来发展，下在低位三三能确保实地。两者的缺点是星位不易获取实地，三三容易被对手在外围压迫。

　　拥有位置高、速度快优点的星位，近代以来越来越受到重视。尤其是在三连星、中国流等布局下法出现以后，星位的出现频率更是大大增加。与此同时星位定式的研究也越来越深入，更多的星位定式出现在了大众视野之中。所以本书与前版《基本定式辞典》相比，加大了星位定式的篇幅。

　　在星位流行的同时，目外、高目在实战中使用的概率在大幅度降低。但是因为其变化复杂仍然具有较高的人气，所以本书中还是收录了一定数量的目外、高目定式供读者阅读。

上卷中提到，定式是在局部中两分的下法。根据全局棋子配置，对定式结果的评价会有所改变。定式的选择一旦出现错误，即使局部两分，从全局来看也会有好坏不同的结果。这一点请一定牢记于心。

希望本书能够为各位读者提高棋力尽到绵薄之力。

高尾绅路

2010年2月

# 目　录

# 凡　例

一、标注◆◆的图形，代表是基本定式。

二、标注◆的图形，是符合基本定式标准的定式。

三、索引图下边的数字，是棋形所在页数。

# 索 引

第一章 星

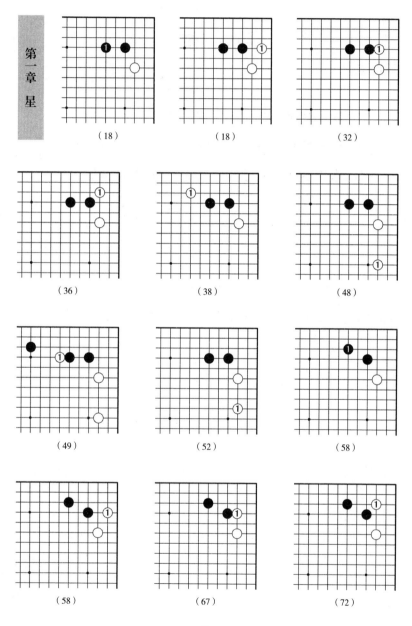

| | | |
|---|---|---|
| （18） | （18） | （32） |
| （36） | （38） | （48） |
| （49） | （52） | （58） |
| （58） | （67） | （72） |

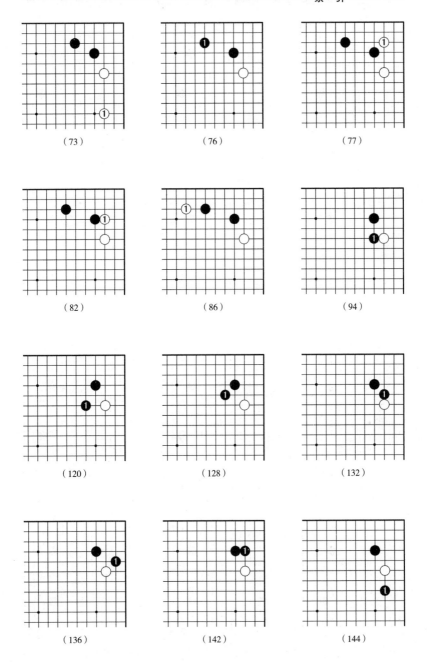

（73）　　　　　　　　（76）　　　　　　　　（77）

（82）　　　　　　　　（86）　　　　　　　　（94）

（120）　　　　　　　（128）　　　　　　　（132）

（136）　　　　　　　（142）　　　　　　　（144）

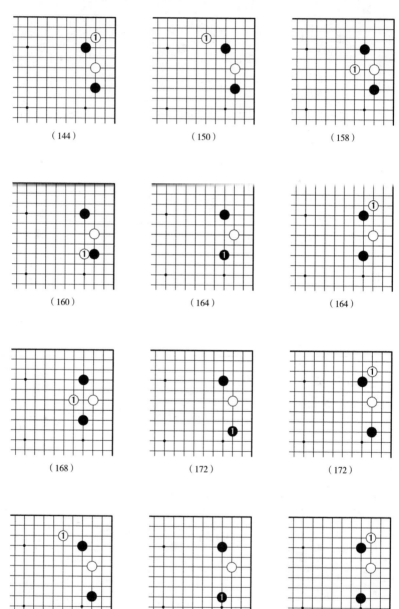

（144）　（150）　（158）

（160）　（164）　（164）

（168）　（172）　（172）

（174）　（180）　（180）

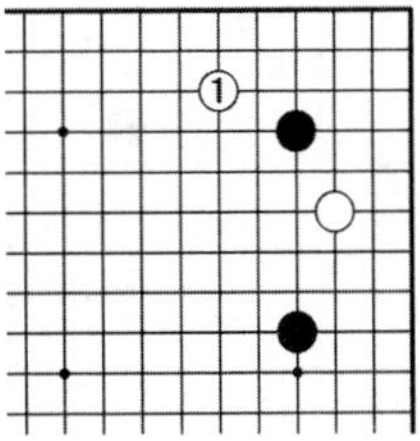

(183)

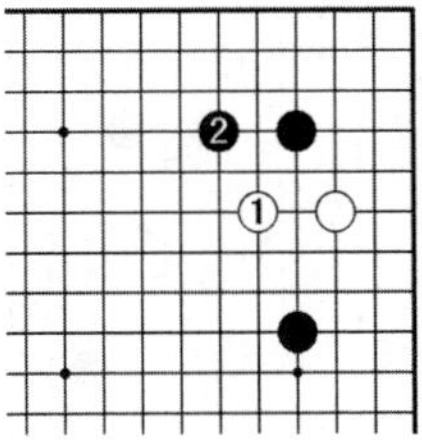

(202)

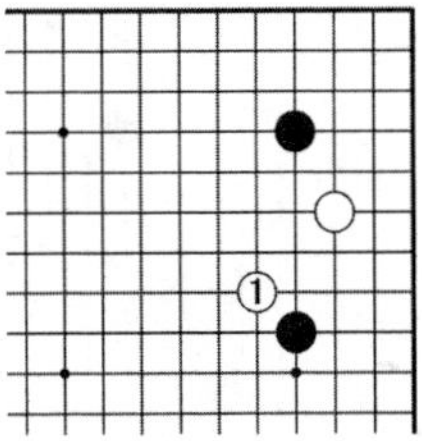

(203)

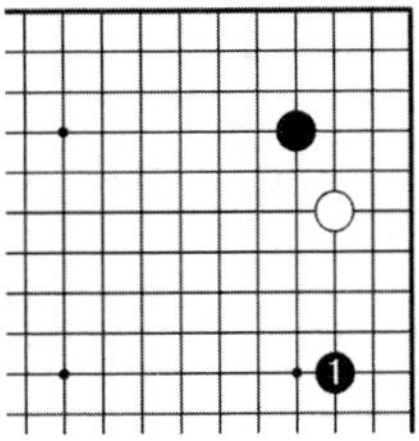

(207)

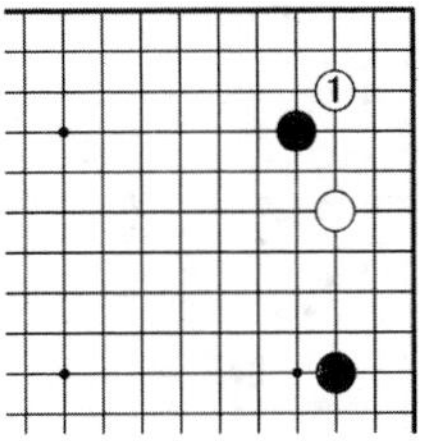

(207)

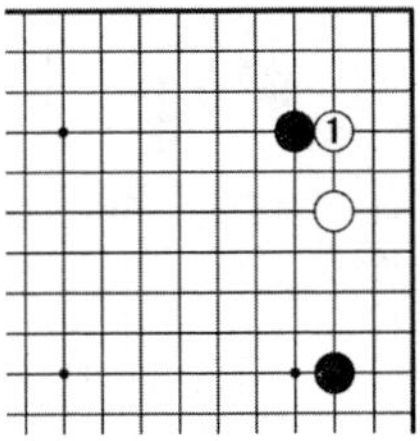

(209)

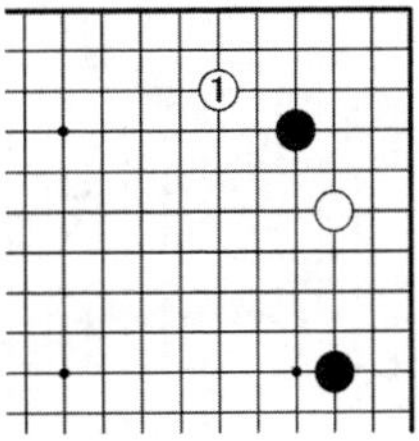

(212)

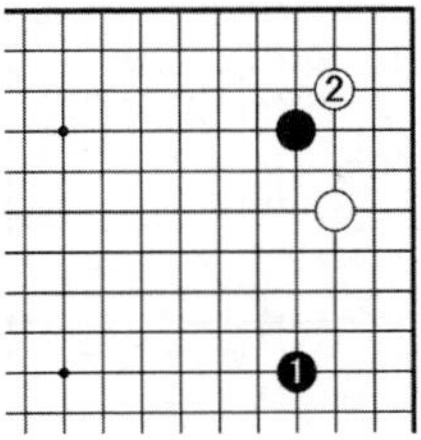

(228)

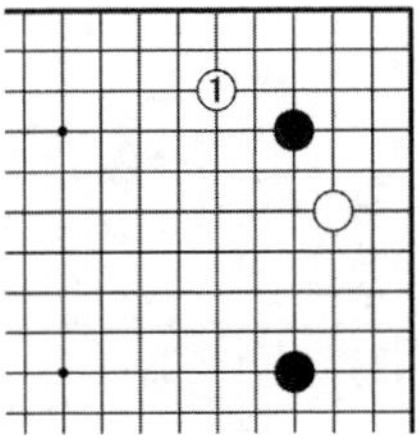

(232)

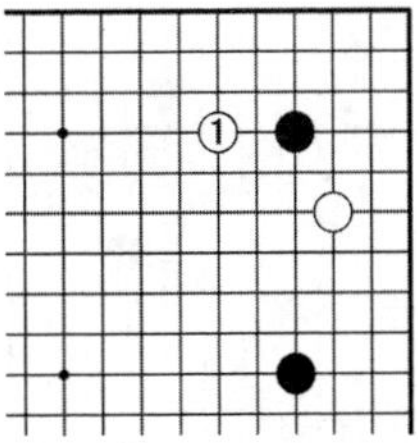

(250)

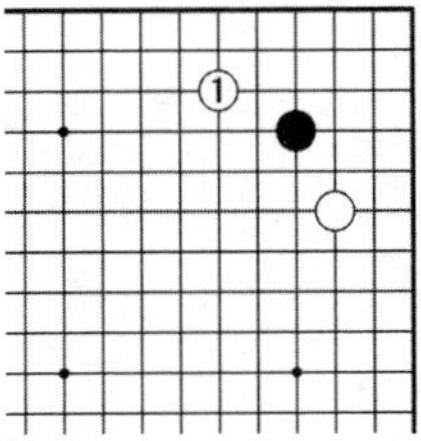

(262)

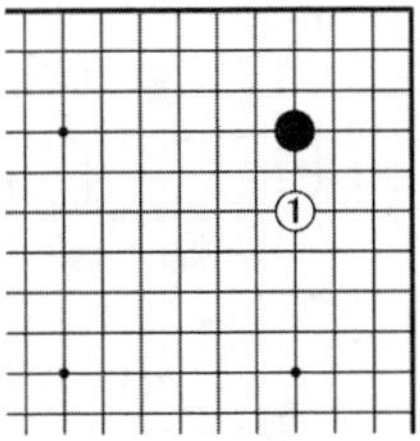

(278)

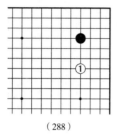

（288）

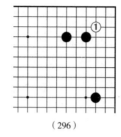

（296）

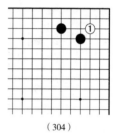

（304）

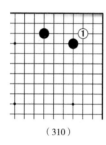

（310）

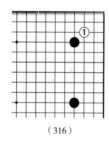

（316）

第二章 目外

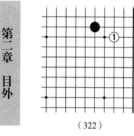

（322）

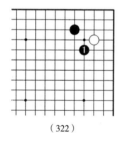

（322）

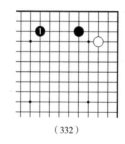

（332）

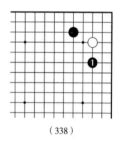

（338）

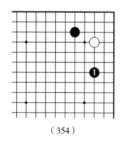

（354）

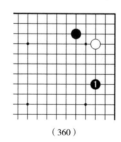

（360）

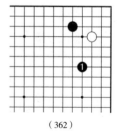

（362）

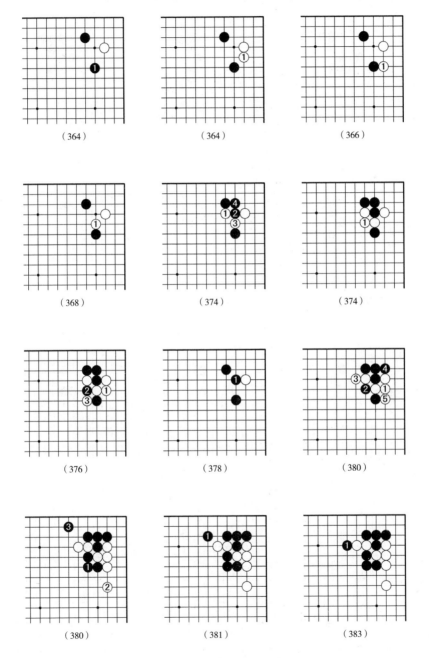

（364）　　　　　　（364）　　　　　　（366）

（368）　　　　　　（374）　　　　　　（374）

（376）　　　　　　（378）　　　　　　（380）

（380）　　　　　　（381）　　　　　　（383）

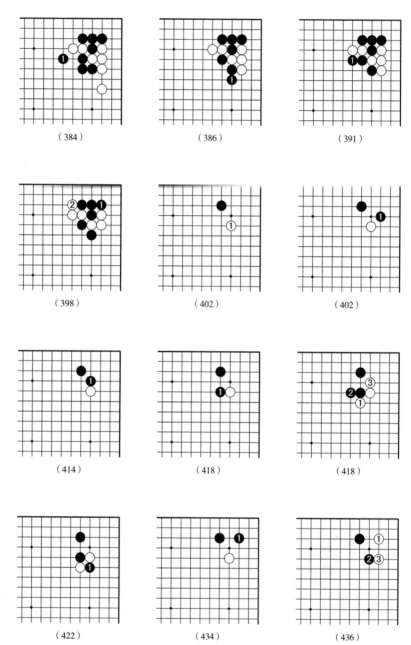

（384）　　　　　　　（386）　　　　　　　（391）

（398）　　　　　　　（402）　　　　　　　（402）

（414）　　　　　　　（418）　　　　　　　（418）

（422）　　　　　　　（434）　　　　　　　（436）

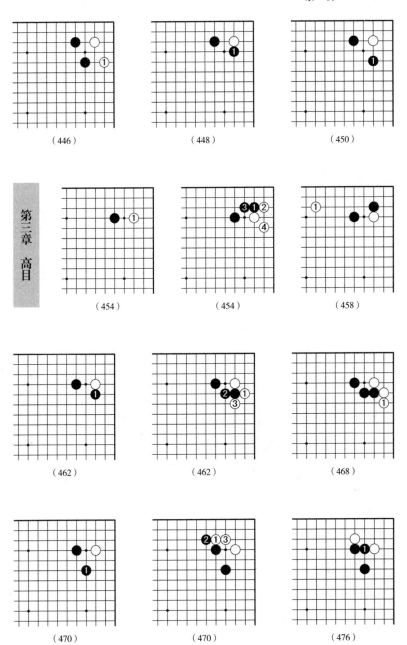

（446）　　　　　　（448）　　　　　　（450）

第三章　高目

（454）　　　　　　（454）　　　　　　（458）

（462）　　　　　　（462）　　　　　　（468）

（470）　　　　　　（470）　　　　　　（476）

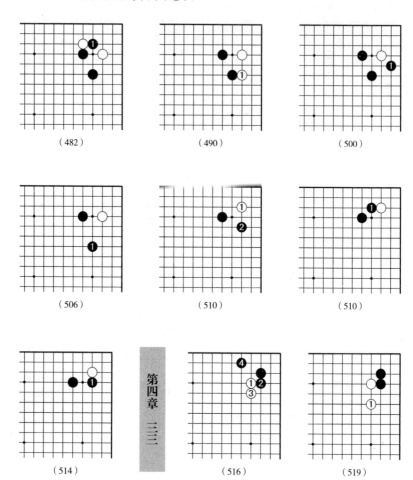

（482）　　　　　　（490）　　　　　　（500）

（506）　　　　　　（510）　　　　　　（510）

第四章

二三二

（514）　　　　　　（516）　　　　　　（519）

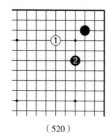

（520）

# 第一章

# 星

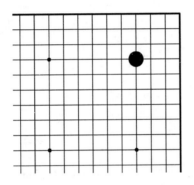

　　棋盘从上边数"4·四"就是星位，比小目位置更高。相比之下，选择星位更注重未来势力的发展。而且占角的选点左右对称，没有明显侧重。换言之可以快速抢占大场，有轻灵、速度快的特点。

# 小飞挂角

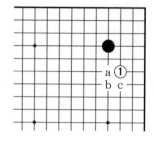

白1小飞挂角。此时白棋还有a位一间高挂、b位二间高挂、c位大飞挂角等选择，但在星位挂角时首选一定是小飞挂角。

## 1. 一间跳

黑1一间跳。接下来夹击白一子和上边拆边见合。

黑1与黑a小飞守角是此时常用的下法。

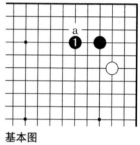

**基本图**

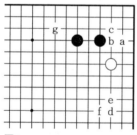

**图1**

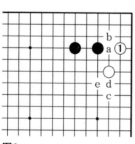

**图2**

**图1（后续手段）**

黑一间跳，白棋的应法有白a位小飞、b位托角、c位点三三和d、e、拆边等。

白g位反夹较多出现在让子棋对局中，是场合下法。如果在右边、上边棋子配置合适的情况下，在普通对局中也可以选择。

**①小飞**

**图2（根据地）**

白1小飞，目的是尽快就地做活。与此同时可以减少黑棋的角地。如果轮到黑棋落子会在a位或者1位守角，角地的差距不小。

白1小飞，黑可能会选择脱先。保留黑b~e等多种下法。

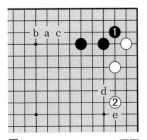

图3

### 图3（定式）

此时黑1小尖守角，白2拆边告一段落。后续黑在a位或者b位拆边价值极大。如果黑棋脱先他投，白c是好点。

白2也可以走在d位小飞，将棋子走在四线。但这样黑有e位的好手。白棋要根据下边棋子配置做出选择。

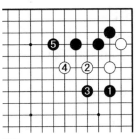

图4

### 图4（白不好）

上图白2拆边是定式下法。如果脱先，则黑1夹击严厉。

白棋小飞与黑小尖三三交换之后，白棋也失去了点三三转换的可能。

白2跳，黑3、5继续攻击，好调。

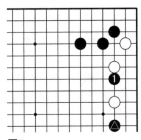

图5

### 图5（目的）

此时白棋的棋形基本已经安定，但如果黑棋在△位有子，就出现了新的手段。

黑1就是黑棋的后续手段。根据具体的局面可以将白上下分断，并可能对其发起攻击。

白棋也有确保联络的下法，但棋形委屈。

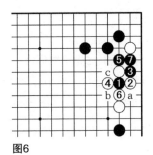

图6

### 图6（黑有利）

白2下扳，黑3断。白必然被分断。

白4打吃，黑若6位长，白a打吃，黑b，白7，黑棋计划失败。此时黑5反打吃掉白一子，角上实地巨大，黑有利。

如果劫材有利，黑7可以在c位打吃。

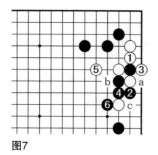

图7

### 图7（黑有利）

白1打吃，则黑2、4分断。白5跳，黑6扳。本图也是黑稍好的局面。

但是如果劫材有利，白3可以在4位打吃，黑a提，白b打吃，黑c渡过，白提劫。

在做出选择之前一定要先判断劫材情况。

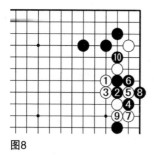

图8

### 图8（实地与外势）

此时白1扳。

黑2、4想要简单联络，白5、7强硬阻渡。

黑8提，白9粘，黑10吃掉白上边一子告一段落。本图黑棋获得实地，白棋取得外势，两分。

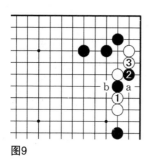

图9

### 图9（联络）

如果白棋不想被分断，也有1位顶的下法。

黑2扳，则白3顶。此时白a切断和b位封头见合，可以保证棋形完整。

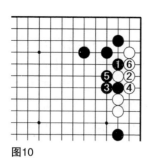

图10

### 图10（黑稍好）

上图黑2选择本图黑1尖顶。

白2只能忍耐，黑3、5先手整形告一段落。白棋子全部处于低位，黑稍好。

当然要注意的是白棋选择本图的目的就是要全部联络。

20

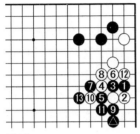

图11

## 图11（外势）

黑△位有子的情况下，黑1点也是此时的常用手筋。白2挡，黑3冲。通过弃掉二子，黑棋在右下形成厚势。

白2若在3位压，黑渡过，白棋失去根据地。此时白挡是正常应对。

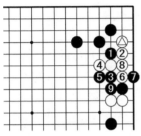

图12

## 图12（新手）

上图黑3如本图黑1尖顶是严厉的新下法。白2挡，黑3尖顶是既定手段。进行至黑9黑棋成功将白分断。

白2若下在4位，黑可以将白△一子分断，实地所得极大。黑棋也可以满意。

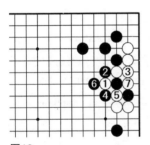

图13

## 图13（黑无不满）

上图白4，如本图白1是选择妥协的下法。黑2、4，白5、7确保联络。

此时黑棋获得先手，与下图对比就可以看出明显是黑棋满意的结果。

在图12黑棋的下法特别严厉的情况下，白棋最好抓紧机会补强。

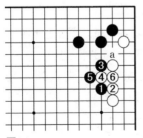

图14

## 图14（重视上边）

黑1、3也是黑棋的局部选择之一。白4挖，黑5打吃先手，是重视上边发展的下法。

白4如果补在a位，黑4位粘虽然落了后手，但是棋形非常厚实。

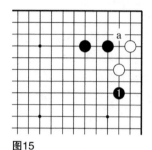

图15

### 图15（夹）

白小飞进角，黑1夹。不让白棋在右边拆边的同时，黑棋自身接下来希望在右边能够有所发展。

此时白a小尖进角是常见下法。这样会形成白棋获得角地、黑棋取得外势的转换。

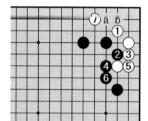

图16　◆◆

### 图16（定式）

白1小尖。

黑2尖顶、4虎扳将白棋封锁。

此时白5粘是选择之一。白7小飞也可以脱先他投，但这样一来必须忍受黑a、白b的先手交换。本图白棋获得实地，黑棋得到厚势。

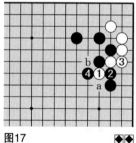

图17　◆◆

### 图17（定式）

上图白5也可以如本图1位扳。黑棋征子有利可以在4位打吃。后续黑棋必须在a位提子，白棋可以寻找机会引征。

黑棋a位提棋形厚实。如果征子不利，黑4会在b位长。

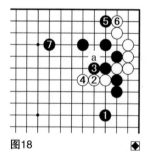

图18　◆

### 图18（战斗）

黑棋征子如果不利，或者更重视右下发展的情况下，也可以黑1小飞。

白2长挑起战斗。为了防止白a的后续手段，黑3补强。黑5跳先手利，黑7拆边。

白2也可以脱先他投。

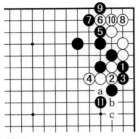

图19

### 图19（战斗）

此时黑1下打。白2粘，黑3渡过，激战就此开始。

白4长，黑5挡整形。进行至黑11是一种变化。

白4若在a位拐，黑b，白11，黑c，白棋获得先手7位小飞获取实地。两种变化各有优劣。

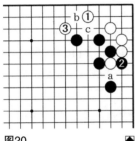

图20

### 图20（定形）

白棋如果重视上边，会白1直接小飞。黑2断吃，白3出头。

黑2断吃棋形厚实，后续白瞄着a位逃出的手段。

白1也可以在b位大飞，黑2，白c。两种下法各有优劣。

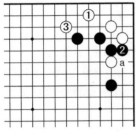

图21

### 图21（黑厚）

同样是重视上边，白1可以直接小飞。黑2挡，白3小飞出头。

本图与上图不同的地方是，白还有a位的后续手段。但白a的下法想要成立难度较大。

本图黑无不满。

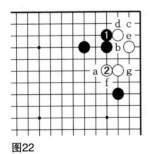

图22

### 图22（旧形）

此时黑1挡，白2出头。这是旧定式下法。

白2如果在a位跳，后续有黑b，白c，黑d，白e，黑2，白f、黑g的手段。

如今本图已经很少在实战对局中出现。

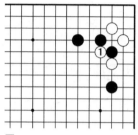

图23

## 图23（挤）

黑棋意在封锁，白可以1位挤。

白1的目的很明显，就是拒绝被黑棋封锁。但是白1成立有个条件，必须征子有利。

此时黑棋如果反击，会演变成复杂的战斗局面。

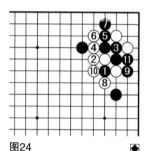

图24

## 图24（两分）

黑需要3位粘，在此之前1位打吃交换是正确次序。黑3粘，白4、6冲断。

进行至黑11，白棋在外围获得厚势。

白8征子如果不利，黑10位长可以逃出，白大亏。

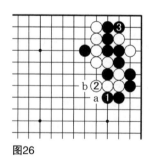

图25

## 图25（白好）

上图白10如本图白1位粘，黑2渡过，抢占白3位挡是白棋的目的。

白有a位断，黑4补看起来是必然的一手。白5拐、7压，白棋获得巨大外势。

黑4需要再好好想想。

图26

## 图26（两分）

上图黑4，可以选择黑1打吃。白2长，黑3补强。

这样黑a是好手，接下来有b位打吃的绝好点。如果白棋无法接受会在a位拐，这样黑脱先他投。

与上图不同，本图基本上是双方两分的局面。

24

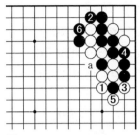

图27

### 图27（两分）

如果白1先拐，黑如果5位长，白可以下到2位挡。这样还原图25的局面。

所以黑2必须拐，气合。

以下进行至黑6，后续黑棋还有a位出头的手段。

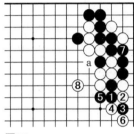

图28

### 图28（战斗）

上图黑4也可以考虑如本图黑1直接出头。白2打吃，黑3至黑6交换之后再7位粘补断点。有了白4以后，白棋征子不利。

白8跳为了防止黑a长，后续的战斗围着黑三子展开。

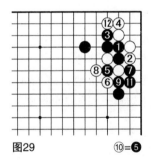

图29    ⑩=❺

### 图29（战斗）

黑1直接粘，白2渡过。

白6打吃，黑如果8位长，白9位粘，黑不好。黑7断吃反击必然。

此时是白棋可战的局面。如果对本图不满，黑1还是应该先在5位打吃交换。

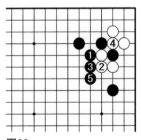

图30

### 图30（其他下法）

此时黑棋也有1位打吃的选择。

白2粘，黑3压给白三子施加压力。白4断吃，黑5长告一段落。

这是黑棋希望在上边有所发展时的有利下法。

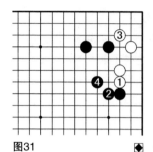

图31

### 图31（两分）

白棋不希望被黑尖顶封锁，可以先在1位顶。黑2长，白3小尖获得角地。

白棋是好形，但黑4小尖封锁也可以满意。

本图是双方简明定形的结果。

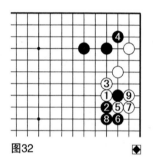

图32

### 图32（定形）

如果白棋无论如何也要避免被黑棋封锁，会选择1、3的下法。这样黑棋无法将白封头。

这样黑4可以获得角地，白5断吃黑一子做活。两分。

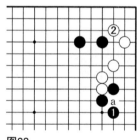

图33

### 图33（重视右边）

黑棋如果重视右边，上图黑4会在1位虎。棋形较a位粘更有弹性。

白2占据三三获得角地，黑1虎好形。本图根据下边棋子配置是可选变化之一。

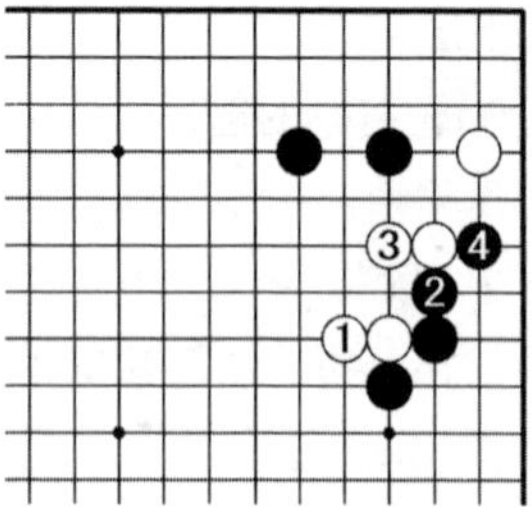

图34

### 图34（急所）

白1长是在本图局面下绝对不可选的下法。

因为黑2顶、4位扳是此时的急所，非常严厉。

图32的白3退是只此一手。

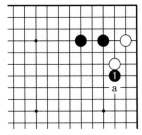

图35

### 图35（碰）

黑可以1位碰。

黑1与黑a一样重视右边发展。

黑a同时带有封锁的想法，黑1碰更倾向于在右边有所发展。

此时黑棋还有能够将上边和右边都走到的下法。

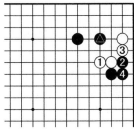

图36

### 图36（白不好）

普通情况下白1长是本手，但在本图局面下白1就是问题手。

黑2、4扳粘，黑▲位所处是棋形急所。白棋形难受，大亏。

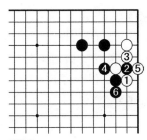

图37

### 图37（黑稍好）

白此时可以选择上扳或者下扳。

白1下扳的前提是征子有利。

黑2断，白3打吃，黑4、6形成厚势。本图黑稍好。

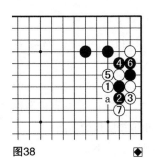

图38

### 图38（定形）

白1打吃、3位爬。白棋必须要考虑到征子的情况。

黑4若在7位长，白可以在5位粘。所以黑4、6分断白一子，白7征吃。

后续黑可以引征，随时利用a位逃出的后续手段。两分。

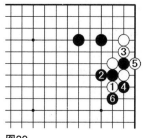

图39

### 图39（征子）

白1打吃，黑2长，白3打吃。白棋这样下必须考虑征子情况。

黑6如果征子有利是黑好，如果征子不利就要看是否能找到好的引征手段。

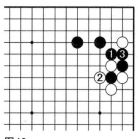

图40

### 图40（白好）

黑棋若征子不利，只能黑1打吃弃子。白2提，黑3粘。

白被切断的一子仍然还有余味，而白提子获得先手，白有利。

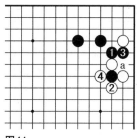

图41

### 图41（转换）

白棋下扳，黑可以1位尖顶。

白2打吃反击，黑3立，白4提转换。

本图与上图相似，但黑a位没有落子获得先手，本图两分。

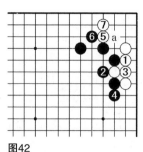

图42

### 图42（黑稍好）

黑尖顶如果白1忍耐，黑2先手打吃，白棋子位置都在低位，棋形略显局促。

黑4长，白5、7进角做活。形成黑棋获得厚势、白棋取得实地的局面。

黑4长也可以在a位小尖。

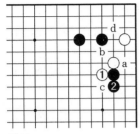

图43

### 图43（上扳）

白1上扳。相比之下上扳在实战中出现的频率更高。

黑2长，此时白棋面临选择。白棋有a位立、b位虎、c压、d小尖进角等下法。

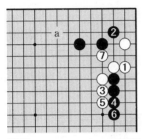

图44

### 图44（定式）

白1立，黑2小尖守角。黑棋的目的在于不让白棋拆边。

虽然黑棋上边和右边都有所得，但棋形略显薄弱。

白3至白7整形，后续白a和右边夹击见合。两分。

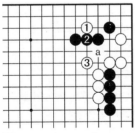

图45

### 图45（一长一短）

上图白7，如本图白1刺、黑2粘交换之后再3位虎补。

白棋的目的是让黑a的先手棋形难看，失去意义。

但是这样一来白1一子也可能被吃，与上图相比优劣难辨。

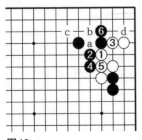

图46

### 图46（黑好）

白1虎，黑2顶是棋形急所。白3顶，黑4长先手，黑6立。黑无不满。

黑2如在3位顶，白a挖，黑b，白2，黑c，白d，这样是白可战的局面。

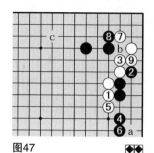

图47

### 图47（定式）

白1压。黑2扳、4跳整形。黑6也可以在a位小尖。

白7、9进角告一段落。白9是要防止黑b挤的手段。

接下来黑在c位一带拆边比较常见，双方两分。

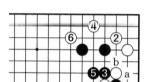

图48

### 图48（其他下法）

黑1直接长。这样如果白a立，则黑2位小尖守角还原图4。

白2小尖进角，黑3断，进行至白6是实战进行。

黑3若在a位扳，则白b。结果与上图相似，但黑1长棋形稍显沉重。

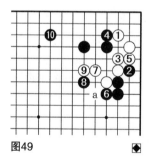

图49

### 图49（定形）

白也可以此时马上1位小尖进角。

黑2扳、4挡与图47下法相同。白5团，黑6拐。

黑8为了防止白a位扳。如果不想让黑下到8位，白7可以考虑在8位跳。

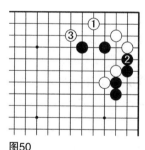

图50

### 图50（黑稍好）

白1小飞的下法也曾在实战对局中出现。白3小飞出头之后在上边获得实地。

但是黑2顶的棋形与图21相比明显更为厚势，本图黑稍好。

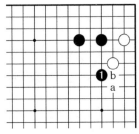

图51

### 图51（肩冲）

黑1肩冲。

黑a、b的下法明显重于右边发展。黑1肩冲更倾向于未来在中腹有所建树。

黑1是希望能够在中腹形成厚势的下法。

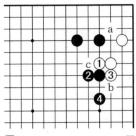

图52

### 图52（定形）

黑棋肩冲，白不能选择脱先。白棋的下一手有本图的出头或者下图的爬立，二选一。

黑2长，白3拐。接下来白会选择a位进角或者b位长。

黑2也可以在3位挡，白c，黑a。

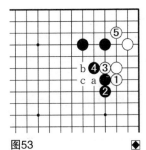

图53

### 图53（定形）

白1爬，黑2长，白3拐。黑4扳，白5进角保留了a位的断点。

白a断，黑棋如果征子不利会在b位长，后续形成战斗。

黑4也可以在c位跳，是比较轻灵的下法。

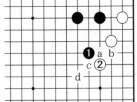

图54

### 图54（大飞）

黑1也是重视中腹发展的下法。比黑a位肩冲更轻灵，同时白棋也没有特别强硬的反击手段。

白2小飞棋形坚实。此时白棋也可以脱先，这样黑b靠或者黑2封锁。

黑棋的后续手段有c位压或者d位小飞。

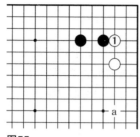

图55

②托

### 图55（腾挪）

白1托在自身稳固的同时也加强了对手的棋形。也就是说白1的目的是通过腾挪获取眼形。

所以在黑a位一带已经有子夹击的情况选择白1托的情况较多。

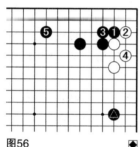

图56

### 图56（基本定式）

以黑▲位一有子为前提进行本图讲解。

黑1扳是绝对一手，白2连扳手筋。

黑3粘简明，白4虎告一段落。

黑5拆边价值较大。此时也可以选择脱先他投。

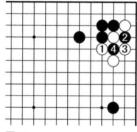

图57

### 图57（打劫）

上图白4在1位虎，诱惑黑2打吃。

此时若黑2提子，则白3打劫是既定手段。本图要看全局的劫材情况，对于对局双方来说都是复杂局面。

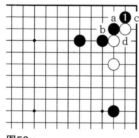

图58

### 图58（连扳）

白扳，黑1连扳。虽然黑棋形看起来薄弱，两处断点。但白棋并没有好的反击手段。

比如白a，黑b，白c，则黑d双打吃白失败。

那么白棋应该如何应对呢？

32

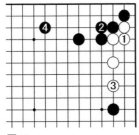

图59

### 图59（黑满意）

白1粘，黑2粘。白棋形不够弹性，接下来白3拆一，局部仍没有完全净活。

黑4拆边棋形舒展，黑棋连扳结果获得成功。

白1需要好好考虑一下。

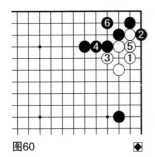

图60 ◆

### 图60（定式）

白1虎。黑2可以打吃是因黑连扳所得。白下到3、5两点也可以满意。

黑4粘，白5粘、黑6虎补告一段落。白3虎好形。双方两分。

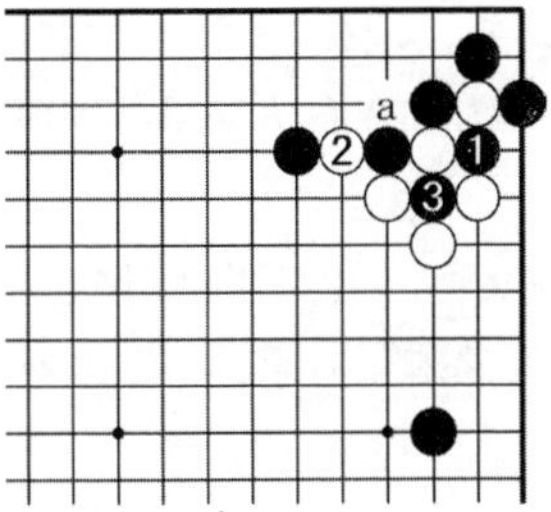

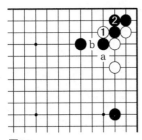

图61

### 图61（白腾挪）

上图黑4如本图黑1提，白2打吃。

黑3提，白棋可以选择a位打吃或者在棋盘其他地方寻求劫材。

不管如何，都是白棋可下的局面。

### 图62（高级战术）

黑棋连扳，白1断吃交换之后脱先是高级战术。

白接下来有a、b两点打吃的利用手段，可以根据具体局面做出选择。

正是因为给了白棋太多选择，所以连扳的下法如今已经不多见。

图62

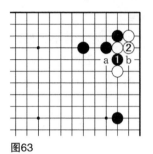

图63

### 图63（打吃）

现代围棋中黑1的下法比较常见。

此时打吃是想剥夺白棋形成图58白4、图60白3的获得弹性棋形的可能性。

白2粘，黑棋要选择是a位粘还是b位分断。

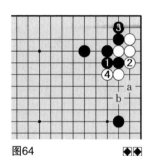

图64　◆◆

### 图64（定式）

接下来黑1粘，白2渡过。黑3立夺取白棋根据地，对白发动攻击。

白4出头。但是这样一来黑a成为先手利。如果不能接受，白4可以在b位拆一，如此棋形坚实。

本图是常见定式。

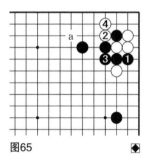

图65　◆

### 图65（定式）

黑1分断，是为了在右边获得巨大模样的下法。

白2、4获得实地，黑3粘棋形厚实。双方两分。白4虽然落了后手，但后续有a位出头的好手。

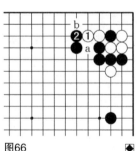

图66　◆

### 图66（两分）

上图白4如果想获得先手，可以白1长。

当时黑2挡之后，a位、b位都成为先手，黑棋外势变得更加厚实。

与上图相比优劣难辨，本图也是两分局面。

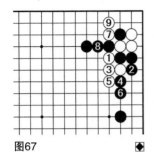

图67

### 图67（定式）

图65中的白2，也可以如本图白1断。黑2拐，白3、5先手利之后再7、9做活。

接下来白四子成为焦点。

白四子后续的行动时机非常重要。如果直接被对手吃掉，那么白1以下的下法就不可取。

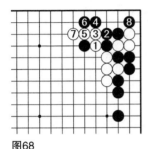

图68

### 图68（实地大）

上图白7，如本图白1断吃可以分断黑棋。

但是这样一来就必须舍弃角上三子。

白3冲，黑4扳，进行至黑8形成实地与外势的转换。但本来黑棋所得实地明显更为诱人。

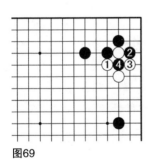

图69

### 图69（打劫）

白1虎，黑2打吃，白3做劫，黑4提劫。

白1就是为了在局部做劫。

接下来就要看双方劫材的情况。

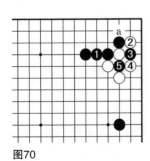

图70

### 图70（坚实）

黑1粘棋形坚实。但白2扳，黑3断吃之后白4仍然可以做劫。

黑棋即使打劫失利也要在3位打吃，在a位退让绝不可取。劫争失利黑棋可以在棋盘其他地方连走两手。

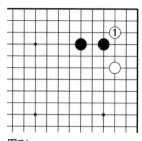

图71

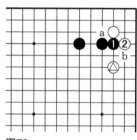

图72

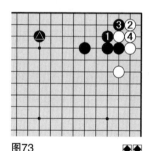

图73　◆◆

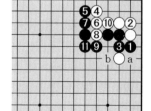

图74　◆◆

### ③点三三

**图71（转换）**

黑棋一间跳，白1直接点三三。主要目的是转换将外围挂角一子变轻，获得角地。

后续会形成白棋获得实地，黑棋取得外势的局面。

**图72（绝对）**

黑1挡是必然的一手。即使能够接受让三三一子与白△联络，也必须先在黑1位挡。

黑1、白2交换之后，黑有a位和b位两种选择。下在a位是允许白棋联络的下法。

**图73（定形）**

如果黑棋在❹位一带已经有子，黑1可以让白棋联络。

白2虎渡过，黑3打吃告一段落。

黑❹即使没有子，黑1、3获得先手之后也可以在❹一带拆边。

**图74（定式）**

直接点三三，黑1扳断是普通应对。黑棋更为重视右边发展。白4小飞，黑5靠。

白8冲留下了白a、b的先手利。白8如果直接10位补活，黑会在8位粘。

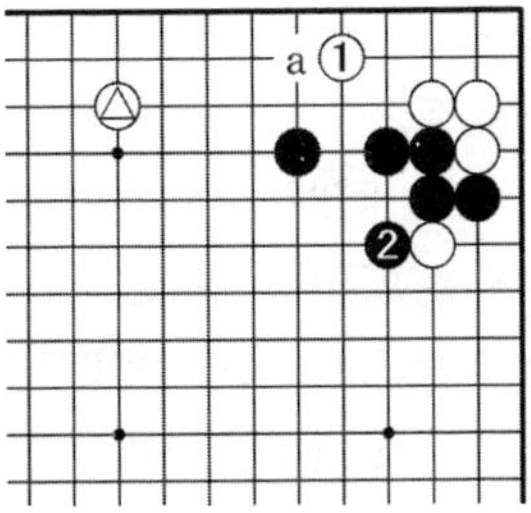

图75

### 图75（黑充分）

上图黑5靠，可以不着急封头。

比如白棋在△一带已经有子的情况下，黑a位靠的价值已经变小，同时还有下图的危险。

这样一来黑2虎就是此时的好选择，黑充分。

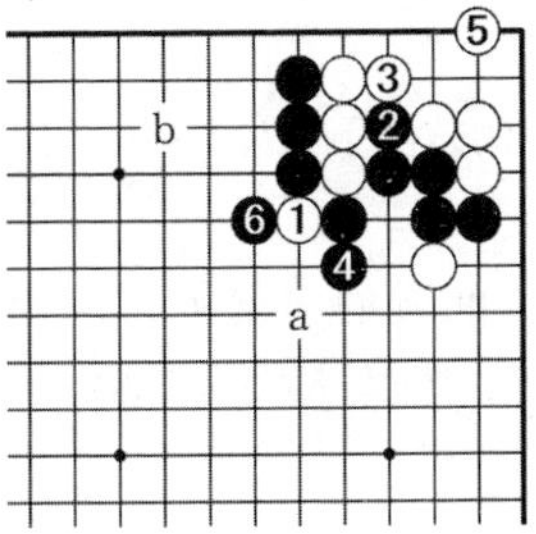

图76 ◆

### 图76（断）

图74的白10，可以如本图白1断。

黑2冲局部稍损，黑棋的目的是能够在黑6征吃。

如果黑棋征子不利，黑6下在a位小尖，白6位长，黑b形成战斗局面。

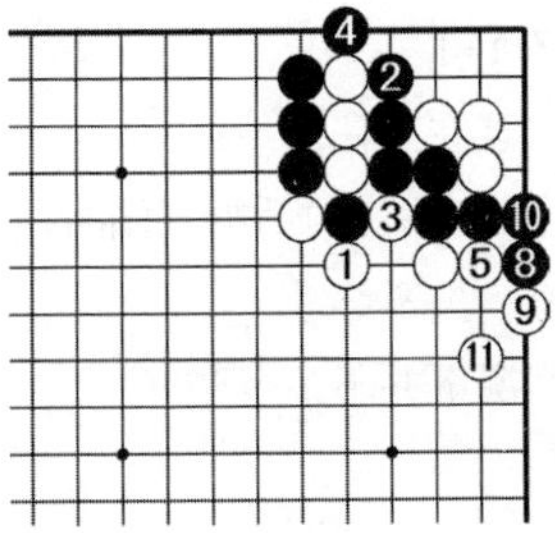

图77 ❻=打三还一

### 图77（黑好）

上图白3如果在1位打吃无理。

黑直接2位打吃好手。白3提，黑4渡过，白5夹，黑6提先手交换之后，8、10吃掉白角上三子角地可观。

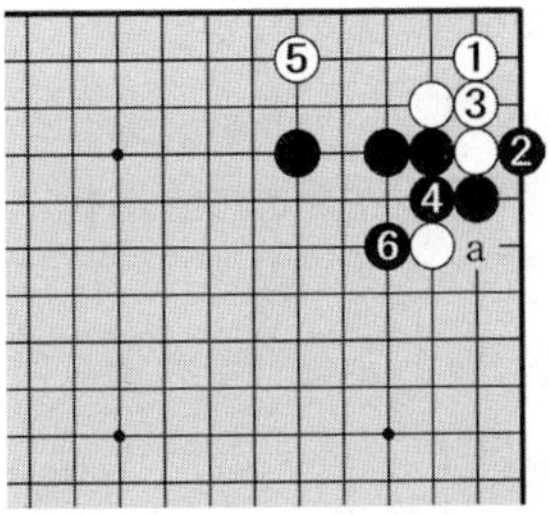

图78 ◆◆

### 图78（定式）

此时白1虎。这样黑4粘，白可以5位大飞。

但是黑2先手打吃之后，原本白a的先手利消失。

各有好坏。

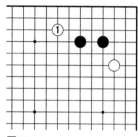

图79

④逼

### 图79（让子棋下法）

白1直接逼住黑一间跳。白1在让子棋中经常出现，普通对局中不多见。

黑棋的下法会根据左上角棋子配置进行调整。以下选取黑棋的代表性选点进行讲解。

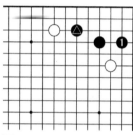

图80

### 图80（小飞）

黑▲位小飞的情况下，黑1跳就可以将实地收入囊中。

但是上图一间跳的情况下棋形两边都有空隙，所以黑棋没有好的防守方法。

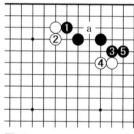

图81

### 图81（黑不好）

黑1至黑5，意在守住角地。

但是后续白还有a位的手段，同时白2、4在外围变厚，黑不好。

一间跳的情况下并不适合防守。

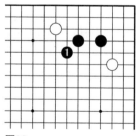

图82

### 图82（见合）

黑一间跳的情况下，明显白棋左右两边棋子更为薄弱。黑棋此时的选择一定是主动出击。

一种选择是黑1小尖。积蓄力量之后攻击白左右两边棋子。

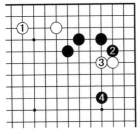

图83

### 图83（夹击）

白1补强上边一子，则黑会攻击右边白一子。

黑2尖顶、4位夹击是常见的攻击手段。

黑2尖顶的目的是让白棋棋形变重，与图81黑棋的尖顶完全不同。

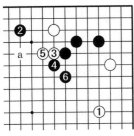

图84

### 图84（黑可战）

白1若补强右边，则黑2会夹击上边白棋一子。

白3靠，黑4扳、6虎一边出头，一边继续对白保持攻击态势。

黑6虎棋形坚实，也可以选择a位跳。

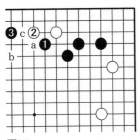

图85

### 图85（其他下法）

此时黑1肩冲。

白2跳出头，黑马上3位夹击。接下来白a、黑b。若黑棋在左边有棋子配置会更好。

黑3如果在a位压，白c长厚势可能落空。

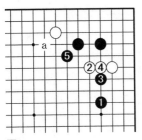

图86

### 图86（夹击）

图82中的黑1直接如本图1位夹击也是有力的下法。

白2跳，黑3先手刺之后黑5小尖。黑棋不会让白下到5位封头。

黑后续还有a位飞压的手段可以继续保持对白棋的攻击。

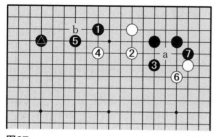

图87

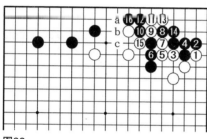

图88

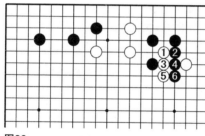

图89

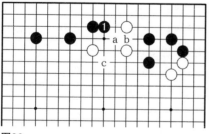

图90

### 图87（定形）

此时黑1在上边夹击。黑▲位有子的情况下是非常有利的下法。白6小尖是瞄着a位的后续手段。所以黑7尖顶补强。

黑5也可以在b位跳。

### 图88（白无理）

接下来白1～5，黑6粘即可。白7、9冲断，进行至黑16，白崩。接下来白a扳，黑b打，白c开劫的下法，白棋明显没有合适劫材。

### 图89（黑好）

图87中的白6，如果直接在1位刺不成立。黑2以下冲出，黑好。

### 图90（急所）

图87之后白如果脱先，黑1并是破坏白眼形的严厉手段。接下来黑a，白b，黑c可以将白棋分断，但白棋找不到合适的补法。

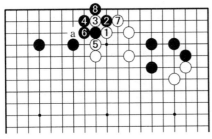

图91

### 图91（整形）

上图白棋明显陷入困境，所以一般来说白会选择1位整形。进行至黑8黑棋角上厚实。黑6也可以在8位提，然后白6位打，黑a位立下。

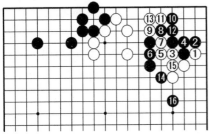

图92

### 图92（黑可战）

上图之后也不用担心本图白1的下法。与之前不同，黑棋不能吃掉白9分断一子。但黑10补断点之后，黑14、16严厉，仍然是黑可战的局面。

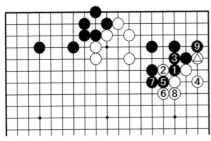

图93

### 图93（其他下法）

黑棋如果不喜欢上图的结果，在白△扳的时候，黑1挤。这样可以保持联络。

白2先手打吃、4位虎补。黑5断吃白一子。

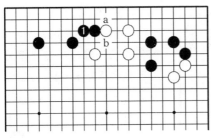

图94

### 图94（退）

此时黑1退不给白棋顺调整形的机会。白此时可能会选择脱先，但黑棋后续有a位扳、b位扳出的手段。

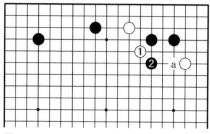

图95

**图95（小飞）**

此时白1小飞。此时黑棋必须出头，可以选择黑2跳或者a位压。

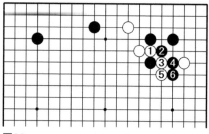

图96

**图06（黑可战）**

黑棋的棋形看起来有断点，有些薄弱。但其实白1、3冲断的下法并不成立。黑4、6冲出明显优势。

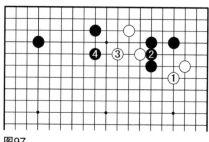

图97

**图97（白小尖）**

白1小尖做好准备在2位冲断。黑2补，白3跳整形，黑4跳形成互攻的局面。

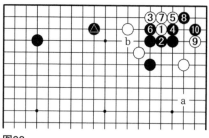

图98

**图98（刺）**

白1刺意在获取眼位。但是有黑▲一子在，想要就地做活并不容易。黑2以下应对，后续有a位夹和b位靠断的手段。

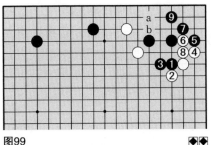

图99

◆◆

### 图99（定形）

黑1、3压长出头是坚实的下法。在出头的同时整形。白8粘，黑9虎棋形扎实。白a小飞，黑b顶确保眼位。

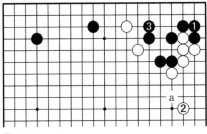

图100

### 图100（黑充分）

上图黑9也可以如本图黑1粘。这样一来黑a夹击严厉。

白2拆边，黑3补角的同时保持对白二子的攻击。

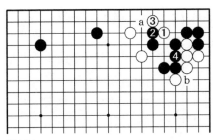

图101

### 图101（见合）

上图白2如果在本图白1位刺操之过急。黑2、4之后黑a扳、b位断见合。白棋陷入困境。

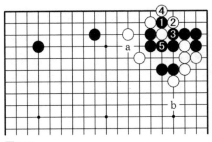

图102

### 图102（其他下法）

上图黑4也可以在1位断整形。白4提，黑5打吃，接下来有a位跨断和b位夹击的手段。本图仍然是黑棋有利。

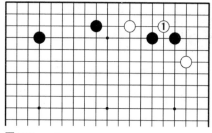

图103

### 图103（刺）

白1刺，意在快速做活。此时黑棋即使让白获得眼位也能够同时获得外围厚势。

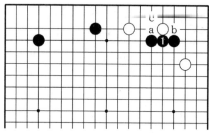

图104

### 图104（基本）

黑棋只需简单应对即可。黑1粘稳健，白有a、b、c3种应法。

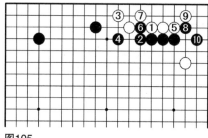

图105

### 图105（黑厚）

白1爬，黑2长是棋形急所。白3小尖防止黑棋冲断，黑4跳封棋形厚实。白9扳，黑10虎。接下来黑棋瞄着攻击白一子。

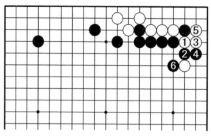

图106

### 图106（黑好）

上图白9如果1位断可以吃掉黑一子。但这样黑棋2、4弃子之后外势更加厚实。

44

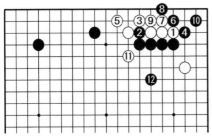

图107

### 图107（黑可战）

白1爬也可以补断，但黑2冲、4扳仍然可以制造断点。白5虎，黑6以下至黑12，白棋左右两边棋形薄弱，黑好。

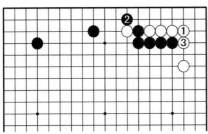

图108

### 图108（转换）

此时白1进角。黑2扳，白3拐转换。白棋角地所得可观，黑棋外势也可以满意。

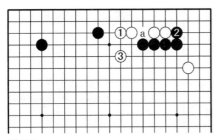

图109

### 图109（余味）

白1并也可以防止冲断。黑2拐是此时棋形要点。接下来黑a仍然有一定威胁，白3跳出，两分。

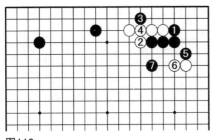

图110

### 图110（两分）

虽然白2是棋形急所，但黑1拐获得角地也是可选的下法。黑5获取角地确保眼位，后续可以对白左右两边继续攻击。

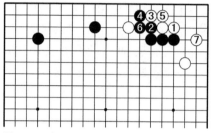

图111

### 图111（两分）

白1爬进角，黑2拐分断。这也是白实现想好的下法，接下来白3、5扳粘先手，白7小飞渡过。黑棋获得厚势，双方两分。

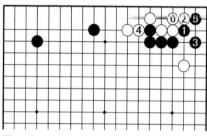

图112

### 图112（两分）

如果不满上图白棋渡过，黑可以1位扳。白棋可以做活，黑也保证了眼位，两分。

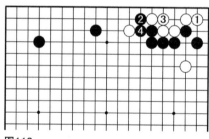

图113

### 图113（白不好）

上图白4如果1位长，这样黑2位扳严厉。与图111相比就可以发现白棋过于注重角地，导致外围白一子陷入困境。

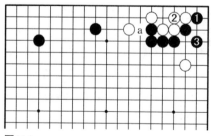

图114

### 图114（其他下法）

黑可以1位连扳。但这样一来图112的白4，也就是本图中的a位可以省略。相比之下黑稍显不足。

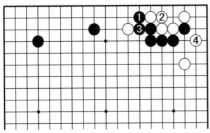

图115

### 图115（还原）

图112中的黑3，如本图1、3扳断。白2粘先手、4位小飞渡过。

本图与图111结果相同。

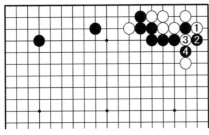

图116

### 图116（白失败）

上图白4若在1位打吃是问题手。黑2、4可以做劫阻渡，白很难应对。上图白4是此时的手筋。

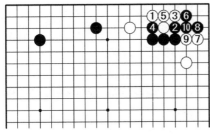

图117

### 图117（黑可战）

白1小尖棋形弹性。黑2拐进行至黑10，黑棋虽然尚未净活，但白上下两边棋形薄弱，黑可战。

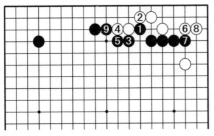

图118

### 图118（黑厚）

黑1尖顶是封锁白棋的有力下法。白6、8可以获取角地，黑9外围厚实，黑无不满。

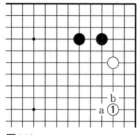

图119

### ⑤拆三

**图119（安定）**

面对黑一间跳，白1拆三应对。

其他应法还有白a超大飞等。白棋的目的都是先确保自身安定。

黑棋此时有可能选择脱先他投。

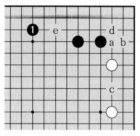

图120 ◆◆

**图120（定式）**

黑棋如果继续在局部落子，黑1拆边是普通下法。

接下来黑a、b可以确保角地，还有黑c打入等后续手段。

如果白先落子，d位点三三，小飞进角，e位打入是比较常见的下法。

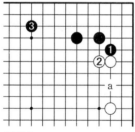

图121

**图121（恶手）**

白棋拆三，黑1尖顶让白2长之后形成"立二拆三"的理想棋形。不可选。

但如果黑棋在下边有棋子配置，黑3可以立即在a位打入，那么黑1是可选择的变化。

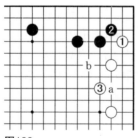

图122

**图122（防守）**

如果白棋先落子，白1小飞进角，白3补强。

如果黑a打入严厉，白棋可以这样下补强自身棋形。

白3也可以在b位跳。

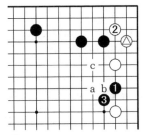

图123

### 图123（战斗）

白棋需要注意的是，在白△小飞进角的时候黑可能1位打入。白2小尖可以确保眼位，黑3小尖或者a位跳出头，后续战斗的焦点围绕白一子展开。

白棋如果不能接受本图，白△可以直接在b或者c位补强。

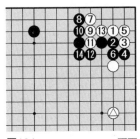

图124

### 图124（定式）

白1点三三为了获取角地。

进行至黑14，结果与图74相同。唯一的不同点是白△位有子。

白外围一子如果孤立存在，点三三会导致外围薄弱。但本图的情况下，白可下。

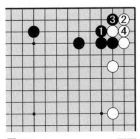

图125

### 图125（定式）

如果上图获得厚势也无法发挥，黑可以1位拐。

进行至白4，黑获得先手，本图与图73白直接点三三结果相同。

局部两分，后续发展要根据全局棋子配置而定。

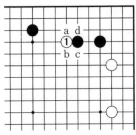

图126

### 图126（碰）

黑超大飞拆边，白有1位碰的手段。

首先白棋的想法是破坏黑实地，还有就是分断黑棋腾挪。白棋会根据黑棋的应对决定后续下法。

黑棋的应手有a～d4种。

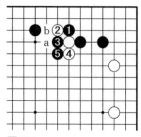

图127

### 图127（重视联络）

如果黑棋重视棋子之间的联络，会选择黑1扳。白2连扳，黑3断吃、5压。

白4如果在a位打吃，黑4提，白b粘，虽然可以分断黑棋，但棋形薄弱白不利。

接下来——

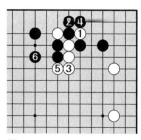

图128

### 图128（定式）

白1断吃、3位长。黑4拐吃，白5拐先手利告一段落。

黑棋实现最初联络的目的。

另一方面白棋成功将黑限制在边上，外势厚实，也可以满意。

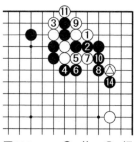

图129　⑫=扑　⑬=提

### 图129（黑可战）

上图白3如果在本图1位长，则黑2粘，白3挡可以吃掉白二子。

但是黑4、6打吃之后黑8夹好手，白△一子明显被撞伤。

上边和右边棋形都不能满意，本图白不好。

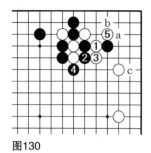

图130

### 图130（白不利）

图128中的白3如本图白1打吃是大恶手。

进行至黑4，黑棋中腹提掉二子极厚。

而且白5虎扳并没有完全获得角地，后续黑还有a位扳的手段（白b位立，黑c位托）。

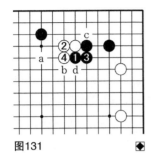

图131

### 图131（定形）

黑1扳，不担心被分断直接反击。只要不用担心左侧黑一子的安危，这是必然的态度。

白2长，黑3粘，白4拐，黑a位跳或者b位扳。

黑3也可以在c位立，白4拐，黑d长。

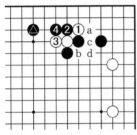

图132

### 图132（白苦战）

白1下扳，黑如果a位虎，则白b打吃先手利。黑c粘，白可以3位长出。

但是此时黑▲一子位置有子，黑2可以直接断吃、4连回。

接下来白c，黑b，白d，黑a打吃，黑优势。

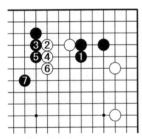

图133

### 图133（长）

黑1长。思路与图131黑1扳相同，都是要攻击白棋。

白2肩冲出头，黑3以下是常见下法。

如果黑棋在左上有棋子配置本图可以满意。

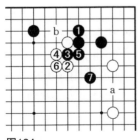

图134

### 图134（立）

黑也可以1位立。

白2跳棋形轻灵。黑3、5挖粘，白6粘，黑7小飞出头普通。在攻击白棋的同时还有a位打入的后续手段。

黑还有b位渡过，棋形厚实。

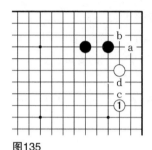

图135

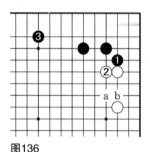

图136

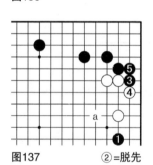

图137　　　　　②=脱先

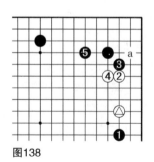

图138

**⑥拆二**

**图135（坚实）**

白1拆二棋形坚实。

白1若在a位小飞，黑b小尖，白1位拆二是定式。但是白a小飞的时候黑可能在b位或者c位反击。所以白1直接拆二就是为了避免出现变化。

**图136（尖顶）**

拆三的时候黑1尖顶是问题手，但在白棋拆二的情况下尖顶就是好手。因为让白2长加强棋形，黑棋并没有损失。

但这样一来黑棋失去了黑2位压或者黑a，白b，黑2位等在上边扩张的下法，各有优劣。

**图137（攻击意图）**

黑棋尖顶之后，就有了黑1继续攻击的手段。

黑1逼住如果白棋继续脱先，黑3、5扳粘价值极大，在获取角地的同时保持对白棋的攻击。

黑1夹击，白a跳应对，棋形坚实。

**图138（同型）**

本图与图136的棋形次序不同。

白△位分投，黑1位逼，白2拆二，黑3尖顶、5位跳。棋形与图136相同。

黑3尖顶是不想让白a位小飞进角。

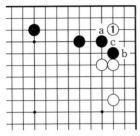

图139

### 图139（点三三）

黑棋尖顶的目的是不让白棋小飞进角，并不能完全确保角地。

此时白棋点三三，黑棋的应手有a位挡、b位立、c位团。

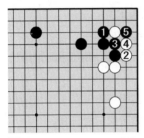

图140

### 图140（定式）

黑1挡是稳健下法。白2扳，右边棋形得到坚强，双方都有所得。

白4与黑5的交换也可以保留，理由如下图。

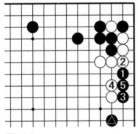

图141

### 图141（目的）

上图白4与黑5如果交换，在黑▲有子的情况下，黑1点非常严厉。

白2粘必然，黑3托过，白瞬间失去眼位，随时可能被黑棋攻击。

上图白4如果保留——

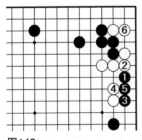

图142

### 图142（利用）

黑1至黑5渡过之后，白6可以立获得角地和眼形。

正因为白6成立，所以图140中的白4可以选择保留，用来牵制黑1位点的严厉手段。

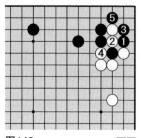

图143

### 图143（定式）

图140的黑3，也可以如本图黑1扳。

白2打吃，黑3反打，白4提，黑5打吃告一段落。

黑棋角地损失降到最小，但白棋形也同时得到了强化。

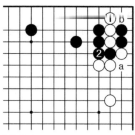

图144

### 图144（见合）

上图白4不能1位立。

黑2粘，接下来黑a断吃和b位拐见合。

但是白若想要a位一带先手，可以利用1位立。这一点需要引起注意。

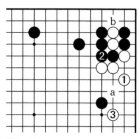

图145

### 图145（利用）

在本图的局面下，图143黑棋的下法就是问题手。

此时白1虎是手筋，黑2粘，白3大飞出头。

此时如果黑2下在a位，则白b立，黑失败。

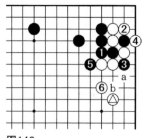

图146

### 图146（白好）

图143的黑3如果直接1位粘，白2可以吃掉黑一子。黑不好。

即使白△位无子，黑5在a位长，白b跳即可。

黑1粘的下法，在白4提之后，如果可以a位逃出也可以作为局部备选下法。

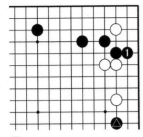

图147

### 图147（立）

黑1立。即使让白棋在角上做活，也不允许白棋联络。

特别是在黑▲位有子的情况下，此时黑会在1位立阻渡。白活棋，黑棋获得巨大厚势。接下来可以加大对白棋的攻击力度。

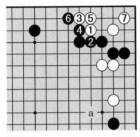

图148 ◆◆

### 图148（定式）

白1刺做活。

黑2粘，白3小尖做活是一种选择。黑4、6封头，白7做活。

后续黑会在a位一带对白发起攻击。既然已经在角地上有所得，白拆二棋形被攻击已成必然。

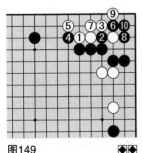

图149 ◆◆

### 图149（定式）

上图白3的下法也经常出现本图白1的冲。黑2、4之后白棋面临选择。

白5扳则必须忍耐黑6冲断。黑棋获得角地，白棋在边上做活。

接下来——

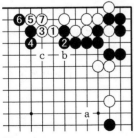

图150

### 图150（两分）

白1打吃，5、7做活。接下来黑棋还会在a位小飞攻击白拆二三子。

白1也可以下在3位靠，黑4位长，白2位打吃。接下来黑b，白1，黑c封锁。虽然黑棋落了后手但外围极厚。与白1优劣难辨。

55

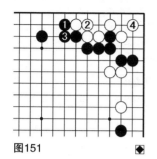

图151

**图151（两分）**

此时黑1连扳。

白2、4做活，黑棋获得先手。

白4如果脱先也是活棋，但会遭到搜刮实地，损失极大。

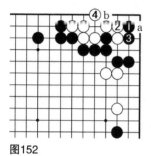

图152

**图152（白不好）**

此时黑1点严厉。白2、4可以确保做活，但此时白棋实地亏损，不能接受。

白2如果在3位挡，黑2位断、白a扳，黑b打吃角上死活出现问题。白只能2、4忍耐。

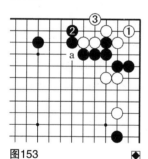

图153

**图153（两分）**

图149中的白5，也可以选择白1夹直接在角上做活。

这样防止了黑棋断，同时确保眼位。黑2立，白3做活，还留有a位断的后续手段。

给黑棋外势造成一定压力。

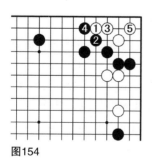

图154

**图154（白稍差）**

此时白1小飞也可以做活，但是黑2尖顶好手，白棋形委屈。

进行至白5，白棋可以确保角上做活。但与上图相比高下立现。

白3不能在4位长，否则黑3位扳严厉。

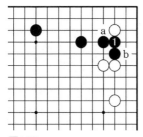

图155

### 图155（团）

黑1团是介于黑a位挡和b位立之间的下法，比较均衡。

白棋此时也可以做活，但与黑b位立的情况不同，白棋做活棋形比较委屈，需要选择做活的时机。

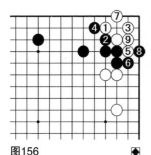

图156

### 图156（定型）

白想要无条件做活，白1小尖是手筋。

进行至白9局部做活。但与图148至图153做活的情况不同，白棋的实地所得极小，黑棋外围厚实。

所以白1的下法需要找到时机才可以动手。

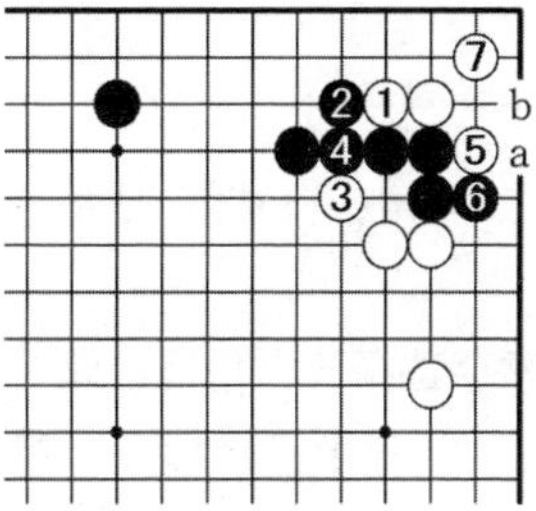

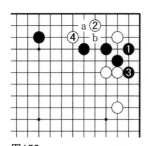

图157

### 图157（打劫）

白1爬不能净活。但是也有选择白1爬的实战对局，这是特殊下法。

黑2虎，白3先手刺。接下来白5、7做眼，黑a打吃，白b做劫。

图158

### 图158（小尖）

若黑1小尖阻渡，是为了下到3位虎。

白2做活，黑3虎。但是白4可以小飞出头，白无不满。

若黑3下在a位靠过分，白b长黑无法应对。

## 2. 小飞守角

黑1是注重实地的新手，在日本昭和时期（1926—1989）被认可。在日本江户时期（1603—1868）黑棋基本上都是大飞守角应对，进入明治时期（1868—1912）开创了一间跳的下法。

如今小飞守角与一间跳成为主流下法。

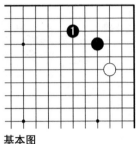

基本图

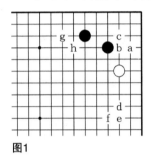

图1

### 图1（后续下法）

此时黑棋小飞守角，白棋的应对下法主要有a位小飞进角、b位托、c位点三三。

如果暂时放下争夺角地，也可以在边上如d、e、f拆边。

其他还是g位逼住和h位肩冲等。

### ①小飞

### 图2（定式）

白1小飞，黑2守角，白3拆二是基本定式。

最近黑2常常会选择放弃角地，此处的变化在一间跳的变化中已经提及，黑有下在a位或者b位的可能性。

图2 ◆◆

### 图3（黑脱先）

本图是黑棋脱先的局面。

轮到白先，白1进角。此时黑可以再度脱先，如果选择落子可以黑2拆二。

黑2在上边拆边，棋形可以满意。

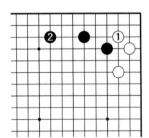

图3

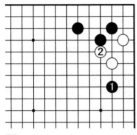

图4

## 图4（白脱先）

白棋图2中的白3也可能会选择脱先他投。

黑1夹击非常严厉，白棋必须做好被攻击的准备。白2尖顶整形。

白2是小尖进角特有的后续手段。

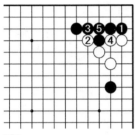

图5

## 图5（黑棋被利）

此时黑1挡下不是好选择。

白2、4先手利，这是白尖顶时就希望出现的局面，白成功整形。黑1有缓手之嫌。

此时黑棋需要避开被利。

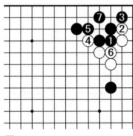

图6

## 图6（定型）

如上图所述，此时黑1团是急所。

白2爬、4扳、6先手补棋。

因为局部白棋已经脱先过一手，局部被攻击是必然结果。但白6能够先手获得眼形，是双方两分的局面。

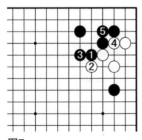

图7

## 图7（双方好形）

黑1扳。白2扳、4挤先手。黑5粘告一段落。

白棋成功整形，黑棋也在上边获得了厚势，可以满意。

考虑到白棋脱先过一手，本图双方两分。

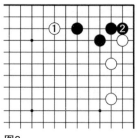

图8

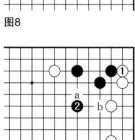

图9

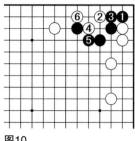

图10

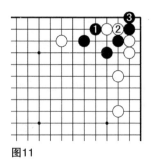

图11

## 图8（逼）

图2基本定式之后，白1逼是后续下法。左上角如果白棋有棋子配置，白1逼是好手。

黑2挡在获取角地的同时确保根据地，价值不小。

## 图0（黑脱先）

上图黑2如果脱先他投，白1爬严厉。此时黑棋已经无法在角上做活，必须进入中腹。

出头的手段有黑2大跳和a位跳等下法。黑2意在下一手b位压整形。

## 图10（孤棋）

此时黑1扳，白2位点。黑3粘，白4、6渡过，黑棋眼形被破变成孤棋。

黑1并不能为自身获得眼位。不仅如此，还给了白棋2位点的好手。黑1是问题手。

## 图11（抵抗）

黑1尖顶是抵抗手筋。

但是从结果来看黑1不是好手。但是一旦白棋应对错误，会导致很严重的后果。

白2断，黑3立——

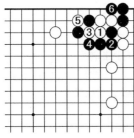

图12

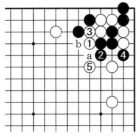

图13

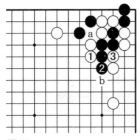

图14

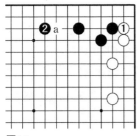

图15

### 图12（白崩）

白1打吃、3挤试图渡过。黑4挡严厉。

白5断吃，黑6可以将白四子净吃，白崩。

白3应该——

### 图13（白好）

白1扳，黑2长气、白3粘是正解。

黑4吃掉白两子，白5跳封获得外势，白棋可以满意。

黑4如果在a位拐，白b，黑4可以避免被封锁，但黑a与白b的交换明显亏损，而且这样一来白棋获得先手仍然优势。

### 图14（见合）

上图白3，如本图白1继续压。黑2长，白3紧气。

接下来黑如果a位断，白b征吃；黑b位长，则白a粘。

此时白b征子有利是白可以选择1、3下法的大前提。

### 图15（爬）

白若1位爬，黑2拆二确保安全。黑2如果脱先，白a逼住棋形与图9相同。

作为黑棋最好避免白棋同时下到1位和a位两个好点。可以看成1和2两点见合。

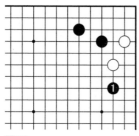

图16

### 图16（夹）

黑1夹。这与一间跳的下法相同，目的是防止白棋在右边拆边。

两者变化大多相同，请参考小飞·一间跳的变化图。

接下来对两者不同的部分进行讲解。

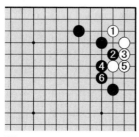

图17

### 图17（定式）

此时白1小尖进角是常见下法。

黑2～6将白棋封锁告一段落。两分。

白5在6位扳的下法请参考一间跳的变化图。

◆◆

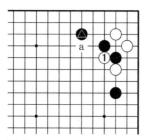

图18

### 图18（挤）

此时白1挤是不想让如上图被白棋封锁。

在一间跳的讲解中，白1挤已经做过介绍。但要说明的是黑a和黑▲会产生细微的不同。

如果不能好好把握，会导致严重后果。

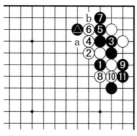

图19

### 图19（不同）

黑1断吃、3位粘。白4、6冲断。这里与一间跳的情况不同。

如果黑▲一子处在a位，则白6已经将黑两边分断。但此时黑▲一子还有b位拐的后续手段。白10只能粘。

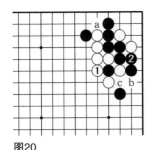

图20

## 图20（渡过）

与黑一间跳的情况相同，白1提，黑2粘。后续保留了a位渡过。

黑2也可能直接就在a位渡过。白若b位扳，则黑c断吃形成劫争。

所以白棋选择了上图白10粘。

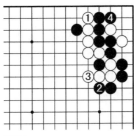

图21

## 图21（两分）

接图19。

此时白1挡。黑2先手打吃之后4位补角。双方两分。

黑2如果直接在4位补角，则白2拐好点。这样与22页图25棋形相同，黑不好。

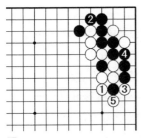

图22

## 图22（两分）

白棋如果不能接受上图被黑2打吃，可以如本图白1拐。

黑2渡过，白3、5吃掉黑一子，在右边形成厚势。

本图白棋获得厚势的方向与上图不同，需要从全局角度判断好坏。从局部来看双方可下，是两分的局面。

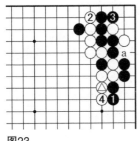

图23

## 图23（白厚）

上图黑2如果直接如本图黑1长，白2挡分断。如果黑3脱先，白有a位断的后续手段。

白2先手分断、4位压好点。

白将2位和△位全部走到，明显白好。

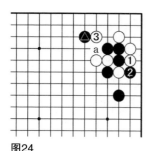

图24

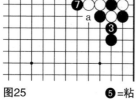

图25　　　　　❺=粘

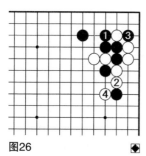

图26　　　　　◆

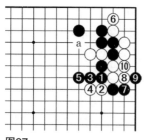

图27

**图24（黑上当）**

黑在▲位小飞守角的情况下，白不会在a位拐，而是有了白1爬的手段。这是黑棋小飞守角与一间跳最大的区别。

接下来黑2打吃随手。白3枷，白棋满意。

接下来——

**图25（白好）**

黑1冲、黑3提。白4打吃先手，6位打吃掉黑一子。

进行至白8，白棋获得可观角地，同时还有a位的后续手段。

但是黑若在a位提又落了后手。

**图26（两分）**

图24中的黑2，应该如本图冷静地在黑1位拐。

白2顶，黑3断吃，白4扳。

本图白棋在外围棋形可以满意，黑棋在角上也有所得，双方可下。

**图27（苦战）**

上图黑3也可以考虑在1位挡。

但是白2断严厉，进行至白6获取角地。

白10粘，黑棋在右边动出，则白a也可以出头。本图白棋有利。

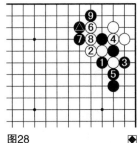

图28

### 图28（两分）

黑在▲位小飞守角的情况下，面对白挤，黑1、3是最简明的下法。

白4断吃、6枷可以吃掉黑一子。接下来黑7位长先手、9位扳试应手。

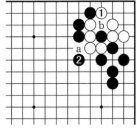

图29

### 图29（目的封锁）

白1挡，黑2枷封锁。虽然黑棋形有两处断点，但白棋选择了一处动手，另一边就要被黑棋获得打吃先手。

本图黑棋稍好。白1若在a位拐或者b位提可以避免封锁，这样两分。

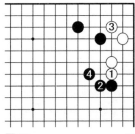

图30

### 图30（两分）

白棋如果想要简明定形，可以选择本图和下图的变化。

白1顶先手、3位小尖进行。黑2长对右边发展有一定帮助，黑4小尖封锁棋形稍显薄弱。

本图双方可下。

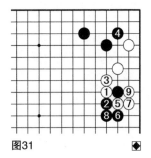

图31

### 图31（定形）

白棋不想被封锁，可以选择白1、3的下法。

黑4守角，白5断吃掉黑一子。黑4如果在6位虎，则白4小尖进角。

白1、3之后，5位断和4位小尖进角见合，可以确保白棋做活。本图两分。

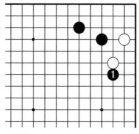

图32

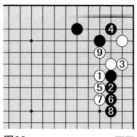

图33 ◆◆

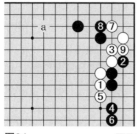

图34 ◆◆

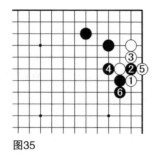

图35

### 图32（碰）

此时黑1碰，意在上下两边都有所得。

黑1碰的变化在一间跳的讲解中已经进行了介绍。

这里重点讲解小飞守角的代表性定式，其他变化请参考一间跳的下法。

### 图33（定式）

白棋大部分情况下会选择白1上扳。

黑2长，白3立。黑4若守角，白5、7先后压，白9虎补。

黑4如果在5位拐，白4位小尖进角。

### 图34（定式）

此时白棋也可以在1位继续压。

黑2扳先手利，之后4、6整形。

白7小尖进角，黑8挡，白9补强告一段落。

接下来黑棋大多会选择在a位一带拆边。

### 图35（白稍不满）

此时白1下扳，黑2断好手。

此时白3打吃虽然简明，但被黑4先手打吃、6位长，形成好形。

本图白会稍有不满。

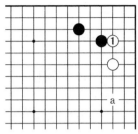

图36

### ②托

#### 图36（就地做活）

白1托意在就地做活。接下来白棋可以做活，同时黑棋形也会得到加强。

所以在白棋还可以拆边的情况下选择白1托角比较少见。一般来说在黑a位一带已经有子夹击白棋的时候，会选择白1就地做活的手段。

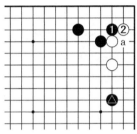

图37

#### 图37（扳）

本图的前提是黑▲位已经有子。

黑1扳必然。接下来白2扳是腾挪手筋。白2如果在a位立棋形毫无弹性，不好。

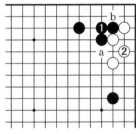

图38

#### 图38（简明）

黑1粘简明。

白2虎是白棋理想中的好形。接下来白a虎、b位扳见合，白棋已经净活。

在黑棋想要获得先手的情况下，本图是简明的下法。但还是略有缓手之嫌。

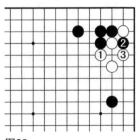

图39

#### 图39（打劫）

上图白2也可以选择本图白1做劫。

黑2断吃，白3打劫必然。这是白棋在劫材有利情况下可选的下法。

黑棋即使劫材不利，也只能在2位打吃。接下来双方会围绕劫争选择后续变化。

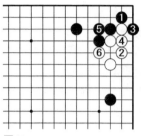

图40

**图40（连扳）**

以往的对局中多见黑1连扳的应对，如今已经很少在实战对局中出现。白棋只要正常应对即可，同时白棋还有可能发起反击，黑棋得不偿失。

白2、4简明定形。进行至白6成功整形确保眼位。

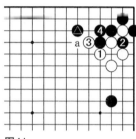

图41

**图41（黑稍好）**

白1虎，希望黑3位长，白2位粘。

但是此时黑2提是好手。白3打吃、黑4粘。黑▲在a位则会不同，白棋无法顺调整形，实地黑棋所得较大，可以满意。

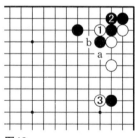

图42

**图42（断）**

白可以1位断吃。白a、b两边打吃都是先手。

此时的关键是白3的腾挪手筋。

黑棋最坏的应对是——

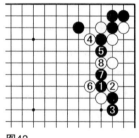

图43

**图43（黑中计）**

黑1、3应对。在大部分情况下黑1、3是好手，但在本图中就落入了白棋的圈套。

白4、6打吃，白8冲，黑棋已经无法处理两边的问题。即使黑棋可以避开白棋的陷阱，在选择应对下法的时候也要万分小心。

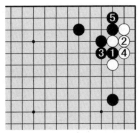

图44

### 图44（定式）

此时的局面下，黑1打吃的应对方法最为多见。白2粘棋形会缺乏弹性。

白2粘，黑3粘，白4渡过，黑5立。黑棋的目标还是要夺取白棋眼位。

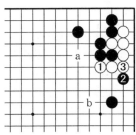

图45

### 图45（后续）

接下来白1贴是常见应对。黑三子气紧，白棋出头不难。

但是此时黑2刺好手，白3粘只能忍耐。

黑a跳是好形，根据不同局面也可以选择b位跳。

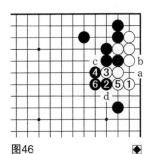

图46

### 图46（两分）

如果不能接受上图被黑2位刺，白可以选择本图白1直接虎做活。

既然选择就地做活，白棋就要做好被黑2封锁的准备。进行至白5，白棋眼形已经充足。后续即使黑a点，白也可以b位确保净活。

后续白有c位断、d位扳的手段。

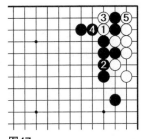

图47

### 图47（其他下法）

上图白3也可以如本图的白1位断。

黑2选择外围厚势弃掉角上二子。进行至白5，白棋获得实地，黑棋取得外势。黑棋先手。

黑2如果在3位打吃，则白2位冲可以出头。

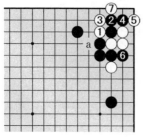

图48

## 图48（定式）

图44中的白4渡过也可以选择如本图白1断吃。这样白棋可以获得角地。

这样黑6分断，外势极厚。本图双方两分。

后续白还有a位扳断的手段。

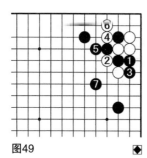

图49

## 图49（两分）

图44中的黑3如本图黑1分断，就可以不给白选择图44或者图48变化的机会，而是黑棋必然获得厚势。

白6在角上做活，黑7好手。白虽然在外围有各种借用，但暂时没有直接动出二子的手段。

双方两分。

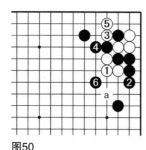

图50

## 图50（一长一短）

上图的白4，如本图先白1、黑2交换。

这样的交换实地亏损，但是保留了黑6之后白a的后续手段。接下来的变化需要根据具体局面而定，好坏难定。

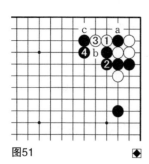

图51

## 图51（两分）

图49的白2，也可以直接如本图白1断，黑2粘，白3顶局部获得先手。

但是这样一来黑a位立先手，黑b位先手外围极厚。官子收束的话黑c也是先手，黑无不满。

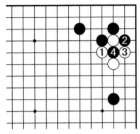

图52

**图52（打劫）**

此时白放弃就地做活，而是在1位虎。

黑2打吃，白3做劫必然。此时的打劫前提必须是白棋劫材有利。

后续的战斗会围绕着劫争展开。

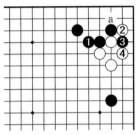

图53

**图53（坚实）**

此时黑1长是坚实的下法。

白2扳仍然将局面引向劫争。

黑3若在a位立有被利之嫌，黑3打吃必然。接下来双方会围绕消劫的时机选择后续下法。

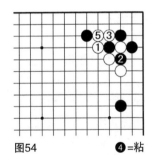

图54        ❹=粘

**图54（反打）**

此时白选择1位反打。

但是黑2提、4粘形成好形，黑棋实地所得巨大，白3、5所得价值无法与之相比。

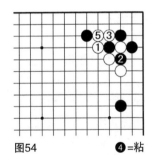

图55

**图55（黑好）**

接下来黑1断吃，白2拐不得已，黑3提价值极大。

白4在上边拆边，此时黑棋的子效更好，可以满意。

白4拆边需要在上边有棋子配置才能更好地发挥效用。

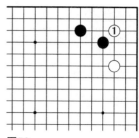

图56

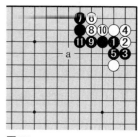

图57 ◆◆

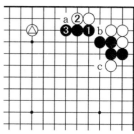

图58

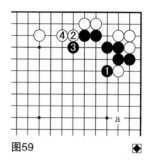

图59 ◆

### ③点三三

#### 图56（破空）

白1点三三为了破掉黑棋角地。

直接点三三会有种过于重视实地的感觉，此时因为黑棋是小飞守角，相比一间跳和大飞守角，白棋做活的空间相对较小。

#### 图57（定式）

黑1挡，白2、4扳粘，6小飞做活。

黑7挡，白8冲，黑9可以挡住确保棋形完整。这一点与一间跳不同（请参考36页图74）。

黑11粘也可以在a位小飞。

#### 图58（其他下法）

白若在△一带已经有棋子配置，黑2挡的价值就变小了。不仅如此，还会有被分断的危险。

此时黑1压是好手。白2爬，黑3长。

黑3若在a位扳，白b补活，黑3粘。白c位长变得严厉。

#### 图59（黑可战）

黑3也可以直接如本图黑1虎。这样白一子基本失去活动可能，黑棋棋形厚实。

白2扳，黑3扳先手利。接下来黑在a位一带拆边，可以满意。

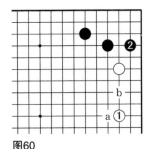

图60

#### ④其他

#### 图60（拆边）

白1或a位拆边。一般是右边有棋子配置的情况下选择这样的下法。

黑2虽然不会立即落子，但这手棋价值极大，不仅确保了角地，同时还有b位打入的后续手段。

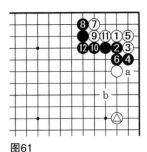

图61

#### 图61（黑脱先）

此时上图黑2脱先。

接下来白1点三三是有力的下法。进行至黑12，黑棋虽然外围厚实，但白在△位有子，可以限制黑棋厚实的发挥，同时还有a位夹的手续手段。

白1也可以直接在3位小飞，黑1位尖，白b小飞。

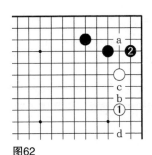

图62

#### 图62（坚实）

白1拆二棋形坚实。白棋若在2位小飞进角，黑不一定会在a位补，还可能在b位、c位等反击非常严厉，所以白1位直接拆二是稳健的选择。

但是这样一来留有与上图一样的黑2好点。黑2之后，还有黑b碰、d位逼住的后续手段。

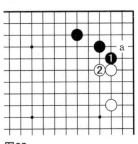

图63

#### 图63（先手）

白棋拆二，黑1尖顶先手，并且防止了白棋a位小飞进角的手段。

但这样一来白2会对未来在中央发展有所帮助。是否选择黑1要根据全局棋子配置决定。

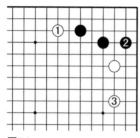

图64

**图64（逼）**

如果重视上边，可以白1逼住。黑2跳好点，白3拆边两边各有所得。

既然白棋选择1位，必然不会成让白1变成后期被黑棋攻击的目标。

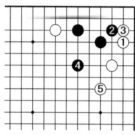

图65

**图66（黑脱先）**

只要黑棋在棋盘上没有特别急迫的要点，就应该如上图白1逼住、黑2守角。如果此时脱先就要做好被白棋攻击的准备。

必然白1小飞。黑2小尖，白3爬搜根。黑4出头，白5小飞好形。

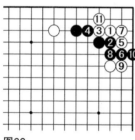

图66

**图66（严厉）**

此时白1点三三是有力下法。白棋的目的从破空变成了攻击。

黑2挡，白3爬严厉。黑4顶，白9夹先手利，11做活。黑棋失去根据地后续有被攻击的可能。

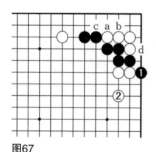

图67

**图67（被告）**

上图黑10，如本图黑1位扳，则白2跳即可。角上黑若a位扳，白b，黑c粘，白d立可以做活。

在白上下两边都有子的情况下，小飞守角也会变薄薄弱。图64的黑2是需要抢占的好点。

74

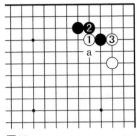

图68

### 图68（腾挪）

白1靠，黑2挡，白3夹。因为黑棋小飞守角棋形已经非常坚固，所以白棋不介意让黑棋更加厚实。

黑2挡是稳健下法，此时也可以黑2扳，但是要做好面对复杂战斗的准备。

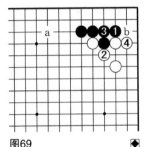

图69

### 图69（两分）

此时黑1也是普通下法。

白2、4先手利，黑棋也可以接受。本图两分。

黑棋获得先手，后续a位拆二和b位挡见合，棋形已经安定。

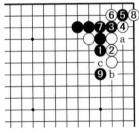

图70

### 图70（反击）

此时黑棋可以1位长反击。

白2粘，黑3、5连扳手筋。白6、8吃掉黑一子，黑9跳封。后续黑a打吃先手，b位挡棋形厚实。

黑5如果在6位立是缓手，白c位拐好点。黑不满。

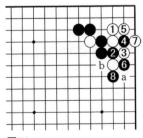

图71

### 图71（黑可战）

上图白2如果选择本图1位进角，则黑2、4冲断，进行至黑8，黑棋征子有利可以吃掉白棋一子，黑好。

如果黑棋征子不利，黑4会在6位断，白a打吃，黑4吃掉白角上二子。或者在白a打吃的时候黑b打吃，总之此处是黑棋可战的局面。

## 3. 大飞守角

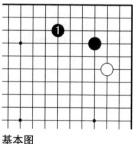

**基本图**

黑1大飞守角是此处众多的应对方法中最古老的下法。

大飞守角如果获得实地当然价值颇丰。下一手白棋大多会点三三应对。所以大飞守角也可以被认为是诱使对手点三三的手段。

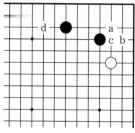

**图1**

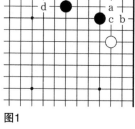

**图2**

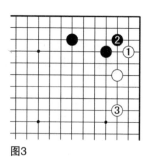

**图3**

### 图1（白棋后续）

如果放任大飞守角继续获取实地，会获得巨大角地。此时白棋要破坏黑棋形成实地的目的，会选择点三三。也可以说此时白棋的后续手段点三三几乎是唯一选择。

除此之外还是b位小飞进角、c位托、d位逼等。但都很少出现。

### 图2（守角）

星位占角本来就有点三三的手段，所以两手并不能直接获得角地。两手指的是星位和守角。需要第三手才能将角地收入囊中，此时的第三手就是黑2。

白1拆边，黑2是急所。此时黑棋能获得角地无不满。

### 图3（小飞）

在一间跳和小飞守角的局面下，白1小飞进角是常见下法。但在大飞守角时并不多见。因为黑2之后黑棋形舒展，黑棋可以满意。

点三三会给黑棋带来外势，只有在实在不希望黑棋获得厚势的情况下，才会选择白1、3的下法。

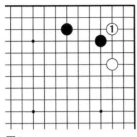

图4

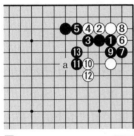

图5 ◆◆

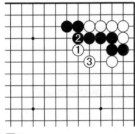

图6

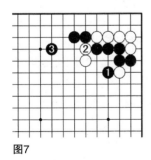

图7

① 点三三

### 图4（时机）

综上所述，黑棋大飞守角白棋大部分情况下都会直接点三三。

就如之前讲解所说，黑棋选择大飞守角，也有诱使白棋立即点三三的意味。

### 图5（代表定式）

本图是点三三的代表定式。白棋在角上先手做活，黑9粘，白10跳。

黑棋失去角地但外势厚实。黑13也可以下在a位。

白4先爬还是先在6、8扳粘，次序微妙。后续会对此进行讲解。

### 图6（骗招）

上图白10，如本图白1刺有骗招之嫌。

此时如果黑2粘上当。白3跳，白棋形充分，与上图相比，可以马上看出黑2的问题所在。

### 图7（反击）

黑1反击必然。

白直接2位断，黑3小飞即可。本图明显黑可战。

此时白棋还是应该如图5，是稳健下法。

77

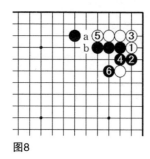

图8

## 图8（次序）

如图5讲解所示，白棋先爬还是先在二路扳粘，次序十分微妙。

白若1、3扳粘，白5爬，黑a顶是定式下法，同样也可以选择黑6虎补。

后续白若b位扳出，黑a断，战斗黑有利。

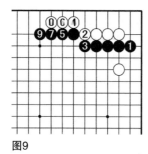

图9

## 图9（变化）

如果白棋先爬，黑可能会选择1位立。

白2顶，黑3挡，虽然黑棋会落后手，但外势极为厚实。

白棋可以根据上图和本图的结果决定行棋次序。

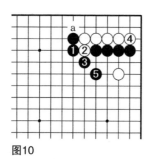

图10

## 图10（其他下法）

图9的黑3也可以如本图黑1长。

白2冲先手，白4挡做活。黑5虎补强外围厚势。

黑a立是先手，本图黑可以满意。

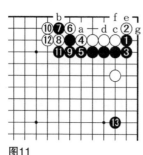

图11

## 图11（扳粘）

黑也可以选择本图1、3扳粘。

白4、6做活，黑7连扳好手。成功整形之后黑13夹击。

后续黑a以下有打劫的收官手段。

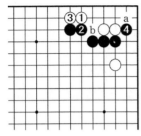

图12

图12（小飞）

此时白也可以1位小飞。

黑2压厚实。白3爬，黑4扳试应手。

白有a、b两种选择——

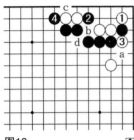

图13

图13（两分）

白1扳，黑2扳断。白3打吃，黑4吃掉白二子形成转换。

白棋获取角地，黑棋获得外围厚势，双方两分。

黑有a位打吃分断的后续手段。但是一旦黑棋选择了a位，则白棋马上有了b位断，黑c，白d的反击手段。是否要下a位，还需要再三斟酌。

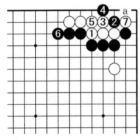

图14

图14（黑好）

白1是安全的下法，但结果并不能够满意。

黑2、4先手利，黑6长。

白7打吃可以在角上做活，但黑a做劫的后续手段，白不满。

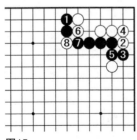

图15

图15（战斗）

白小飞，黑1挡是常见下法。

但是白2、4扳粘先手交换之后，白6冲已经确保净活。黑7挡，白8可以直接切断挑起战斗。

虽然黑棋不惧怕战斗，但要提前考虑到周围棋子配置。

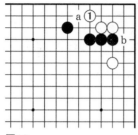

图16

**图16（小尖）**

白1小尖意在不给黑棋凑调整形的机会。

但是这样白棋子全在低位，对黑棋不会构成威胁。但要注意不要让白棋形成好形。

黑有a、b两种候选下法。

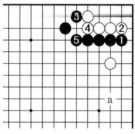

图17

**图17（黑好）**

黑1立是正确应对。

白2挡，黑3尖顶。白4团，黑5长整形。

虽然黑棋落了后手，但是外围厚实可以满意。黑3还可以在a位夹。

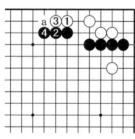

图18

**图18（黑充分）**

此时白也可以1位托。

黑2长即可。白3爬，黑4长。

这样白棋获得先手，但是棋子全在低位，后续黑a拐还是先手，本图还是黑好。

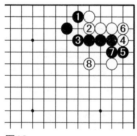

图19

**图19（黑稍不满）**

黑1尖顶，白2团，黑3长，白4、6扳粘做活。

此时白棋角上已经净活。黑7粘，白8跳，黑外势效用不佳。

本图虽然黑也获得了外势，但与图17相比，明显不够满意。

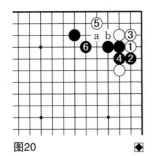

图20

### 图20（两分）

此时白1、3扳粘，5小飞。白棋不想被完全封锁。

但是黑6小尖好形，仍然可以将白棋完全控制在角上。双方两分。

黑6若在a位小尖，则白b挤好手，黑棋形不够满意。

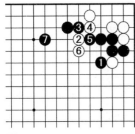

图21

### 图21（其他下法）

上图黑6也可以直接如本图黑1虎。

白2小飞出头是白棋后续下法之一。黑3、5冲断，白6长，黑7小飞，本图应该是黑可战的局面。

白2应该会保留，根据后续周围棋子发展伺机动出。

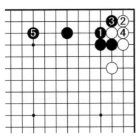

图22

### 图22（重视上边）

图20白1扳，黑棋选择本图1位拐让白棋渡过。

黑棋认为此时上边价值更大，所以做出了这样判断。

白4定形，黑5在上边拆边。此时黑5也可以脱先他投。

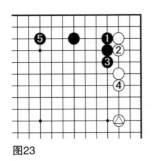

图23

### 图23（定形）

如果白△位已经有子，黑棋即使获得厚势也很难有较好的发展。那么白棋点三三时，黑会直接在1位挡定形。

白2爬，黑3长先手利，这样让白棋形稍显重复。

黑5拆边简明。

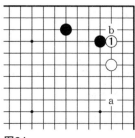

图24

### ②托

**图24（腾挪）**

在黑一间跳、小飞守角的下法中已经提到过，此时白1是局部腾挪的手段。

但是白几乎不会直接托角，而是在黑a位一带有子的情况下才会做出这样的选择。

黑b扳必然。

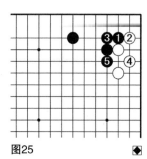

图25

**图25（简明）**

面对白托，黑1扳是绝对的一手。

白2扳，黑3粘简明。白4虎，黑5长是棋形急所，黑棋形厚实。

黑5也可以脱先他投，但被白占到5位眼位充足，可以满意。

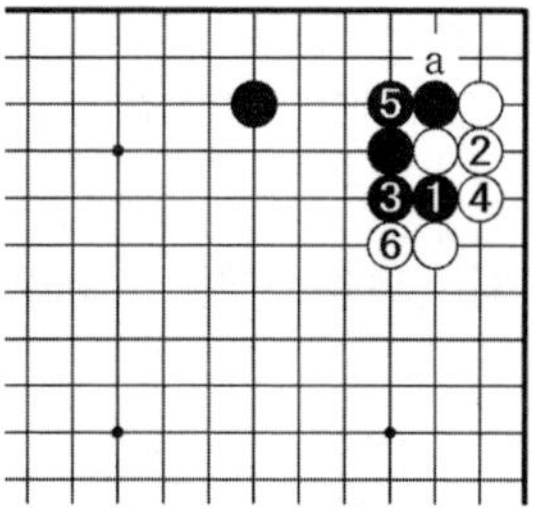

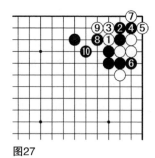

图26

**图26（坚实）**

与一间跳、小飞守角的情况一样，黑1打吃、3粘的下法依然成立。

不同的是，在一间跳和小飞守角时，白4拐，黑5会在a位立。而在大飞守角的局面下，黑5粘棋形更为坚实。

黑a略显薄弱。

**图27（两分）**

上图白4也可以如本图白1吃掉黑一子获取角地。

这样黑2、4交换之后，黑6分断，进行至黑10形成转换。双方两分。

黑8、10也可以脱先他投。

图27

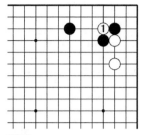

图28

### 图28（扭断）

大飞守角的局面下，白1扭断是常见应对。

如果黑棋是一间跳、小飞守角，白1会立刻被吃。而在大飞守角的情况下，黑棋要想吃掉白1需要费点工夫。白棋正是希望利用这一点能够成功整形。

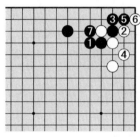

图29

### 图29（定式）

当然黑棋此时并不需要担心。想要简明应对只需要黑1长即可。

白2打吃、4虎整形，黑5、7吃掉白一子告一段落。

两分。

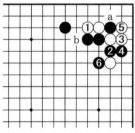

图30

### 图30（黑好）

白1爬抵抗。但白棋的选择并不明智。

此时黑棋有两种下法。

首先是黑2、4分断。后续黑a立是先手，所以白b扳不成立。简明定形，黑棋优势。

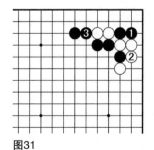

图31

### 图31（实地）

还有一种下法是黑1挡。

白2拐，黑3顶吃掉白二子。本图黑棋选择的是实地。

黑棋角地极大，白棋的抵抗明显不利。图29定式的下法基本上是必然变化，也是白棋在局部的最好结果。

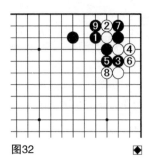

图32

**图32（其他下法）**

黑1、3打吃，黑5粘是为了吃掉白二子的简明下法。

白6拐，黑7挡。白8压，黑9黑棋形厚实。

白8若在9位拐——

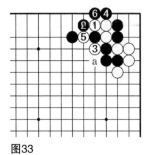

图33

**图33（征子关系）**

白1拐抵抗，必须先考虑征子情况。

也就是黑2虎，白3打吃，黑4、6滚打的下法是否成立。黑6打吃，白粘，黑a打吃时，如果可以将白征吃，白崩。

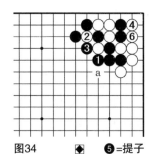

图34　◆　❺=提子

**图34（定形）**

此时黑棋即使征子不利也可以选择上图黑2虎。接下来白打吃，黑可以1位反打。

即使黑棋角上二子被吃，黑在外围提掉白二子获得厚势也可以满意。

假如黑棋征子有利，黑1在2位粘是恶手。这样被白a位夹亏损。

**图35（转换）**

图32中的白6，可以选择本图白1拐获取实地。

黑2冲断、4位虎补。

本图与图27相似，但此时黑a立是先手。本图黑棋满意，根据具体棋子配置的不同，白棋也可以选本图变化。

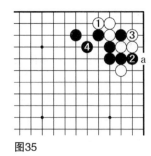

图35

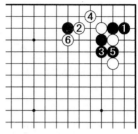

图36

### 图36（白可战）

面对白棋扭断，黑只需要如图29、图32简明应对即可。

所以如本图黑1的抵抗反而是特殊的场合下法。

白2碰是腾挪手筋，后续白可战。

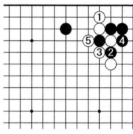

图37

### 图37（黑中计）

上图白2也可以如本图白1立。

此时黑如2、4吃掉白一子，白3、5是既定手筋，黑中计。

但是此时黑2如果直接在5位长，白4位挡，黑角上二子被吃。

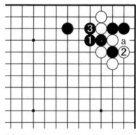

图38

### 图38（白可战）

上图黑4只能如本图黑1长。这样白2无法下到a位紧气。白3提，黑3拐吃掉白角上二子。

虽然黑棋获得了角地，但白外围提子棋形厚实，同时还获得先手。本图白好。

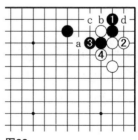

图39

### 图39（白可战）

黑1立，棋形处在低位仍然不会获得好结果。

白2立、4虎好形。后续白a是整形手筋；白b贴，黑c夹，白d是官子手筋，白棋形比看起来的更为厚实。

白2也可以直接脱先他投。

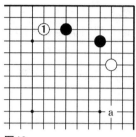

图40

③逼

### 图40（搅乱）

黑大飞守角，白1直接逼住。这是让子棋中的常见手段，带着搅乱对方用意的目的。

在普通对局中，如果白棋在a位一带已经有棋子配置，为了重视上边发展也可选择白1。

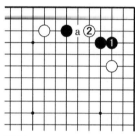

图41

### 图41（角地）

此时白棋没有点三三，黑1马上获取角地。

后续白棋有2位打入或者a位碰的手段。

黑棋只要正确应对即可。基本上白若逼住，黑1是常见下法。

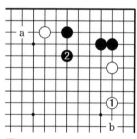

图42

### 图42（确定实地）

白若在1位一带拆边，黑2跳补是好点。这样黑棋可以确保右上角地完整。

当然根据具体局面，黑2也可以选择在a位或者b位的积极下法。

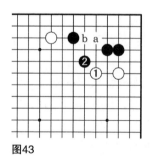

图43

### 图43（小飞）

白若1位跳，黑2小飞防守。与上图相同，黑棋的目的都是获取右上角地。

以后若白仍在a位打入，黑b顶好手。白没有好的后续手段。

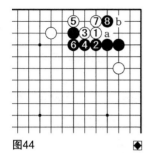

图44

**图44（黑可战）**

白1打入，黑2压。白3顶，黑有两种
选择。

第一个是黑4挡，让白棋渡过。黑6
粘先手，白7联络，黑8好手。

白a冲，黑b退可以保住角地。

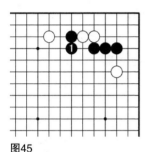

图45

**图45（抵抗）**

黑1长，不让白棋简单渡过。

但是这样下并不能将白棋吃掉。

接下来白棋在角上做活，黑棋获得
外势。双方形成转换，黑棋可下。

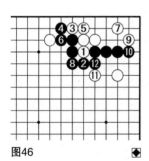

图46

**图46（黑厚）**

接下来白1冲，白3、5扳粘先手。之
后白7小飞进角做活。

进行至黑12，形成白棋获得实地、
黑棋取得外势的转换。

黑棋外势厚实，还有下图的后续手
段，可以满意。

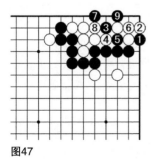

图47

**图47（打劫）**

黑1是试应手的下法。白若2位打
吃，黑3以下进行至黑7是局部手筋形成
劫争。

白也可以净活。白2下在3位，黑6位
打吃，白7位做眼即可。但这样实地损失
太大，白棋很难接受。

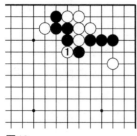

图48

### 图48（断）

图46的白7，也可以选择本图白1断。如果是让子棋，白1断是必然的一手。

白1带有骗着的意味。如果黑棋着急吃掉白五子就会落入白棋的圈套。

此时黑棋一定要冷静应对。

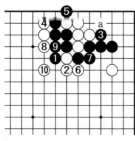

图49

### 图49（黑中计）

黑1打吃先手、黑3阻止白棋做眼。这样下就如了白棋的愿。

白4至白10，白棋通过弃子在外围形成厚势。

黑3如果在a位跳，问题更为严重。后续进行可以看到黑棋还要再落后手。

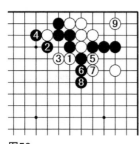

图50

### 图50（黑厚）

图49的黑1是俗筋，此时黑2虎扳是本手。白3长，黑4打吃。

白3如果直接在9位小飞，则黑6长好点，外围厚势。

白5、7切断是很勉强的下法。接下来——

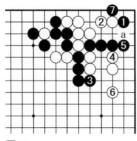

图51

### 图51（黑可战）

黑1靠，后续战斗明显黑棋有利。

白2若在a位扳，则黑2位夹好手。接下来黑3拐先手，5位立、7位扳破坏白棋眼位。

角上是打劫或者双活的结果，黑棋外围还获得了厚势。本图黑好。

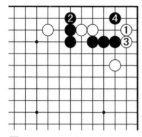

图52

### 图52（黑可战）

面对黑棋阻渡，白选择1位点应对。

此时黑只要简单2位立破坏白棋眼形即可。

白3渡过，黑4跳分断。虽然角地被白破掉了一部分，但黑棋吃掉白二子棋形厚实，白上边一子明显变薄。

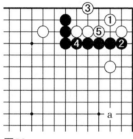

图53

### 图53（黑厚）

上图52白3如本图白1小尖意在做活。黑2挡，白3跳是手筋。

但是黑4粘是先手，白不能脱先。

这样一来黑棋在上下两边的二路都有子，棋形厚实。黑无不满。接下来黑棋大概会在a位一带夹击。

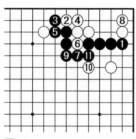

图54

### 图54（白棋目的）

此时黑也可以1位挡。但这是白棋期待的结果。

进行至白8，棋形与图46相似，但本图白8的位置决定了图47黑棋的手续手段已经消失。这点来说白棋占了上风。当然从总体来看，黑棋仍然可下。

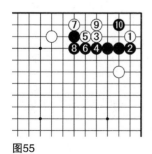

图55

### 图55（点）

白3之前，白可以先在1位点。接下来黑2挡。

白5顶，黑6让白渡过。

进行至黑10，棋形与图44相似，但白1与黑2的交换，明显对黑更为有利。

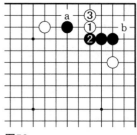

图56

### 图56（立）

黑2压，白3立。接下来a位托过和b位点见合。

但是这对于黑棋来说并不用担心。

后续变化中会出现一个精彩手筋，请各位读者认真阅读。

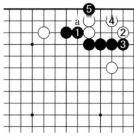

图57

### 图57（做活）

黑1顶不让白棋渡过。白2点，黑3挡，白4在角上做活。

黑棋获得了强大厚势，而其中最重要的就是黑5。此时黑a也是先手，但是被白5立下做活，黑利用不够充分。

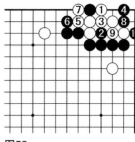

图58

### 图58（先手利）

此时白1不得已。如果白1下在5位，黑6拐，白7打吃，黑9挤，白无法应对。

黑2先手交换之后黑4点破眼。黑棋此时无法净吃白角，但通过一系列交换可以获得巨大利益。

白5以下必然。

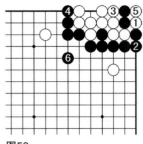

图59

### 图59（封锁）

接下来白1扑吃掉黑二子。

黑2粘、4位打吃都是先手，黑6跳补断点。

黑棋极厚，特别是在黑2、4位有子，本图明显黑好。

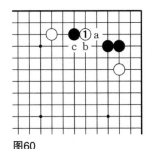

图60

### 图60（碰）

白1碰。这是比白a打入更轻灵的下法。

黑棋的应手有a位尖顶、b位扳、c位长等。

黑a尖顶坚实。黑c长要根据场合决定，有时候可行，有时会有问题手之嫌。

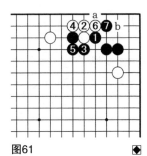

图61

### 图61（简明）

黑1尖顶简明。黑3虎与黑2位渡过见合。

白2立，黑3虎。白4拐，黑5粘、7虎棋形坚实。

黑a扳先手，所以不用担心白b位夹。

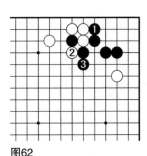

图62

### 图62（白满足）

上图黑5如本图黑1挡不好。

白2断吃，黑3长。白棋可以吃掉黑一子棋形厚实。

上图白棋上边发展尚未出现规模，本图白棋明显在上边已经有了影响力。

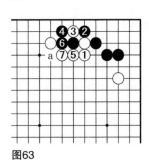

图63

### 图63（黑好）

此时白1长不能考虑。

黑2渡过好形。

白3断，5、7整形。但白还有a位断点，棋形薄弱。黑也可能直接a位断发起战斗。

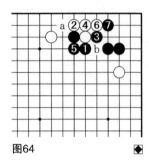

图64

### 图64（扳）

此时黑1扳是自然的应对。

白2反扳是手筋。黑3打吃进行至黑7，棋形与图61相同。

黑3若在4位打吃，白3位长，黑a打吃，黑不好。因为白b冲断黑棋无法应对。

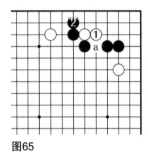

图65

### 图65（白重）

白1长棋形重。

黑2立严厉。如果黑2下在a位，则与图44相同。从结果来看黑棋也可以接受，但此时面对白1长，黑必须反击。

接下来——

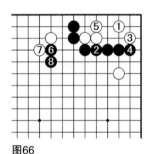

图66

### 图66（黑好）

白1小飞目标是下一手在2位冲断。

黑2补断点。

白3、5做眼，黑6、8在外围走厚，棋形相当舒展。

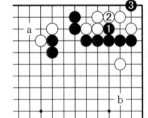

图67

### 图67（后续手段）

右上白角，如果黑先落子黑1、3白净死。

也就是说在此时白不能抢占a位或者b位的好点。

图65中的白1长不可取。

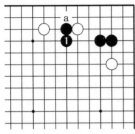

图68

### 图68（缓手）

面对白碰，黑1长乍一看像是阻渡的强手。

但是此时黑1长有缓手之嫌，只是阻渡但是给了白棋做活的空间。

白a扳粘可以制造眼位。

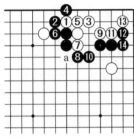

图69

### 图69（白可战）

本图白1、3即可做活。黑虽然4位打吃先手，但接下来白7至白9可以轻松做活。

黑10联络，白11净活。黑12、14扳粘白已经可以脱先。后续白a位断严厉。

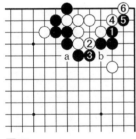

图70

### 图70（白好）

上图黑10即使如本图黑1拐，白2、4也可以确保眼位。不仅活棋，白棋形也很漂亮，白可以满意。

而此时黑棋有a、b两处断点。黑1拐并不是好选择。

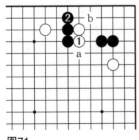

图71

### 图71（黑可战）

此时白1并不是好手。

黑2立冷静。这样黑a扳、b位渡过见合。

这样等于白棋打入完全没有收获。

## 4. 压

黑1压。此时白棋不能脱先，必然要
继续在此处落子。

接下来黑棋形会有所加强，同时白
棋也可以得到整形。在上边希望获得模
样的情况下，可以选择黑1的下法。

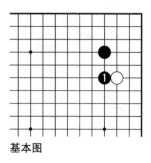

**基本图**

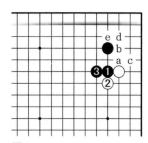

图1

### ①压长

**图1（本手）**

黑1压，白2扳基本上只此一手。黑3
长会形成压长定式，若在a位虎，则是压
虎定式。

黑3长，白棋的应手主要有a～c位。
特殊情况下也可以选择d、e位。

**图2（基本定式）**

黑棋压长，白1长是最常见的下法。
黑2挡是必然的一手。

白3拆边，黑4拆边。局部告一段
落，双方可下。

白3也可以在a、b位落子。

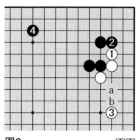

图2

**图3（坚实）**

上图黑4也可以在1位跳补。

这样白a位冲断的可能性自动消失，
黑棋形厚势。

此时是黑1一间跳还是c位拆边，可
以根据具体局面而定。

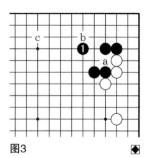

图3

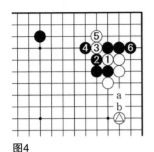

图4

## 图4（冲断）

图2中黑4拆边，白可能在1、3冲断。与白△一子在a或者b位情况不同，后续的下法请参考如下变化图。

白△如果位置较远，则黑4与白5交换之后，黑6立先手。

接下来——

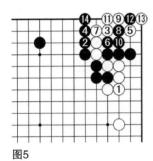

图5

## 图5（黑胜）

白1粘，黑2挡即可。白3小尖，黑4立好手。

白5跳，黑只需要简单的6、8紧气。对杀黑胜。

但是——

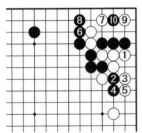

图6

## 图6（胶着）

上图白1可以如本图白1紧气。这样对杀的结果会变得有些微妙。

首先黑2断先手。白3、5只能忍耐。黑6挡，进行至白9，黑棋不能用上图的下法。此时必须选择手筋黑10挖。

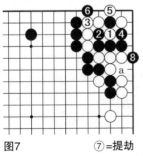

图7　　　⑦=提劫

## 图7（打劫胜）

白1若在5位打吃，则黑3、白2、黑1，对杀黑胜。

白1挖吃是最强抵抗，黑4提，白5打吃形成劫争。此时黑8的本身劫材令黑处于有利位置。白a粘，则黑提劫。

此时黑棋还有更简明的下法。

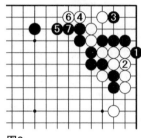

图8

**图8（黑胜）**

图6中的黑8立，如本图可以先在黑1打吃交换之后3位靠。角上获得眼位就可以直接在对杀中获胜。

白4虎扳，黑5跳是本手。白6长，黑7粘，对杀黑胜。

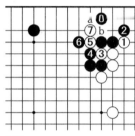

图9

**图9（黑好）**

白1扳是为了不让黑下到此处长气（图4的黑6）。但即使如此，白也无法在战斗中占据优势。

黑2扳，白3、5冲断。黑6、8之后，白若a位挡，黑b补。此时黑角上已经做活，攻杀已经立于不败之地。

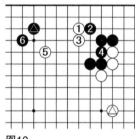

图10

**图10（打入）**

白在△位拆边，黑在▲位拆边并不用担心白棋冲断。

此时白可以选择1位打入。但战斗仍然是黑棋有利。

黑2以下棋形坚实。

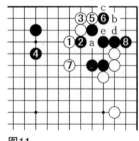

图11

**图11（定形）**

上图白3也可以如本图白1小尖，后续有a位挤的手段。

所以黑2挤棋形厚实。白3立，黑4跳继续保持对白棋的攻击。

黑8立了为了防止白b，黑c，白d，黑e，白8的手段。

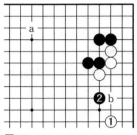

图12

### 图12（过分）

白1超大飞在绝大多数场合都是过分手。

黑棋可以在a位拆边。若直接黑2打入也相当严厉。

黑2也有低位打入可以选择。

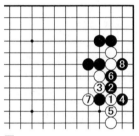

图13

### 图13（实地大）

黑棋打入，此时若白1托看似可以联络，其实并不成立。

黑2扳断、4打吃、6断。黑8可以吃掉白二子，黑棋实地所得极为可观。

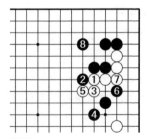

图14

### 图14（黑可战）

此时白1出头是要正面战斗的下法。

黑2扳严厉。白3出头，黑4小尖、黑6先手利，本图明显黑棋可战。

白棋被分成两块孤棋，后续很难兼顾。

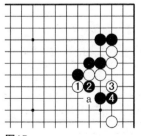

图15

### 图15（白苦战）

上图白3如本图白1扳，黑2断即可。白3虎，黑4分断。白陷入苦战，即使可以做活也会让黑棋外围变得非常厚实。

白1若在a位出头，则黑2挖断仍然是黑可战。

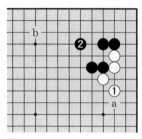

图16

**图16（基本定式）**

此时白1虎补断点，是积蓄力量的一手。白a小飞思路相同。

白棋已经补强自身，黑2也跳补断点。

但是黑b仍然是可选择的下法。

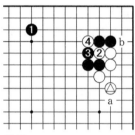

图17

**图17（冲断）**

黑1是在上边有棋子配置的情况下选择的下法。

但这是白2冲，黑3挡，白4断变得非常严厉。白△或者a位补，黑b立已经不是先手。请各位读者参考图4变化。

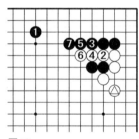

图18

**图18（对策）**

黑1既然选择拆边，就必然想到了白2冲的应对方法。

黑3、5是温和下法。虽然弃掉了黑二子，但由于白△的位置重复，黑棋获得实地，双方可下。

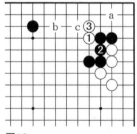

图19

**图19（战斗）**

此时黑棋还需要思考白1的手段。黑2粘，白3立。后续白有a位和b位的后续手段。

黑2若在3位扳，则白2位冲断。

白1也可以下在c位，黑3位尖顶会形成与图10、图11相似的局面。

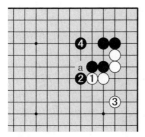

图20

### 图20（定式）

白1压。

黑2扳，此时有句口诀"二子头必扳"。白虽可以a位断，但此时白棋自身棋形薄弱，贸然动手时机不成熟。

白3小飞，黑4跳补。双方两分。

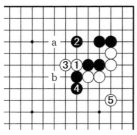

图21

### 图21（黑好）

白1断，黑2跳好形。

既然选择切断，白3长就是必然的一手。黑4长，棋形舒畅。

白5小飞，黑会在a位跳或者b位跳封。要根据具体局面做决定。

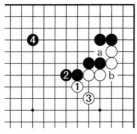

图22

### 图22（白不好）

白1扳，黑2长，白3必须虎补。

白1与黑2的交换在绝大多数情况下都是帮助对手补强的行为。黑4拆边，上边模样可观。

a位的冲断，因为白自身一旦撞气也有b位的弱点，黑棋并不用担心。

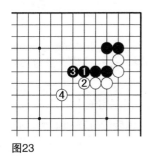

图23

### 图23（缓手）

图20的黑2，如果直接如本图黑1长有缓手之嫌。

接下来白2、4扩张，所获价值要大于黑1。本图明显白棋满意。

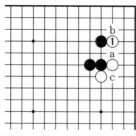

图24

### 图24（托）

此时白1托意在获取更多角地的同时寻找眼形。

但是对于黑棋来说并不难应对。

黑棋的应手有a位挖和b位扳。c位断要在特定场合下选择。

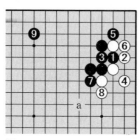

图25

### 图25（定式）

黑1挖粘目的是让白棋子全处在低位。

白2打吃、4虎补强。

黑5打吃、7拐头先手之后黑9拆边。

若上边黑棋已经有子配合，此时黑a小飞也是好点。

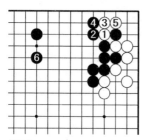

图26

### 图26（弃子）

黑棋并不需要担心白1断。在布局阶段白1并不严厉。

黑2打吃、4挡弃掉一子获得先手。之后黑6跳补强，黑无不满。

如果黑棋周围厚实，黑4也可能会在5位挡。

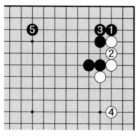

图27

### 图27（定式）

白托，黑1扳是更重视实地的下法。

白2粘，黑3粘，白4拆边，黑5拆边告一段落。双方两分。

与图2相比，黑棋实地少了，但棋形厚实了，同时白棋后续分断的下法就此消失。

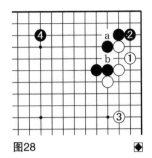

图28

### 图28（两分）

上图白2，可以选择本图白1虎。黑若a位粘，白2位虎扳好点。

黑棋不能接受，此时黑2是一种选择。白3拆边，黑4拆边。白b挖不用担心。

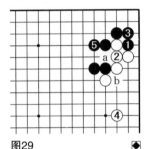

图29

### 图29（两分）

上图黑2也可以如本图直接黑1打吃，白2粘，黑3粘。

与上图不同，白2有子。白4拆边之后黑5补强。

白4如果直接在a位冲断，黑也可以在b位分断，战斗黑棋有利。

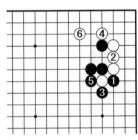

图30

### 图30（白好）

此时黑1断、3位打吃的下法前提是要征子有利。

但即使征子有利白2、4获得巨大角地，大部分情况下仍然是白棋满意的局面。

黑5提，在上边必须要有一定的模样配合才可以。

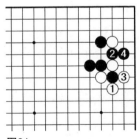

图31

### 图31（黑好）

白1打吃，黑若3位立，则没有征子的机会。但是上图中可以看出，白完全没有这个必要。

黑2只需要简单地分断即可，角上实地极大。黑好。

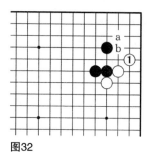

图32

### 图32（小尖）

白1小尖。后续会在a位小飞。当然，黑棋绝对不能容忍白棋抢占角地。

白1小尖与白b位托的下法相似，所以最终结果大多棋形相同。

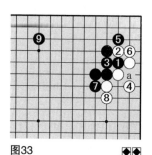

图33

### 图33（定式）

面对白小尖，黑1挤应对。对白棋的断点发起攻击。

白2打吃、4位虎。黑5以下与图25结果相同。

白2若在a位粘，黑6位虎好形。

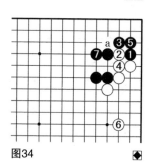

图34

### 图34（两分）

黑1靠，封锁白棋进入三三的可能性。

白2、4挖粘，进行至黑7，结果与图29相同。

黑5若在a位粘是缓手。白有5位断吃的后续手段，可以不在6位拆边脱先他投。

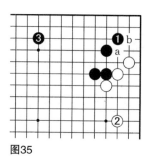

图35

### 图35（小尖）

此时黑1直接在三三小尖简明。

白2与黑3见合。若在白a、黑b交换棋形还原图28。

但此时白可能不在a位，而是在b位多托获取角地。

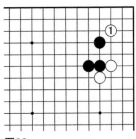

图36

### 图36（三三）

白1点三三。白棋做此选择就是判断上边的价值要高于右边。

如果重视上边，白棋会看轻二子。

后续会形成白棋实地、黑棋外势的转换。

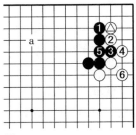

图37

### 图37（黑缓）

白点三三，黑1挡让白棋联络有缓手之嫌。与图25的定式相比可以发现，白△与黑1的交换黑棋被利。

但是如果在让子棋或者a位一带有子的话，本图也可以算是简明下法。

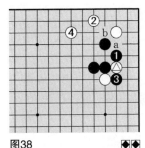

图38　◆◆

### 图38（定式）

白棋点三三，此时黑棋不想让白△联络，黑1虎是常见下法。

黑1虎，白会2位小飞或者b位爬出头。

白2小飞，黑3断吃，白4出头。是简明的两分局面。

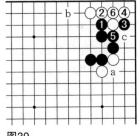

图39

### 图39（其他下法）

白小飞，黑1冲之后3、5先手交换。后续黑可能会省略a位断吃。

白6粘，黑可能会选择b位逼住。白c断吃虽然可以做活，但有被利之嫌。

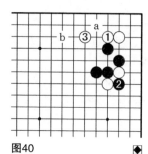

图40 ◆

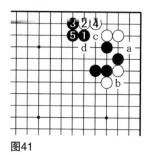

图41

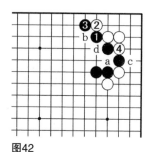

图42

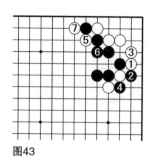

图43

### 图40（两分）

白选择1位爬。黑2断吃，白3跳出头。

黑b逼住好点，后续有a位点破眼的手段。

此时黑棋并不只有黑2断吃一种下法，这点白棋需要引起重视。

### 图41（有力）

上图黑2也可以直接如本图黑1。白2托做活，进行至黑5，黑棋获得外势。

黑a也是先手，白b位粘棋形会变重。

同时黑3还可能在4位扳吃掉白一子。白c断，黑3打吃，白d打吃出头形成混战。

### 图42（问题手）

黑1扳有进入白步调的嫌疑。黑3连扳，白4挤好手。

黑若a位粘，白b打吃可以吃掉黑一子。黑c位立，则白d双打吃。白好。

### 图43（白好）

面对黑棋连扳，白还有别的下法。

此时白1下扳，黑2打吃，白3退先手。后续白5、7可以吃掉黑上边一子。

总的来说黑棋连扳是此时的问题手。上图黑3在b位长，白继续在3位爬即可。

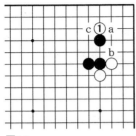

图44

### 图44（托）

此时白还有1位托的手段。与白a位点三三一样，也是重视上边的下法。与点三三相比速度更快。

黑棋的应手有b位虎、a位扳。如果不想让白棋在上边落子而选择c位扳，则白a进角可以满意。

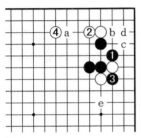

图45

### 图45（两分）

黑1虎坚实。白2长，黑3断吃，白4拆边，双方两分。

黑3若在a位夹击，白b长，黑c虎，白d，黑e也是一种选择。

白2直接b位进角则会还原图40或者图41的局面。

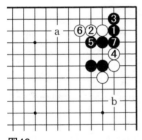

图46

### 图46（两分）

黑1扳重视实地，同时不给白棋就地获取眼位的机会。

白2长出头，黑3至黑7整形之后，接下来黑有a位和b位攻击的后续手段。

白4若在a位拆边，则黑4位虎棋形厚实。

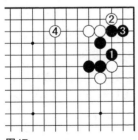

图47

### 图47（两分）

上图黑3也可以直接1位虎。可以控制右边白二子发展。

这样白2、4可以将上边二子整形。白棋本来就选择看轻右边二子，本图可以接受。

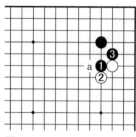

图48

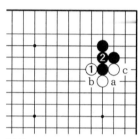

图49

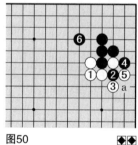

图50

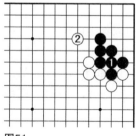

图51

### ②压虎

**图48（确保角地）**

黑1压，白2扳，黑3虎形成压虎定式。

黑棋不让白获取角地。

但是这样白a打吃好点，黑棋的下法更重视角地。

**图49（白棋应手）**

白1打吃绝对好点。此时也可能会为了保留点三三的可能性而在a位直接粘，但这是特殊情形下的特殊下法。

黑2粘，接下来白可以b位粘，a位粘，c位立。

**图50（基本定式）**

白1粘。黑2断吃掉白一子棋形厚实。

黑2断，白3、5打吃。虽然后续黑还有a位打劫的手段，但白必须在5位打吃。

黑2可以直接在6位一间跳。

**图51（被利）**

黑棋如上图直接黑6一间跳是普通应对。此时若黑1粘严重被利。

白2小飞。请与图53的定式做对比，就可以看出黑棋明显亏损。

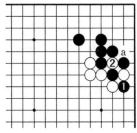

图52

### 图52（打劫）

黑棋此时直接1位打劫。此时选择开劫，黑棋如果打劫失利损失极大，需要根据具体局面做出选择。

黑1打吃，白2提劫必然。后续白也有a位继续打劫的手段，同样的道理，选择打劫的时机非常重要。

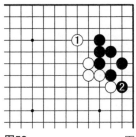

图53

### 图53（两分）

图50中的白5，可以选择本图白1小飞。

但是黑2扳是好点。

白1是重视上边发展的好点，就只能被黑下到2位。

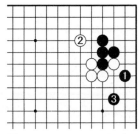

图54

### 图54（低位）

如果不想出现图50中留下打劫的情况，黑可以1位小飞。黑2小飞，黑3出头。

但是这样一来黑棋子都处于低位。所以通常情况下黑棋还是会选择吃掉白一子。

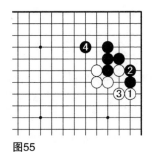

图55

### 图55（两分）

白棋不想让黑棋在右边出头，白会1位靠。

黑2打吃，白3连回。黑4跳，棋形与图50类似。

黑棋虽然避开了劫争，但也失去了打劫获胜的乐趣。

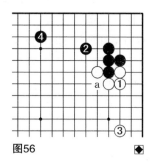

图56

### 图56（两分）

白1粘在下边。

这时轮到黑棋需要做出选择。黑2稳健应对还是黑a断战斗呢（下图）？

黑2走的是和平路线。白3拆三，黑4拆边告一段落。两分。

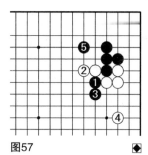

图57

### 图57（战斗）

黑1断下法积极。上图黑2一间跳之后再a位断，白很可能会选择弃掉一子。而本图黑1直接断，白只能2位长出。战斗开始。

但是白4拆二，黑5跳，战斗黑棋稍有不利。

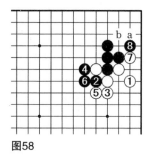

图58

### 图58（虎）

此时白1虎也是一种选择。白7扳，黑8挡之后，白棋保留了a、b的后续手段（如下图）。

当然黑棋不用担心，只要黑2、4吃掉白一子即可。本图黑无不满。

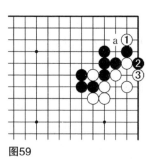

图59

### 图59（打劫）

白1夹，黑2打吃，白3开劫。这个劫双方压力都很大。

黑棋如果没有较好的劫材，黑2可以在a位虎。

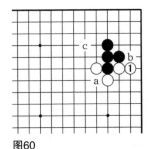

图60

### 图60（立）

白1立是为了控制黑棋角地发展。

这样一来对于黑a断，白棋没有任何反击的手段。同时白棋也可以通过黑a断达到整形的目的。

黑棋的选择有a、b、c3种。

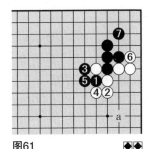

图61

### 图61（基本定式）

黑1断，白2长、4打吃、6拐整形。双方两分。

黑7小尖之后，白在右边拆边，黑棋在上边形成模样。如果白棋脱先，黑a位严厉。

白6拐，黑7是正确应对。讲解请看图64。

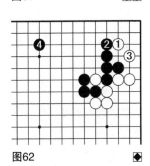

图62

### 图62（两分）

上图白6，可以直接如本图白1点三三。

黑2挡稳健。白3渡过，黑4拆边。黑棋若在上边形成大模样是可下的局面。

当然黑2不一定只有这一种选择。

图63

### 图63（两分）

黑1挡反击。

白2小飞可以做活，但棋子都处于低位。右边的白棋也变得薄弱，黑可战。

黑棋是要保持攻击态势还是重视上边发展，要在本图和上图中做出选择。

109

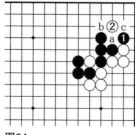

图64

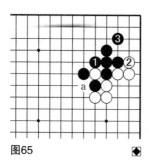

图65

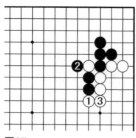

图66

图67

**图64（余味）**

图61的黑7，如本图黑1扳稍显过分。

比如白2刺，黑棋就没有好的应对手段。黑a粘，白b出头即可。白c夹也是先手，做活不成问题。

黑b挡，白有c位渡过的后续手段。明显好于图61。

**图65（两分）**

图61黑5粘，也可以直接1位提。白2拐，黑3虎补。

黑1提棋形完整，白棋没有了借用手段。不足之处是与黑a相比，黑棋外势对中腹影响降低。

两者各有优劣。

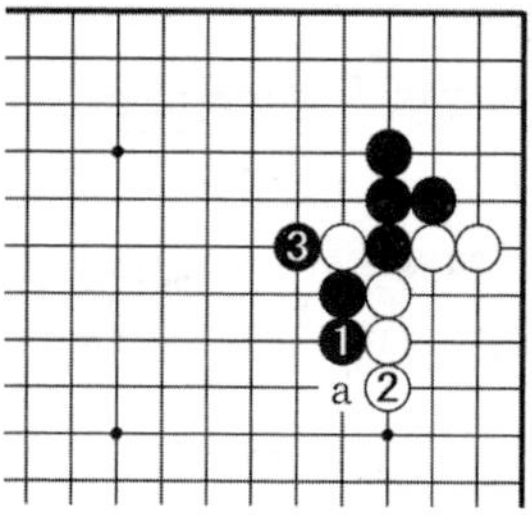

**图66（两分）**

此时黑1压继续扩张，不让白下到1位打吃。

但是白2长形成好形，各有好坏。

白2长看起来似乎锐气不足，优劣可以与下图进行对比。

**图67（两分）**

此时白1扳。如果征子白棋有利，白1扳就是有效的反击手段。

但是黑2打吃，白3粘的棋形与上图对比可以看出，等于是上图黑3打吃之后，白马上在a位拐头。有了一手棋之差。

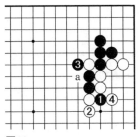

图68

### 图68（白好）

上图黑2打吃，如本图黑1断，则白2长是早已准备好的应对手段。白a征吃和4位打吃见合。黑3打吃，白4打吃。白满意。

需要注意的是，白2长必须后续a位和4位打吃都征子有利才行。

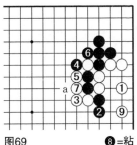

图69　　　❽=粘

### 图69（白稍不满）

一旦白棋征子不利，上图白2长不成立。那么白大概会选择本图1位跳方。

黑4打吃，白5、7先手将黑打成愚型心情愉悦。但接下来白9跳棋形全在低位，稍有不满。

黑4也可在a位跳。

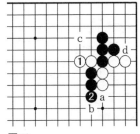

图70

### 图70（战斗）

白1直接长出一子，黑2长，战斗就此展开。

白a爬，黑b长。右上黑棋c位跳和d位挡见合。

本图双方可下，是黑棋更好掌握的局面。

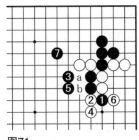

图71

### 图71（其他下法）

上图黑2长，也可以如本图黑1扳头。

白2、4的前提是白a拐，黑b，白5位征子有利。白6吃掉黑一子，黑7小飞，形成另一种局面。

黑1扳，如果白6位扳应对，则黑2位粘棋形厚实，白不能接受。

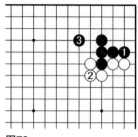

图72

### 图72（两分）

黑1挡。白2粘，黑3跳简明。

黑1是重视角地的下法，同时不给白棋在右边顺调整形的机会。

与图50相比，黑棋稍有被利之嫌，白棋形状也不够弹性。

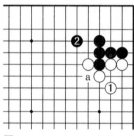

图73

### 图73（两分）

黑挡，白1虎是重视右边发展的强手。

黑2跳告一段落。

白1重视右边但留下了a位的断点。后续白应该会看轻一子，选择弃子。

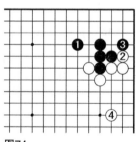

图74

### 图74（跳）

此时黑1跳也是一种常见应对。白2拐先手利，白4拆边告一段落。

黑棋角上尚有余味，但白棋选择落子的时机非常关键。

本图黑行棋速度快。

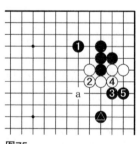

图75

### 图75（意在攻击）

在黑△位一带有子的情况下，黑1是更有利的下法。白没有了上图白4拆边的空间。

白2粘，黑3、5是既定手段。这样白棋的眼形被破，后续会遭到攻击。

白2下在3位虎或者a位棋形更加轻灵。

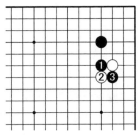

图76

③扭断

**图76（黑的目的）**

黑1压，白2扳，黑3断。形成扭断的棋形。在右下白棋有一定势力的情况下，是黑棋的好选择。

黑3一子有可能被白吃掉，但黑棋的意图本来就是通过弃子让白棋的势力变得重复。

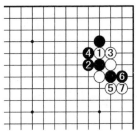

图77 ◆

**图77（定形）**

是否如黑所愿，取决于白棋对形势的判断。

如果白棋不担心棋形重复，或者即使重复也要吃掉黑一子的话，白棋会1、3先手利之后，5、7打吃。

黑棋——

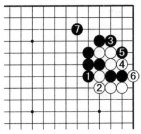

图78

**图78（两分）**

黑1、3、5都是先手利，黑7补断点告一段落。

从局部来看白棋先手吃掉黑二子，可以满意。但就如上图介绍，黑棋的目的是让白棋形变得重复，所以要根据具体局面来进行判断。

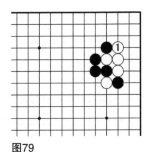

图79

**图79（反击）**

如果确实有厚上加厚的问题，或者不想让黑棋如愿弃子，则图77中的白5会下在本图1拐。这样一来白棋的目的变成了获取角地。

但是既然白棋意在角地，则黑棋会在外围形成厚势。

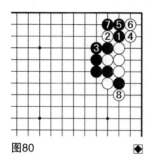

图80

◆

**图80（定形）**

黑1连扳整形。

白2断吃，4、6进角先手。黑7拐吃白一子，白8吃掉黑一子。

白棋获取了角地，黑棋得到外势。两分。

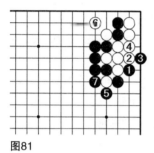

图81

**图81（两分）**

上图黑7，也可以选择本图黑1扳。进行至白4是黑棋的先手利，黑5征吃。

白6小尖，黑7提花告一段落。

可以看出本图黑棋的厚势方向有了改变，本图重视右边模样的发展。

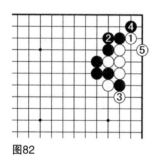

图82

**图82（白的下法）**

白若不想如上图，被黑5征吃一子，则会放弃图80的白2打吃。直接如本图白1扳。

黑2粘，白3吃掉黑一子。

但是这样一来，实地所得要明显不如图80。

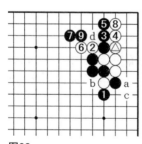

图83

**图83（黑的下法）**

如果黑棋一定要下在1位征吃，也可以在白△拐的时候马上黑1征吃。

白2断吃，黑3立反击。

白2若在3位打吃，黑2位粘，白a打吃，黑b提，白c长是稳健下法，但被必须忍受黑d拐的好点。

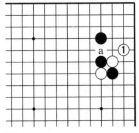

图84

### 图84（小尖）

此时白1小尖是巧妙的下法。

白小尖之后有了众多后续手段，其中黑棋绝对不能接受的是被白a位挖吃。

所以黑棋的下一手有所准备。

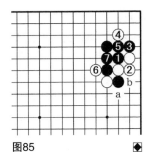

图85

### 图85（定形）

黑1打吃简单直接。白2粘，黑3虎。

白a打吃必然，在此之前白4、6都是先手利。此时行棋次序非常重要，如果白先在6位打吃，则白4刺黑可以b位挡。

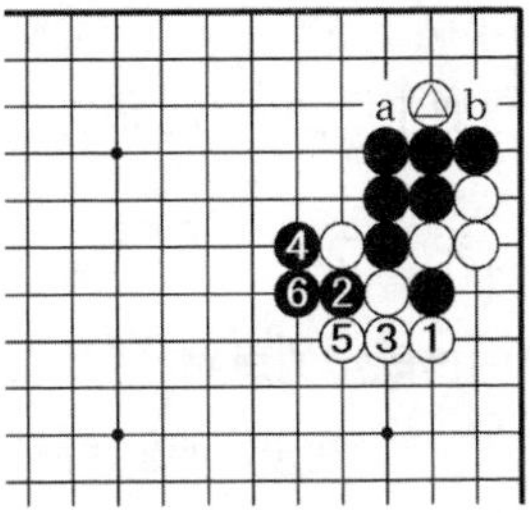

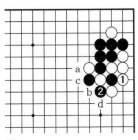

图86

### 图86（两分）

接下来白1打吃。黑2断打吃掉白一子，白5打吃先手。局部告一段落双方两分。

白△有子，后续有a位出头或者b位夹的手段。这也是局部两分的原因。

### 图87（打劫）

上图白3若直接本图的1位提，黑2打吃可能会形成劫争。

黑2如果还在a位打吃，则白b打吃棋形较上图更厚实。黑2打吃，白若粘住，黑a打吃，白b打吃，黑粘，白还需要补棋。这样白不能接受。

后续白d打吃会形成劫争。

图87

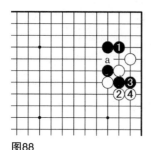

图88

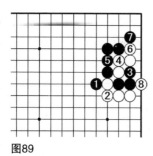

图89

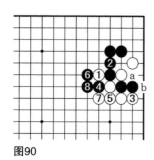

图90

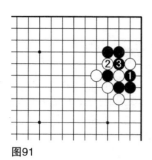

图91

### 图88（并）

黑不能接受图86角上的余味，可以选择本图黑1钉。黑1同样可以防止白a位打吃出头。

白2打可以吃掉黑一子，黑3立，白4挡。但这是黑棋的预想图。

白4——

### 图80（定形）

首先黑1打吃先手，黑3打吃是此时关键的弃子手筋。白4粘，黑5、7先手整形。

本图与图78的基本定式类似，但本图黑棋获得先手，明显可以满意。

### 图90（黑稍不满）

图88中的白4如本图白1打吃是防止黑简单弃子的下法。

黑2粘，白3打吃。黑4、6可以吃掉白一子，这也是白棋既定的思路。

接下来白棋脱先。若黑a打吃，白b一子滚打。

### 图91（破解）

上图黑可以说是中了白棋的圈套。上图黑2应该如本图黑1打吃。

白2提必然，黑3断吃。白棋已经没有很好的后续手段，明显黑好。

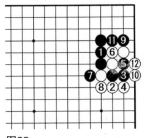

图92

### 图92（单粘）

黑1粘可以说是黑棋设下的陷阱。

白2以下吃掉黑棋三子就中了圈套。

进行至黑11，黑棋外势极厚，与图89相比即可知道白棋明显亏损。

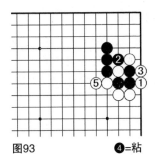

图93　　　**❹=粘**

### 图93（破解）

上图白6是问题手。

此时白必须选择1、3滚打的手段。黑变成愚形，白5长出头。白明显满意。

图92的黑1并不是好选择。

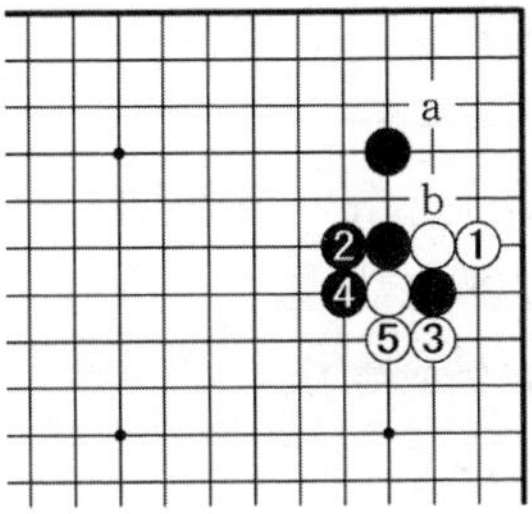

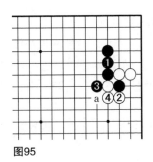

图94

### 图94（两分）

此时白1立是冷静的下法。

接下来黑2长是一种选择。进行至白5告一段落，后续白有a位获取角地的手段。

白3如果下在5位，则黑b虎是先手。

### 图95（两分）

上图黑2也可以如本图黑1直接粘。

白2、4吃掉一子，白棋形与上图相同，黑棋略有不同。

本图白有a位拐的好手，但获取角地的手段变弱。各有优劣。

图95

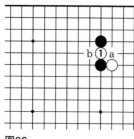

图96

## ④挖

### 图96（征子关系）

此时白1挖。选择白1必须先观察征子情况，一旦白棋征子不利必然陷入苦战。

黑有a、b打吃两种选择。若黑在a位打吃就与征子情况有关。

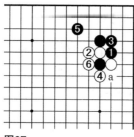

图97

### 图97（白好）

黑1断吃、3位粘就形成了征子。白4打吃如果征子有利，白6提，形势白好。

黑3若在a位打吃，白3位断吃获取角地，仍然是白好。

白4征子如果不利——

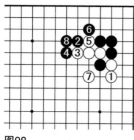

图98

### 图98（黑好）

白只能1位长。

此时黑2跳好手。白3、5试图让黑棋形出现断点，白7枷吃必然。

黑8粘好形，棋形厚实。

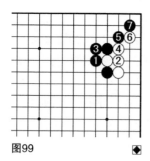

图99

### 图99（定形）

白棋选择挖的下法，一般来说都做好了图97征子有利的准备。

所以黑1外打是本手。白2粘，黑3粘。

接下来白4拐进角，黑7连扳是手筋。

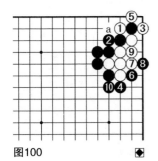

图100

### 图100（两分）

接下来白1、3吃掉黑一子，黑4连扳。

白5提，黑6、8先手利，黑10粘。形成白棋实地、黑棋外势的局面。

白5提正解，不给黑a位打吃的先手。

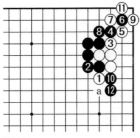

图101

### 图101（其他下法）

图99的白4，如本图白1打吃之后3、5进角也是一种选择。

黑10断仍然成立，这样白棋给黑外围厚实留下了弱点。

进行至黑12，与上图一样是双方两分的结果。黑12也可以在a位打吃。

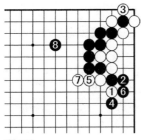

图102

### 图102（过分）

上图白11提，如本图白1打吃。但在此局面下并不是好选择。

黑4夹是手筋，白只能5、7出头。黑8拆二明显战斗更为有利。

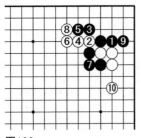

图103

### 图103（白可战）

黑1挡在大部分情况下都有过分之嫌。

白2断必然，黑棋无法同时处理好中腹和角地。白8可以直接在10位跳。

黑1最好在周围有棋子配置的情况下进行选择。

## 5. 飞镇

黑1飞镇意在取势。可以在上边有棋子配置的情况下，如a位有子时可以选择黑1的下法。

飞镇重视未来发展，实地会有所亏损。

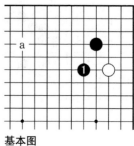

**基本图**

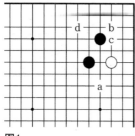

图1

### 图1（白应于）

黑棋飞镇，白棋的应手有a位小飞、b点三三、c托、d挂角等。

白a小飞棋形坚实；b重视实地；c的目的是整形；d是冲击黑棋形弱点，后续很可能会形成战斗局面。

### ①小飞

### 图2（大模样）

白1小飞应对，后续黑有2位跳或者a位的手段。

黑棋不能忍受选择黑2小飞。白3小飞、黑4小飞在上边形成模样。

但是白5分投好点，黑棋的厚势被分割。黑棋选择2、4的下法最好在5位一带已经有棋子配置。

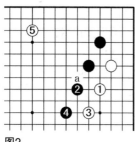

图2

### 图3（坚实）

白1拆二棋形坚实，主要目的是确保眼位。

但这样一来，就失去了如上图白1小飞之后，白2跳或者a位小飞的后续手段。

黑棋可以安心的在2位拆边。从这一点来说，白1拆二的下法缺乏积极性。

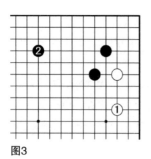

图3

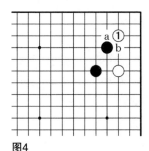

图4

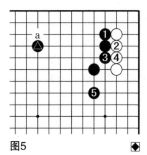

图5

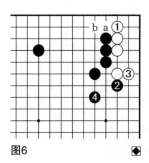

图6

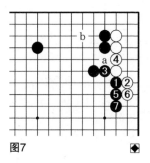

图7

②三三

**图4（实地）**

星位的弱点就是点三三。面对黑棋飞镇，白可以马上1位点三三获取实地。但是这样一来黑棋就可以得到外势。

黑若在a位挡，则白b位连回。此时黑棋面临a位和b位的选择。

**图5（两分）**

黑1挡，白2渡过。选择黑1必须在▲位一带有棋子配置才行。

进行至黑5，黑棋在上边形成模样。

黑若▲位没有棋子，则黑5跳，白下一手在a位分托好点。黑1挡的方向错误。

**图6（两分）**

上图白4如本图白1立目的是留下破空的后续手段。接下来白有a位拐、或者b跳的可能。

这样黑2先手利，在右边有了棋子配置。

本图黑棋厚实，也是双方两分的局面。

**图7（两分）**

图5的黑3也有本图黑1、3的下法可供选择。白2扳，黑3顶，进行至黑7，白棋子全部处在低位，黑棋在外围获得厚势。

但是黑棋的棋形留下了a位的冲断。因为有了a位的缺陷，白b等手段变得严厉。

白4若在5位打吃，黑4位挖吃严厉。

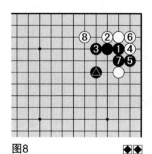

图8

◆◆

### 图8（基本定式）

黑1挡分断白棋。

白2爬，黑棋面临第一个选择。黑3长是平稳的下法，如图5～图7所示，黑棋在右边筑起厚势。

黑▲价值很大。

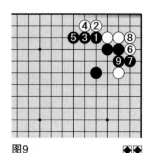

图9

◆◆

### 图9（基本定式）

上图黑3长，也可以如本图黑1扳。进行至黑9，也是一个基本定式的下法。

与上图相比黑棋的厚势更壮观，但上图黑棋获得先手，本图黑棋落了后手。

黑3也可以在4位连扳或者8位扳角。具体变化如下。

### 图10（连扳）

黑1连扳。黑棋看似出现了断点，但此时却是可以成立的强手。

需要注意的是，白棋后续可能会将角上白数子与白△取得联络，黑棋的厚势会在上边发展。

所以黑棋要做的是方向的选择。

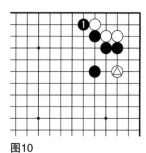

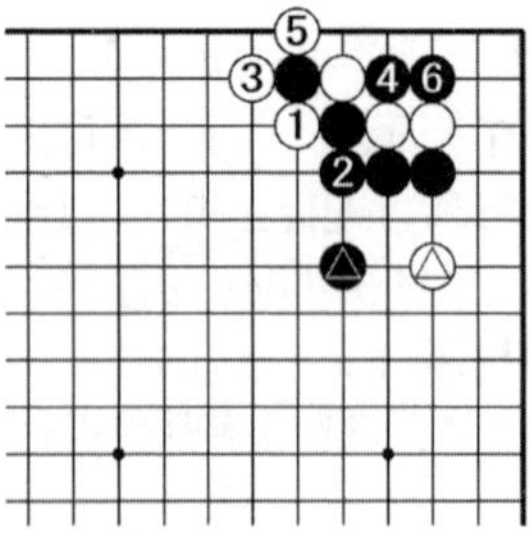

图10

### 图11（黑稍好）

白1吃掉黑一子，黑4、6吃掉白角上二子。

一般情况下这样转换的是白棋有利，但本图白△与黑▲交换明显黑棋占优，本图黑稍好。

图11

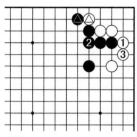

图12

### 图12（黑无不满）

面对黑棋连扳，白1扳是简明应对。黑2粘，白3渡过。

本图与后续的图23相比，多了黑▲与白△的交换。这个交换白稍亏，本图黑无不满。

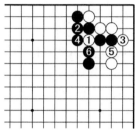

图13

### 图13（黑厚）

上图白1，如本图白1打吃、3扳渡过。

与上图的区别是白棋获得了先手。但白5打吃对黑棋形起到了加固的作用，黑棋极厚。

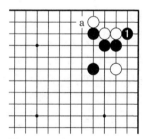

图14

### 图14（扳）

黑除了a位连扳，如本图黑1扳也是有力的下法。

首先黑棋不让白如图12、图13联络，同时也在考验白棋的后续下法。

白棋如果应对正确，也是黑可以接受的结果。这对于白棋来说有一定压力。

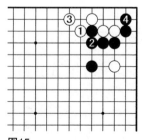

图15

### 图15（黑稍好）

白1打吃，黑2粘。白棋下一手不好选择。

白3只能虎补出头。

黑4进角极大，棋形厚实。本图黑稍好。

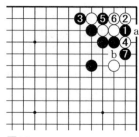

图16

### 图16（好次序）

黑1扳，白2挡，则黑3连扳。白4打吃，黑5打吃先手，黑试图将白棋封锁在角上。

若是白棋被封锁必然是白不利，黑7打吃，白a提，黑b粘。

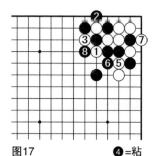

图17　　　　④＝粘

### 图17（黑厚）

此时白1位断吃。黑2提，白3打吃先手利。白5是此时的要点，这样进行至白7，白棋成功联络。

但是黑8断吃棋形非常厚实，本图应该是黑稍有利的局面。

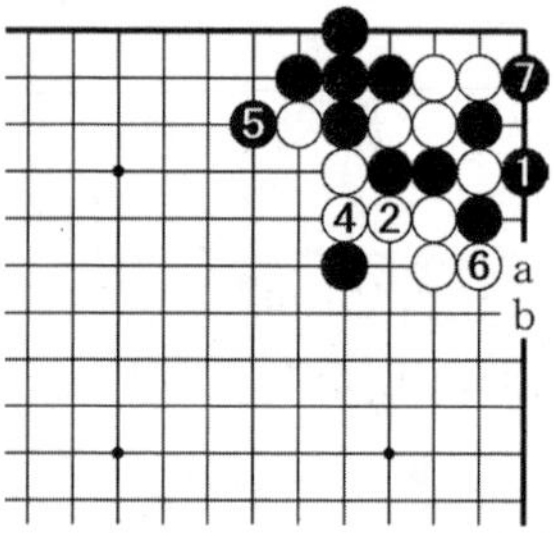

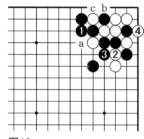

图18　　　　❸＝粘

### 图18（白好）

上图黑6如果1位提过分。

白2、4分断。黑5打吃出头，白6拐先手利。黑7吃掉白角上四子，后续白有a、b的先手利。

相比之下还是白棋的厚势更为诱人。

### 图19（白稍好）

图17的黑2如果选择本图黑1粘是问题手。

白2、4与图17下法相同，但是此时黑8就没有好的下一手了。

黑a打吃，则白有b位提的后续手段；黑c提则白外围一子还有动出的可能。本图白稍好。

图19

图20　　　　　❸=粘

**图20（白好）**

上图黑3，选择了本图直接1位提。

黑5、7吃掉白角上四子，白6先手利，外围厚实。

黑5如果在6位爬，则白a提子可以净活，如此也是白好的局面。

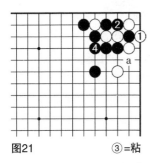

图21　　　　　③=粘

**图21（黑好）**

图16中的白6，如本图直接1位提，不想让黑a位打吃。

但是这样一来黑2打吃变成先手。白3粘，黑4粘。白棋子全部处于低位。

与图12相比高下立现。

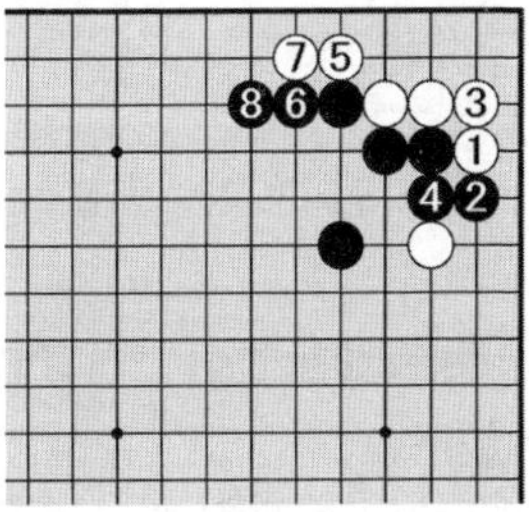

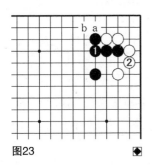

图22

**图22（基本定式）**

如上面变化所示，如果白直接在5位扳，不管黑棋在7位连扳还是在3位扳，结果白棋都不满意。

所以此时白1、3扳粘是简明下法。这样一来就会形成与图9一样的结果。

图23

**图23（两分）**

此时黑棋也可以1位粘。白2渡过。

本图与图12相似，只有没有了白a、黑b的交换。这个交换对双方都不是必须，没有交换明显对白棋更有利。本图两分。

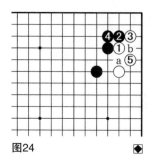

图24　◆

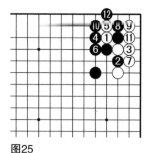

图25

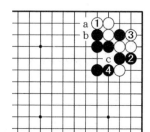

图26　◆

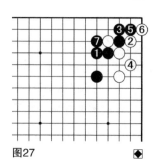

图27　◆

### ③托

#### 图24（两分）

白1托意在腾挪。根据具体局面也会转换到角上。

黑2扳必然。白3连扳，黑4粘简明。白5虎告一段落。

黑4如果在a位打吃，白b，黑4，白5打吃。

#### 图25（黑稍好）

此时白1断也是腾挪手段。

黑2、4打吃，6位粘是简明应对。

白面对是7位联络还是获取角地（如下图）的选择。本图白7拐吃进行至黑12，黑稍好。

#### 图26（实地与外势）

白1拐获取实地。黑2分断必然。

进行至黑4，形成白棋实地、黑棋外势的局面。

黑4本手。如果在a位扳过分，白有b位断、c位断等后续手段。

#### 图27（两分）

图25的黑2，如本图黑1长是简明下法。

白2、4整形，黑5拐与图24相比实地所得更多。黑7拐棋形厚实。但如24黑棋先手，本图黑棋落后手，各有优劣。

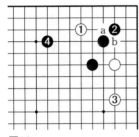

图28

### ④双飞燕

#### 图28（确保根据地）

白1双飞燕意在冲击黑棋形薄弱点。黑2抢占根据地，对白左右两块发起攻击。

黑2也可以下在a、b位，可以根据具体局面进行选择。

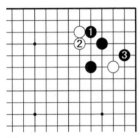

图29

#### 图29（战斗）

面对白双飞燕，黑也可以1位尖顶。白2长，黑3小飞守角。黑棋仍然保持与上图黑2相同的思路，继续保持对白左右两块的攻击状态。

但是这样的棋形黑棋也有被分断的风险，后续很可能会形成战斗局面。

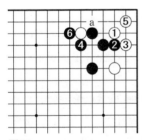

图30

#### 图30（黑稍好）

此时白1点三三轻灵，接下来有a位扳和2位渡过的后续手段。

黑2、4防止白a位扳的手段。白5渡过，黑6吃掉白一子告一段落。

黑棋形简明、外势厚实，可以满意。

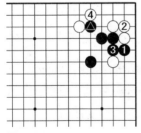

图31

#### 图31（白好）

上图黑4如果选择本图1位扳，则白2、4联络。

白棋点三三的目的就是联络，黑棋不好。

黑棋既然选择了▲位尖顶，黑1就要如图30的变化应对。

## 6. 小尖

白小飞挂角，黑1小尖。思路与飞镇相同，都是重视中腹发展的下法。棋形坚实，但实地略损。

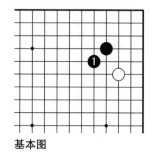

**基本图**

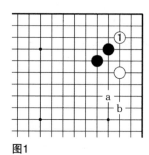

图1

### 图1（点三三）

面对黑棋小尖，白的应手有白1点三三和a、b右边拆边等。

实战选择最多的是白1点三三。白棋获取实地的同时，黑棋形成外势。

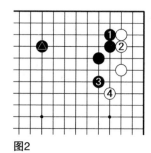

图2

### 图2（温和）

白点三三，黑1挡，白2联络。这是黑棋在▲位一带已经有子情况下的变化。

白2爬，黑3跳虽然棋形稳健，但因为白4小飞会形成好形，所以黑3在职业棋手的对局中几乎不会出现。

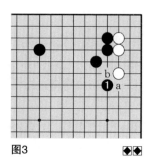

图3

### 图3（飞压）

上图黑3还是选择本图黑1飞压更为严厉。

白可以选择a位爬或者b位冲断。白棋冲断的可能性较大，但此时黑并不担心战斗，所以也没有避战的理由。

◆◆

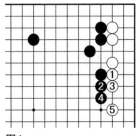

图4

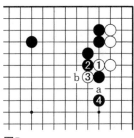

图5

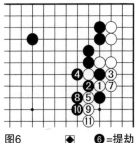

图6　　❻=提劫

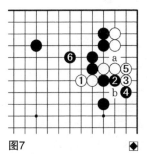

图7　◆

### 图4（两分）

白1爬是坚实的下法。

黑2长，白3继续爬、白5跳出。形成白棋实地、黑棋外势的局面。

选择本图的关键是黑棋的厚势能够发挥多大作用。

### 图5（型）

黑棋飞压，白棋不满上图白1～5棋子全在低位，选择了白1、3冲断。

黑4跳是棋形好手，此时黑棋并不担心白a位挖吃（如下图）。

这里白棋可能的下法有a或者b两种，白棋若在b位长后续会形成战斗局面。

### 图6（定式）

白1打吃，黑2反打是手筋。白3提，黑4打吃，白5断吃，黑6提劫先手。

白7粘，黑8、10是一种选择。这样黑棋获得外势，虽然白棋的实地比图4要大，但黑棋的厚势也更加可观。

### 图7（两分）

白1长，不想形成上图的结果。

此时黑2挡必然。白3、5扳粘，黑6跳补形成战斗局面。一般来说后续会是两分的结果。

白3、5扳粘非常重要，防止黑a位挖的同时，还多了b位打吃的后续手段。

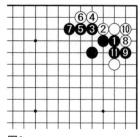

图8

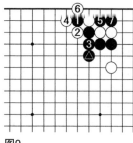

图9

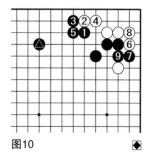

图10 ◆

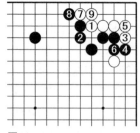

图11

**图8（两分）**

白点三三，黑1挡分断是必然的选择。

白2爬打算就地做活。与图4～图7不同，此时黑棋的厚势面向右边。

黑棋外势极厚，但在局部手数多于白棋。局部两分。

**图9（白好）**

上图黑5如本图黑1连扳不好。

白2断吃、4打吃黑一子。

黑5、7可以将白角上二子吃掉，但黑▲一子效率极低，黑不满。

本图白好。

**图10（定形）**

图8黑3扳，也可以如本图黑1小飞。这样黑▲一子可以充分发挥作用。

白2、4托退，6、8扳粘做活。此时黑棋上边的棋形已经完整，这也是黑1的目的所在。

**图11（黑可战）**

白1顶，黑2长目的仍然是将上边棋形补强。

白1是俗手，进行至白9，白棋落了后手。

白7、9脱先虽然角上也可以做活，但黑9先手扳价值太大，白不能忍受。

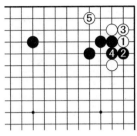

图12

## 图12（白棋目的）

此时白1直接在角上扳粘。

黑2、4的下法让白棋实现了既定目标。

白5小飞出头，图10中黑1小飞封头的手段不再成立。此时黑2需要三思。

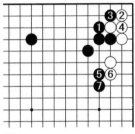

图13

## 图13（黑厚）

面对白棋扳，黑1拐是正确下法。白2虎补渡过，黑3打吃先手，白棋全部处于低位。

白4粘，黑5飞压好点。黑棋外围厚势更加可观，本图黑可满意。

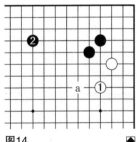

图14

## 图14（两分）

如果白棋不想让黑在右边筑起厚势，可以直接在白1小飞应对。

黑2拆边，局部告一段落。

如果黑棋在2位一带已经有棋子配置，则黑2可能在a位镇继续扩张模样。

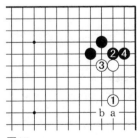

图15

## 图15（两分）

白1拆二是在下边有配置的情况下可选择的下法。

白棋拆二，黑2尖顶。白3长，黑4立棋形坚实。

白1若在a或者b位拆边是轻灵的下法，这样黑2可能会脱先他投。

131

## 7. 尖顶

黑1尖顶是特殊下法。一般来说是在a位一带有子配置时候的选择，最近也有直接尖顶的对局出现。

黑1的思路一方面是限制白棋进角，接下来白b长，黑会对白进行攻击。

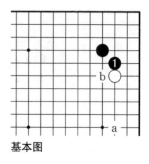

**基本图**

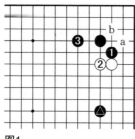

图1

### 图1（定型）

黑▲一带如果有子，黑1尖顶是常见下法。白2长，黑3跳。

黑1的目的是不让白a小飞进角和b位点三三转换。简单来说就是不给白棋腾挪的可能。

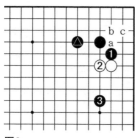

图2

### 图2（攻击）

如果在黑▲位已经有子的情况下，黑1尖顶、3位夹也是最常见的选择。

黑1若直接在3位夹击，则白a托，黑b扳，白c连扳可以就地做活。

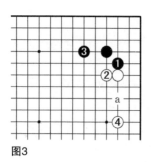

图3

### 图3（白满意）

直接黑1尖顶，白2长，黑3必须一间跳补强角部。

白2长、4位跳形成立二拆三的好形。一般情况下白棋无不满，如果黑可以马上在a位打入，黑1、3的下法也时有出现。

132

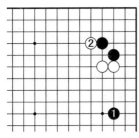

图4

### 图4（夹击）

尖顶、长交换之后，黑也可以选择1位夹击。

但是白2靠腾挪没有任何压力。所以夹击的下法一定要根据具体局面做出选择。

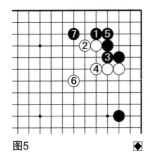

图5

### 图5（定形）

黑1扳，白2长，黑3团是关键的一手。

白4长，黑5粘补断。

白6小飞棋形轻灵，黑7跳出，双方两分。

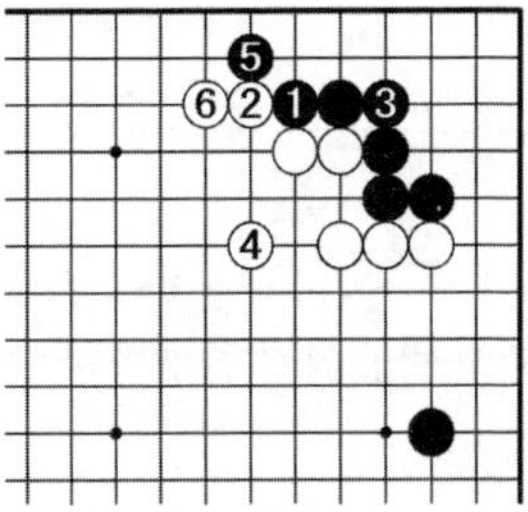

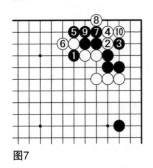

图6

### 图6（白好）

上图黑5如果直接在本图1位爬过分。

白2扳强手，后续3位断点严厉，黑只能3位粘。白4跳好形。

与上图相比明显黑棋亏损。

图7

### 图7（黑崩）

上图白2扳，黑若反抗变化如下。

比如黑1断，白2反断。黑3以下形成对杀，进行至白10，黑明显崩溃。

图5中的黑5粘是此时的正确选择。

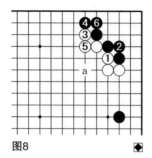

图8

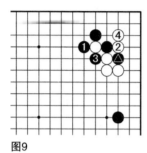

图9

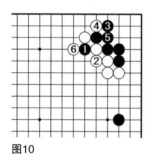

图10

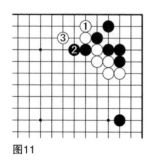

图11

### 图8（两分）

黑棋扳，白也可以1位挤。

黑2粘，白3连扳是手筋。黑4连扳也是手筋好手，白5粘，黑6粘告一段落。

后续黑a点方是急所，与图5相比黑棋子处于低位，本图的结果是两分。

### 图9（白好）

上图黑2如果选择本图黑1打吃反击，白2断吃必然。

黑3提，白4进角。白棋实地所得极大，黑▲一子也失去了价值。本图明显白好。

黑1不可选。

### 图10（白好）

白棋连扳，黑1断吃。但是黑棋并没有好的后续手段。

如果白棋征子有利，白4、6吃掉黑一子即可。黑1断吃的前提必须是黑棋征子有利。

### 图11（白仍可战）

上图白4如本图1位立，黑2长，白3跳出头。本图也是白可战的局面。

但是在选择本图下法之前，一定要先考虑周围棋子配置的情况。如果战斗是白棋不想看到的结果，图8的白1挤还是选择图5的定式为好。

134

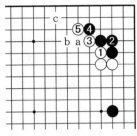

图12

### 图12（还原）

白也可以1位直接挤。

黑2粘，白3、5连扳，棋形与图8～图11相同。

白5若在a位长，黑5位爬，白b长，黑c小飞，白不能满意。同样的图8中的白3也不能在5位长。

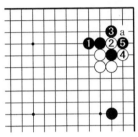

图13

### 图13（黑负担重）

白棋挤，黑1长，白2、4吃掉黑一子。

黑5打吃是强手，但此时白有a位开劫的后续手段。这个劫明显黑棋负担更重。

但是黑5若在a位立，又有缓手之嫌。

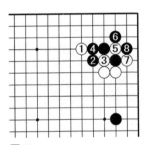

图14

### 图14（两分）

此时白1也是选择之一。感觉更像是双飞燕，接下来白棋会根据黑棋的应法决定后续应对。

黑2小尖出头，白3以下吃掉黑一子。

但与图13比较可以看出，白1与黑2的交换白棋明显亏损。本图两分。

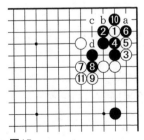

图15

### 图15（两分）

黑棋小尖出头，白可以1位点三三。黑2至黑6交换之后，白利用黑棋气紧的问题，白7夹可以封锁。进行至白11，双方两分。

黑10若在11位断，则白10位立，黑a爬，白b拐，黑c扳，白d挤好手。黑崩。

## 8. 下飞

黑1小飞目的是获取角地，同时不让白棋轻易地获取根据地。这是近代围棋发展过程中出现的下法。

但是这样一来上边黑棋没有配置棋子，有可能遭到白棋的反击。

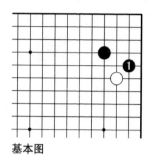

**基本图**

### 图1（白的应手）

白棋接下来有a、b拆边，c挡，d、e反夹等应手。

a～c主要是在右边落子。d、e在上边落子，重视上边发展的同时看轻挂角一子价值。

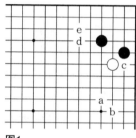

图1

### 图2（坚实）

白1或者a位拆边在右边谋求发展，这是在右边有配置的时候选择的下法。

此时白b挡或者黑b爬的价值虽然较大，但并不是急所。

后续白会想要在c位落子。

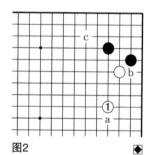

图2

### 图3（步调）

白1拆三，也是希望能够兼顾发展的下法。

白a拆二不多见，原因是接下来白b挡空间狭小；而黑b爬白a的位置也不够理想。

图3

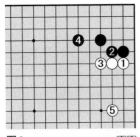

图4

### 图4（定式）

此时白1挡。黑2、白3交换之后白5拆三。

这是双方可以满意的定式。

但是黑2并不是必然的一手，黑棋也可能会选择图6的变化。

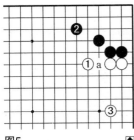

图5

### 图5（两分）

上图白3也可能如本图白1跳。黑2小飞守角，白3拆三。

白1与上图白3相比，行棋步调加快，但多了a位的薄味。

两图对比各有优劣，本图也是两分。

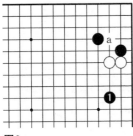

图6

### 图6（夹击）

白棋挡，黑1夹击。

黑1的想法是攻击白二子。此时黑角变得薄弱，白棋腾挪难度不大。

白棋的腾挪手筋是a位。只要了解这个手段，白棋处理局部就不成问题。

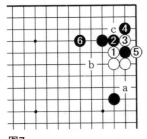

图7

### 图7（黑好）

白1可以吃掉黑一子。但这样会加固角上黑棋，同时黑棋还有a位小尖的攻击手段，黑可以满意。

白1也可以考虑直接在b位跳，一来不会帮助黑棋加固，二来还可以找到机会在c位点三三获取角地。

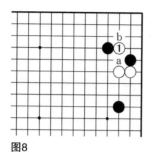

图8

### 图8（靠）

白1靠。

此时黑若a位冲是过分手，具体变化请看图14、图15。

黑b位扳是正确应对，这样一来还可以保持对白棋的攻击态势。

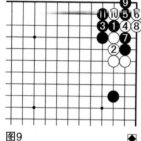

图9

### 图0（定型）

黑1扳。白2粘，黑有3位粘和4位立两种选择。

黑3粘，白4、6连扳。黑7打吃先手利，白8粘吃掉黑二子。

黑9立，白10断交换目的是要获取先手。进行至黑11，两分。

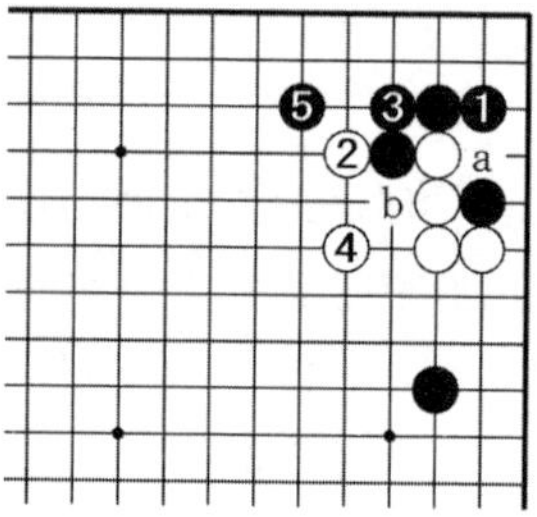

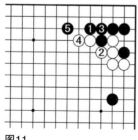

图10

### 图10（两分）

黑1立，白2夹是此处手筋。黑3粘，白4跳，黑5跳告一段落。

黑棋形满意，白出头顺畅。后续白有a位打吃的保留手段，眼形不成问题。

黑3若在b位出头，则白3断。

图11

### 图11（两分）

黑1扳。白2打吃，黑3粘，白4长，黑5跳出头告一段落。

黑5比上图出头更快速，白棋形也更厚实。

黑1扳，形成下图的可能性较大。

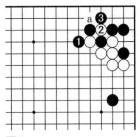

图12

**图12（保留打劫）**

上图黑3也可以如本图1位反打。

白2提，黑3打吃，后续白有a位开劫的手段。这个劫对双方来说都有一定压力，接下来的进程都会围绕劫争展开。

如果重视上边，选择黑1的可能性较大。

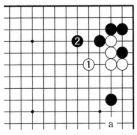

图13

**图13（黑稍好）**

图10的白2若在本图的1位跳，确实是稳健的下法。但黑2跳棋形舒展，黑可以满意。

白选择1位跳，后续会期待a位反击对黑一子进行攻击。

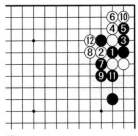

图14

**图14（白好）**

黑1冲并不是好手。

白2断，等待黑棋出招。

白6立，黑7断吃可以吃掉白二子。但白10、12都是先手利，本图白好。

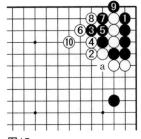

图15

**图15（白好）**

上图黑7如本图黑1继续长气，白2长。黑3小尖，白选择弃掉三子。白6、8先手利，进行至白10，白在外围形成厚势。

如果不想弃掉三子，白2在4位打吃，黑a，白2位粘也是一种选择，仍然是白稍好的结果。

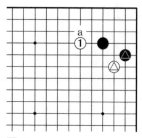

图16

### 图16（重视上边）

此时白1或者a位反夹是重视上边的下法。

重视上边则会根据后续进程考虑看轻白△一子。白棋的判断是白△与黑●交换有先手利的感觉。

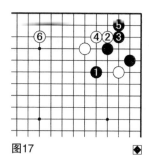

图17

### 图17（两分）

黑棋不能接受白1位封头，下一手黑1小飞出头。

白2、4托退，黑5立，白6拆边告一段落。两分。

右边一子是动出还是弃子要视后续局面发展而定。

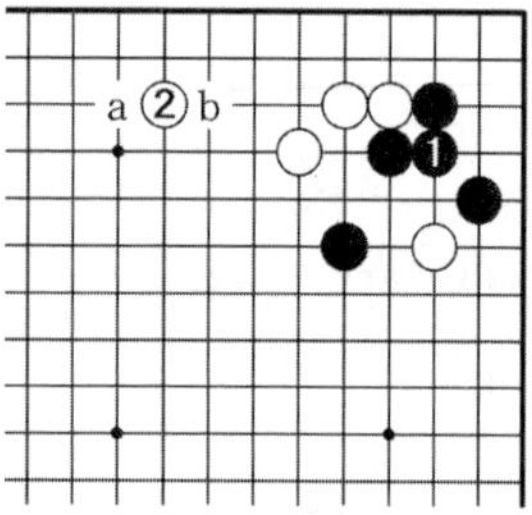

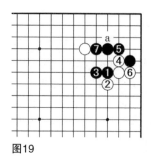

图18

### 图18（两分）

上图黑5立，如本图黑1粘棋形厚实，对白的后续手段有所限制。

白2或者a位拆边是普通应对，但黑1棋形坚实，白在2位拆更稳健。白a拆黑可能在b位打入。

### 图19（黑稍好）

图17中的黑1也可以如本图黑1压。

此时白2、4直接出头是疑问手。黑7顶，白子缺乏弹性。

如果要看轻白一子，白2应该在上边a位一带落子。

图19

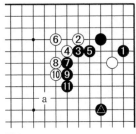

图20

### 图20（两分）

如果黑棋在●位已经有子，面对白2，黑3、5是有力的反击手段。白6虎，黑7扳扩大右边势力发展。

进行至黑11，黑好形。但是白棋在上边的棋形也可以满意。

后续白a位飞是好点。

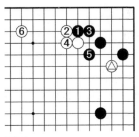

图21

### 图21（两分）

黑1、3托退。

黑棋的目的是获取角地。对于白△，黑棋的态度是放任白棋自己选择后续下法。

白2、4，黑5小尖出头，白6拆三告一段落。

白△一子因为周围有棋子可以借用，黑棋想吃掉并不容易。

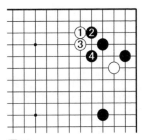

图22

### 图22（小飞）

虽然在实战中出现的概率要低于一间高挂，白1小飞挂角在此时也是选择之一。

白1的想法同样是看轻右边一子，重视上边发展。

黑2尖顶、4小尖出头，进程与上图相似。

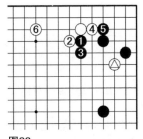

图23

### 图23（压长）

面对白棋小飞挂角，黑可以1、3压长。

白2、4交换之后6位拆边告一段落。白棋在上边有所得，黑棋在右边的势力圈得到发展。

白△一子如何处理成为今后局面发展的关键。

## 9. 玉柱

黑1玉柱的思路与上图黑a小飞相同，都是在获取实地的同时不让白棋有机会进角取得根据地。

而且黑1不给白棋顺调腾挪的机会，不足的地方是棋形速度稍慢。

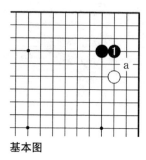

**基本图**

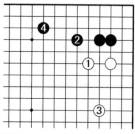

图1

### 图1（白后续手段）

白棋会选择在右边拆边或者a位一带落子。

白1拆二是稳健的下法。黑2拆边普通。黑2是为了不让白棋在a位挂角。

如果脱先，白a严厉。

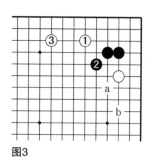

图2

### 图2（两分）

如果想要扩张右边，白1跳。黑2跳，白3拆边。

黑4开拆，实地较大。白棋在右边的棋子配置也可以满意。

### 图3（两分）

如果想在上边落子，白1会直接小飞挂角。但是白棋若在上边和右边都落子，难免手忙脚乱。

黑2小尖出头坚实，后续可以对白左右两子发动攻击。

白3拆二，黑可以在a位飞压或者b位夹击。可以根据具体局面进行选择。

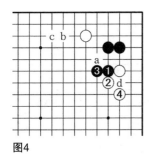

图4

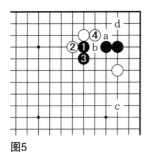

图5

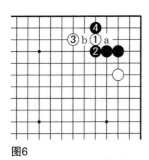

图6

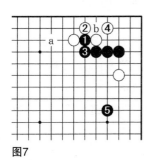

图7

**图4（战斗）**

此时黑棋首先要做的是不让白下到a位封锁。

黑1、3压长出头。白4虎，黑b夹击发起战斗。

白4若在c位拆二，则黑d断。黑好。

**图5（黑不满）**

黑1、3在上边压长方向不对，白4长好形。

黑a愚形，还有b位的断点。黑b粘棋形厚实，但白c拆二之后，上边白棋还有d为小飞进角的后续手段，黑不满。

**图6（定形）**

此时白1是冲击黑二子的手段。

黑2压，白3跳，黑4夹坚实。白a长则黑b挖。

白3若在b位长棋形太重，黑a位补角，接下来左右夹击见合。黑可战。

**图7（黑可战）**

上图黑4也可以选择本图黑1挖。

白2、4交换之后，黑5夹击攻击白一子。这是重视右边的下法，本图也是黑可战的局面。

白4也可考虑在a位快速拆边，但黑b断吃角地极大，黑可满意。

## 10. 一间低夹

黑1一间夹。夹击有一间夹至三间夹，其中都包括高低夹，共6种。其中一间低夹是最严厉的一种。

白棋的应对围绕着是否动出一子展开。

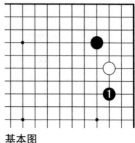

**基本图**

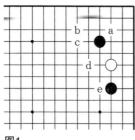

图1

### 图1（白的应对）

白棋的应手有a位点三三，b、c挂角，d跳出、e靠压等。

其中出现最多的就是白a点三三。白b和c的下法也含有点三三的目的。

白d和e是直接动出白一子。

### ①点三三

### 图2（选择）

星位的弱点就是点三三，白1是自然的下法。

虽然星位夹击的目的也是希望对手点三三，但白1可以获得实地，自身也可以满意。

黑在a位或者b位挡，方向选择非常关键。

图2

### 图3（基本定式）

黑1挡，白2以下至白8是经典定式。即使黑棋的夹击在a～e位也是一样。

白棋在角上获得实地，黑棋在右边形成厚势。

双方可下。

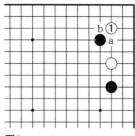

图3　◆◆

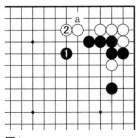

图4

## 图4（黑的后续手段）

以扩大右边发展为目的，黑1小飞是好手。

白2补强是本手。白2棋形厚实，还保留了后续的手段。

白2也可以脱先他投，那样黑2位靠，白a立。黑棋可以先手交换。

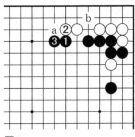

图5

## 图5（黑的后续手段）

黑1跳封。这样下的目的更加明显，就是要在中腹扩张厚势。

上图和本图目的一样，都是要从右边向中腹发展。

除此之外，黑a夹击也是一法。黑a后续有b位点的手段。

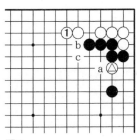

图6

## 图6（白的后续手段）

如果此处白棋先行，最多的下法是白1并。积蓄力量之后准备动出白△一子。

黑如果要补强，会在a位扳。

白1也可以选择在b位挡，但会被黑c位扳顺调扩张。

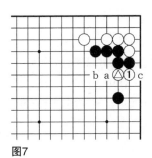

图7

## 图7（白的后续手段）

白直接选择1位夹动出白△一子。除此之外还有a为长、b位跳等下法可供选择。

白1夹，黑若a位虎扳允许白棋渡过；若在c位扳，则意在阻渡。

黑c位扳会引起战斗。

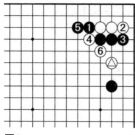

图8

### 图8（非定式下法）

图3中的黑3，若在本图黑1位扳不是定式下法。此时白△位有子，不能将白无子的局面混为一谈。

此时白2立是好手。黑3挡，白4断，黑两边无法兼顾。

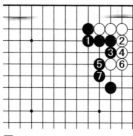

图9

### 图0（白无不满）

上图白2立之后，如本图黑1粘是正确选择。

白2拐联络，即使黑3、5可以封锁，白6获得先手还是可以满意的局面。

白6也可以下在7位连扳。

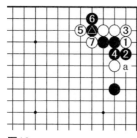

图10

### 图10（白可战）

面对图8中的黑1扳，白还有本图1、3扳粘之后5位夹的手段。

黑6立，白7断，黑四子明显气紧。白有a位夹的后续手段。

如果黑6在7位粘，白6渡过。黑▲一子就变成了撞气的恶手。

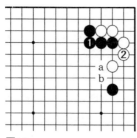

图11

### 图11（白好）

白扳，黑1粘可以调整棋形。

白2渡过仍然是白可以满意的局面。

特别是本图与图9相比可以看出，后续想要封锁白棋难度加大。黑a，白可以马上b位扳出。

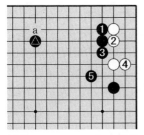

图12

### 图12（基本定式）

黑1挡允许白棋渡过。这个下法的前提是在黑▲一带已经有子配置。

黑3长是棋形急所，白4补棋，黑5小飞封锁告一段落。双方两分。

如果黑▲没有棋子配置，黑5封锁，白马上在a位分投，黑失败。

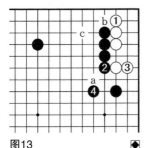

图13

### 图13（定式）

上图白4也有本图白1立的变化。黑2压、4位跳补告一段落。

白1立的目的是留下破坏黑棋上边模样的后续手段。这样一来黑在4位跳补，右边的棋形得以加强。

黑2在a位小飞，白b拐，黑c定形也是实战案例。

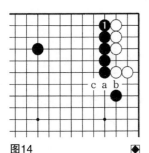

图14

### 图14（定式）

上图黑4还有本图黑1直接挡的下法。

显然黑选择1位挡是不想让白棋破掉自身上边的模样。

这样一来白棋就有了a位扳的后续手段。黑1挡，白立即a位扳出的实战棋谱较多，接下来黑b断，白c长形成战斗局面。

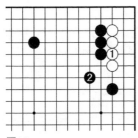

图15

### 图15（白不满意）

白1粘让黑三子气紧看似本手，但其实并不是好手。

图12白4和图13白1之后都有后续手段，比较之下就可以看出，本图白棋并不能满意。

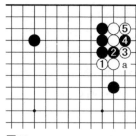

图16

### 图16（出头）

此时白1压。

黑要想阻止白棋出头需要做些准备工作，这就是黑2、4冲断（请参考图22）。

白5提掉黑一子。白若在a位粘，则黑5吃掉白二子，白不能接受。

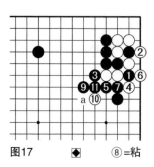

图17　◆　⑧=粘

### 图17（定式）

黑1打吃、3扳，白4打吃基本上是只此一手。黑5、7先手打吃、黑9虎补将白成功封锁。

与图12相似，结果也是白获得实地，黑得到外势的局面。

黑7也可以直接在9位虎。白10刺，黑a位压。

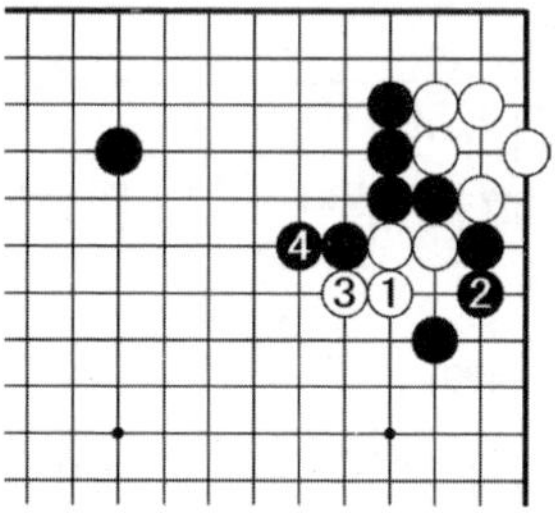

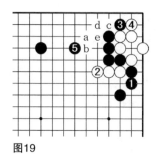

图18

### 图18（黑有利）

上图白4如果选择本图1位出头，虽然可以防止黑棋封锁，但愚形实在没有落子的动力。

黑2联络，白3拐，黑4长，战斗明显黑棋占上风。

白苦战。

图19

### 图19（战斗）

站在黑棋角度，图17的黑3扳直接如本图黑1连回一子也是可选择的下法。

但是白2长是好形，白棋也不担心后续战斗。

黑3扳是为了防止白a，黑b，白c，黑d，白e的后续手段。

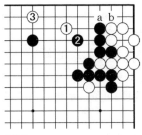

图20

### 图20（白目的）

图17的完成图形。角上白棋已经完全净活，黑a位立、b位扳等都是后手。

所以白1打入是此时的好点。黑2跳，白3可以大飞扩大眼位。选择本图白棋也要实现考虑周围棋子配置的问题。

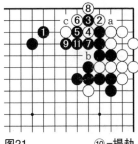

图21　　　⑩=提劫

### 图21（打劫渡过）

黑1小尖，白2、4是计划好的手筋。黑若a位打吃，白b断吃黑崩。

黑5打吃，白6、8打劫渡过。黑9如果在c位打吃打劫，白4提，黑压力很大。黑9虎补，白打入获得成功。

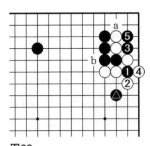

图22

### 图22（黑不好）

图16中的黑4断，如果选择本图黑1断的方向，则白2、4吃掉黑一子，黑不好。

黑3、5即使可以将白角上二子净吃，黑▲一子距离白厚势太近，被攻击在所难免。

后续白有a位立，b扳的先手利。白棋形厚实。

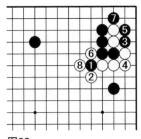

图23

### 图23（黑不好）

同样图16中的黑4，如果直接黑1扳也是次序错误。

此时白可以2位扳反击，黑3再断，白4粘，进行至白8，黑明显不利。

黑7若在8位长，则白7位立。

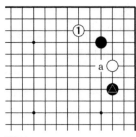

图24

②双飞燕

### 图24（变化自如）

白1双飞燕。黑▲如果是宽夹的情况，白1出现的频率较高。一间夹的局面较为少见。因为黑a可以一手将白一子封住。

但是最近白1被认为是有力的下法。

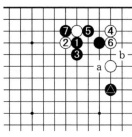

图25

### 图25（两分）

如上图讲解所述，一间夹的情况下白双飞燕，黑基本上会选择马上a位压。但本图黑1也是备选下法之一。

白4点三三时，黑7打吃一子告一段落。

黑▲一子位置极好，留有b位点的后续手段。

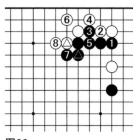

图26

### 图26（黑不满）

白点三三，黑1挡，被白2爬回。如此黑不满。

黑3挖进行至白8定形，黑▲与白△的交换明显是黑棋形不佳。而且一间夹棋形重复，未来厚势发展会受到影响。

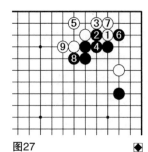

图27

### 图27（两分）

面对黑压长，白1托。图25虽然白棋获得角地，但外围明显棋子配置不佳。所以在实战中选择本图白1托的更多。

白1托，黑2虎以下定形。虽然与上图相比，白棋形略逊一筹。但客观讲是上图黑棋应对有误。本图是双方两分的结果。

150

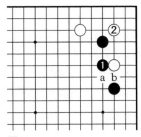

图28

## 图28（压）

一间夹·双飞燕的情况，大部分情况下黑都会选择1位压应对。

白棋点三三寻求根据地。

除此之外白还有a位扳与黑b断交换之后再2位点三三的下法。这个交换会影响后续进程的结果。

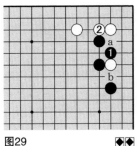

图29 ◆◆

## 图29（定式）

黑1虎或者a位挡，让白联络，是稳健的下法。

白2渡过告一段落，双方两分。

后续白有b位顶的手段。与图41对比可以看出，本图白可以满意。

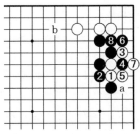

图30

## 图30（黑可战）

白1顶、3扳，黑4以下应对。

黑6、8分断，白只能a位拐做活。接下来黑b逼住非常严厉。

白1的下法要考虑落子时机。

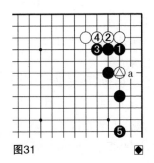

图31 ◆

## 图31（两分）

白棋点三三，黑1挡。

白2爬，黑3长先手、黑5拆二告一段落。

黑5也可以脱先他投，但白△一子还有a位立出逃的可能。

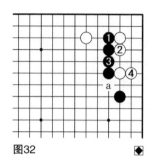

图32

### 图32（定形）

白点三三，黑1在上边挡分断。白2爬，黑3粘，白4做活。

黑棋如果接下来选择攻击白上边一子，白a扳断非常严厉。所以此时黑棋最好要先做好准备工作。

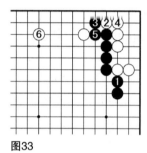

图33

### 图00（白满意）

黑1顶棋形厚实，但落了后手。

白2、4扳粘先手，白6拆边。

进行至白6，黑棋虽然厚实，但白走到了2、4扳粘和6位的大场，白棋没有不满的道理。

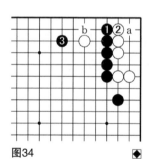

图34

### 图34（两分）

黑1立，下一手会在a位跳。同时间接防止了白扳出的手段。

白2挡确保角上活棋，仍然瞄着扳出。

黑3夹击，接下来有b位托渡过的后续手段，黑棋还在为白扳出做着万全准备。

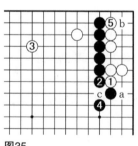

图35

### 图35（其他下法）

如何上边落子是关键，此时白1与黑2交换之后，白3拆边。

白1的目的是保留a位扳做眼的手段。如果白棋直接在3位拆边，黑b跳进角，白1位顶，黑会c位长抵抗。

黑4虎先手，外势极厚。黑可以满意。

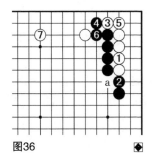

图36

### 图36（两分）

图32中的白4，也可以直接1位粘。黑四子气紧，白a位扳出的手段更为严厉。

黑2顶稳健。白3、5扳粘先手、白7拆边。黑获得厚势，白取得实地。

双方两分。

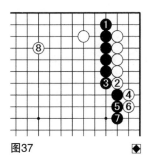

图37

### 图37（两分）

此时黑1立是有力的下法。这样后续黑2顶先手，白无法扳出。

白2顶，4、6扩大眼位，白8拆边。本图仍然是黑棋获得厚势，白获得实地的局面。双方两分。

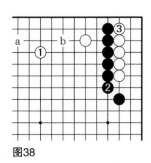

图38

### 图38（一法）

白如果不走上图白4、6，可以直接脱先在1位拆边。

黑2长先手，白3补活。后续黑可能会a位逼攻击白二子。

此时b打入不是好选择。黑本身棋形厚实，很可能会导致厚上加厚，棋子效率降低。

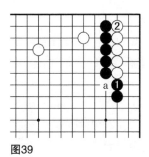

图39

### 图39（断点）

上图黑2长，如本图黑1顶不是正确选择。

白2仍然在角上补活。但黑多了a位的断点，后续黑棋落子会因此受限。上图黑2是此时的本手。

153

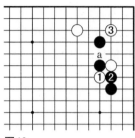

图40

### 图40（扳）

白1扳与黑2断进行交换。然后再白3点三三。

这个交换的意义在于白a挖吃变成绝对先手，这样限制了黑的选择范围。黑接下来的下法会出现较大变化。

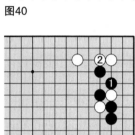

图41

### 图41（走式）

黑1打吃，白2渡过。简明。

与图29相比，白扳与黑断的交换有恶手之嫌。但正因为这个交换，黑1不会下在2位挡。从这一点来说，交换是有意义的。本图两分。

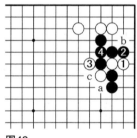

图42

### 图42（白的后续手段）

定式之后，白1立、3位打吃是先手利。后续白a压、b位尖顶也是先手。

如果黑棋无法接受，黑2可能选择c位打吃。但白2联络的价值不容小觑。

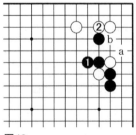

图43

### 图43（其他下法）

白点三三，黑1长。这是黑不能接受上图白1、3先手利，同时还希望在右边形成模样的选择。

但是白2渡过之后留下了a位小尖价值极大的后续手段。若黑b挡可以补强，但与图41相比黑落了后手。

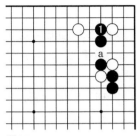

图44

### 图44（外挡）

虽然白有a位挖吃的手段，但黑1挡也是此时可选下法之一。

但是黑1一子会被吃掉。后续还是会形成黑棋厚实白棋实地的转换。

黑1挡选择了获取厚势。

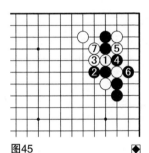

图45

### 图45（两分）

白1打吃、3出头。黑4、6吃掉一子，白吃掉黑二子形成转换。

黑厚势诱人，但如果白棋可以对其未来发展起到限制作用，实地所得也可以接受。

### 图46（一长一短）

上图白7是否先在1位打吃，与黑2粘交换是个微妙的问题。

白1、黑2交换之后，白a扳的压力降低。黑b扳，白c位打吃先手消失。

但是其他地方——

图46

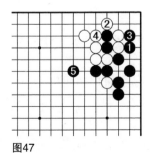

图47

### 图47（实地亏损）

如果不交换，黑1扳好手。白2打吃，黑3打吃先手，角上白棋实地明显减少。

上图白1对双方各有优劣，如何取舍请根据具体局面而定。

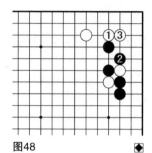

图48

**图48（两分）**

此时白1托。白棋选择1位托，是不想下出图44和图45。但托之后也有各种复杂变化需要注意。

黑2打吃稳健，白3进角，还原图41。

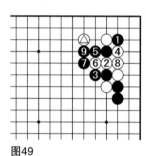

图49

**图49（变化）**

黑1扳强硬。需要注意的是如果白△一子在高位，黑扳不成立（请参考图52）。

白2挖吃、4位断吃。

接下来——

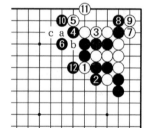

图50

**图50（黑稍好）**

白1、3之后，黑4、6是此时的关键下法。白5扳先手，白7、9吃掉黑二子，黑棋也可以将白棋封锁。

白7也可以在a位打吃与黑b粘交换。这样白9，黑10，白11，黑需要c位提。

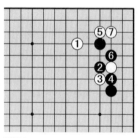

图51

**图51（定式）**

白1高挂，黑2压，白3扳、5托结果相同。

需要注意的是，此时图49和图50中黑棋的下法不成立。黑6、白7交换告一段落。

白1处在高位，结果与图41基本相同。

156

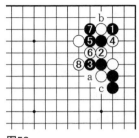

图52

### 图52（黑中计）

此时黑1扳不成立。

白2、4以下可以看出黑棋形崩溃。

黑如果a位拐吃，白b立。而且后续白c出头黑也无力应对。

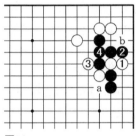

图53

### 图53（白的后续手段）

图51之后，白有1位立、3位打吃的先手利。后续还保留了a位和b位的先手。

本图在小飞挂角的讲解中已经提到过。白3打吃之后，因为棋子处于高位，后续a位成为高点。

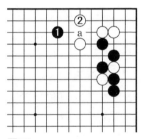

图54

### 图54（黑的后续手段）

另一方面，由于白棋子在高位，面对黑1白只能忍耐。

由于黑有扳断的后续手段，所以白2或者a位补是必然的下法。

至于黑1是否有一手棋的价值，要看上边棋子配置而定。

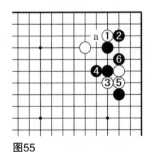

图55

### 图55（黑好）

白1直接托角，黑2扳，白3扳，黑此时不会5位断。

黑4长，白5粘，黑6虎。白上下棋形都不完整明显陷入苦战。

白3若在a位连回，结果也不能接受。

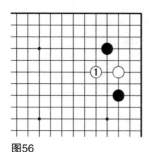

图56

### ③跳

**图56（动出）**

白1跳出头。这是很常见的下法。

但是后续白棋点三三转换、或者在上边落子的机会就会降低。

白1主要目的是不让黑棋筑起厚势。

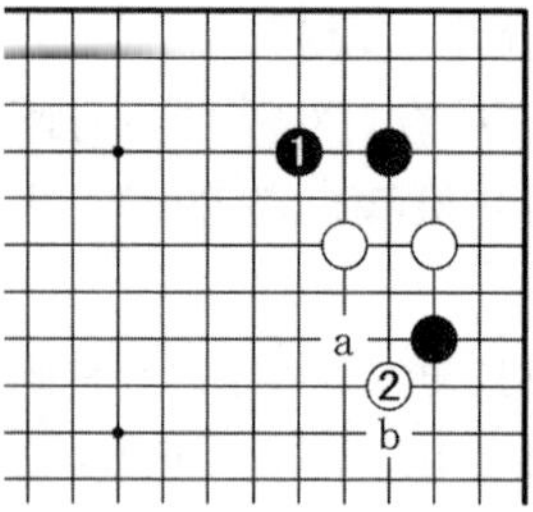

**图57（定形）**

黑1跳，白2飞压，对黑夹击一子进行压迫。

黑1若在a位跳，白1小飞封锁，大部分情况下黑不好。而白2若在a位跳、黑b小飞，白也无法满意。

图57

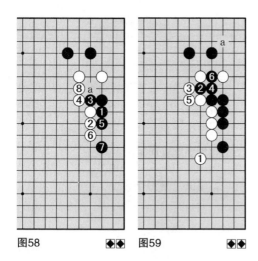

图58　◆◆　图59　◆◆

**图58（定式）**

黑1爬，白2长，黑3拐制造断点。

进行至白8告一段落。白8也可以下在a位，或者如下图。

**图59（定式）**

上图白8也可以如本图白1小飞，好点。黑2挖，白3打吃、5粘。

黑6冲断，但白还有a点三三的后续手段。基于此，本图仍然是双方两分的局面。

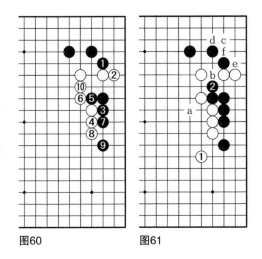

图60　　　　　图61

### 图60（两分）

黑在动出右边一子之前，先黑1在角上尖顶。白2立，先手交换之后再爬出头，进行至白10，也是双方可下的局面。

### 图61（黑好）

此时白1小飞，黑2长严厉。若白a虎补、黑b冲。白c点三三，黑d挡，白e拐，黑f团好手。

如果觉得这样白棋不利，那么——

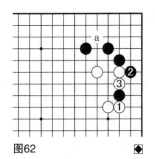

图62　　　　　◆

### 图62（两分）

黑棋尖顶，白1挡稳健。

黑2扳价值很大，但白留有a位的后续手段。

白1挡棋形厚实，在右边有棋子配置的情况下也是可选变化。

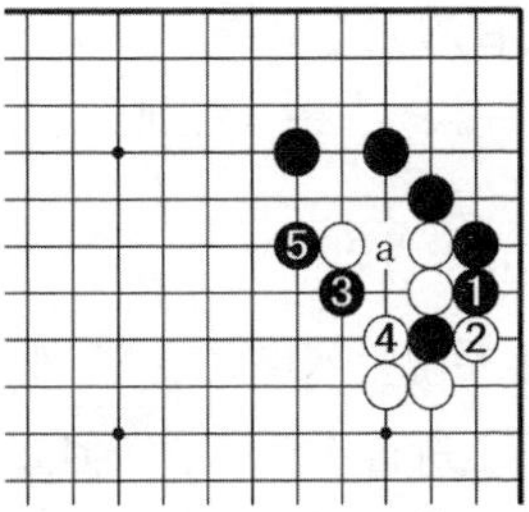

图63

### 图63（黑的后续手段）

此时轮到黑棋先落子，黑1、3是局部手筋。

白4如果在5位长，则黑a位挖吃。白4提，黑5扳棋形厚实。

黑3、5不仅对上边模样有帮助，同时也让角地得到了加强。

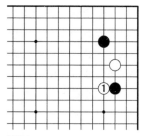

图64

④靠

**图64（腾挪）**

白1靠动出一子。

同时靠也可以达到腾挪的目的，根据对手的应对决定后续对黑星位一子发起攻击。

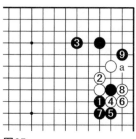

图65

**图65（黑稍好）**

黑1扳，白2退，接下来白4断和3位夹击见合。

黑3跳，白4断。

进行至黑9，黑棋两边走到可以满意。白棋在a位挡可以确保净活。

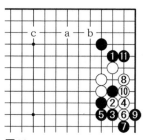

图66

**图66（黑的其他下法）**

上图黑3，如本图黑1尖顶严厉。白2断的下法与上图相同，后续黑7挡，白8小尖是此时的棋形好点。

黑11立，白局部尚未净活，但白不会在此处多花手数。后续可以考虑白a挂角，黑b小尖，白c拆二的变化。

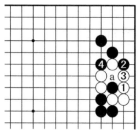

图67

**图67（黑的目的）**

上图白6，如本图直接1位拐吃是黑所愿。

白1拐吃，黑2、4好点。

此时如果白a位提虽然可以净活，但落后手的同时实地所得不能满意。但如果脱先，黑a提白棋眼位不足。

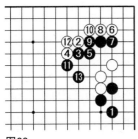

图68

### 图68（黑稍好）

黑1虎，白2双飞燕。

黑3以下至白12定形。

本图黑棋稍好，但如果白在上边有一定棋子配置，并且日后能够活用3个残子，也是可下的局面。

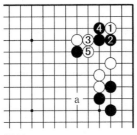

图69

### 图69（变化）

上图白4可以直接1位点三三。黑2挡，白3顶。

接下来黑4、白5形成转换。

黑a跳是好点，后续很可能是形成战斗局面。

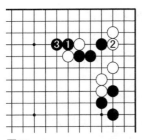

图70

### 图70（两分）

图68中的黑7，可以选择本图黑1断。白2渡过，黑3长告一段落。

白2渡过可以救回三子，黑3长棋形厚实。

这是黑棋重视上边的下法。

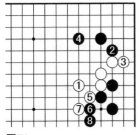

图71

### 图71（双方可下）

如果无法接受图68的结果，本图白1直接跳出。

黑2、4在上边整形，白5虎棋形厚实。

黑棋在上边和右边都有所得，可以满意。

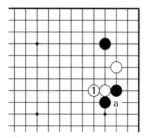

图72

### 图72（压长）

此时白1长。

白1长的目的与退回一样，都是要考虑黑棋如何应对。

但此时黑不会接受被白a位断吃，而是会选择攻击的手段。

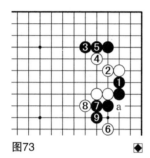

图73 ◆

### 图73（两分）

黑1与白2交换目的是防止白2断。

但这也是白棋的既定下法。黑3跳，白4小尖防止冲断，白6夹击是白棋的最终目的。

黑7、9出头，后续形成战斗局面。

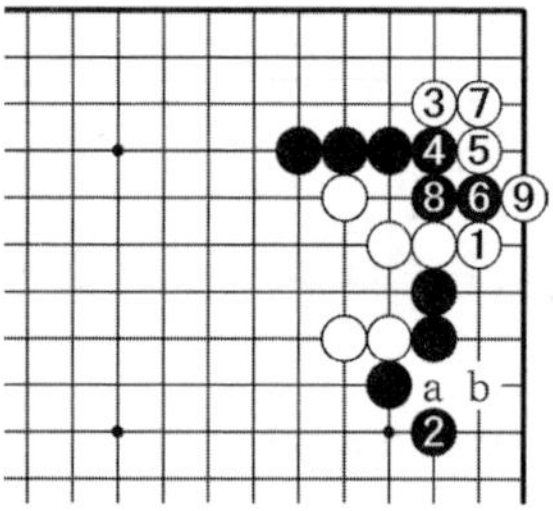

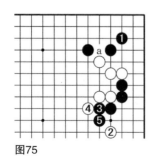

图74

### 图74（白的其他下法）

上图白6直接如本图白1立是有趣的下法。白3进角和a位断见合。

黑2虎，白3以下在角上获得根据地。

黑2若在5位跳，则白a断，黑2位打吃，白b立吃掉黑二子做活。

### 图75（战斗）

白刺，黑1小尖守角顽强。这是因为黑棋不想出现上图白1、3的手段。

但是这样一来白棋有了a位冲断的后续手段。因此白2夹击发起战斗。

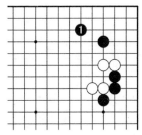

图76

### 图76（小飞守角）

黑1小飞守角重视实地。同时不给白棋如图73刺的先手利。

但是由于自身处于低位，无法对白棋施加压力。后续也没有对白棋有利的攻击手段。

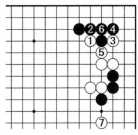

图77

### 图77（白好调）

白1靠是面对黑小飞守角时的手段。

黑2挡，白3夹先手利。

白5打吃先手，黑棋冲断的后续手段已经消失。接下来白7夹击严厉。

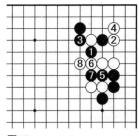

图78

### 图78（白充分）

黑1外扳抵抗，但结果并不能如意。

白2托角，黑3打吃，白4获得角地。

黑5冲，白6、8稳健应对即可。上边黑棋形薄弱被动。

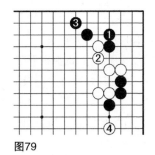

图79

### 图79（白可战）

黑1立避免出现图77的局面，此时白2退先手。

黑3小尖、白4夹击。

黑棋小飞守角在获取实地的同时，棋子处于低位的弱点就在于此。

## 11. 一间高夹

以往已经几乎绝迹的黑1一间高夹，如今正在受到瞩目。这是因为黑有a位压非常严厉的后续手段，同时还限制了白棋的行动。

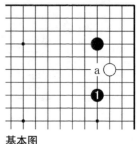

基本图

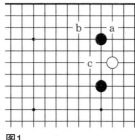

图1

### 图1（白的应手）

与其他夹击方法不同，一间高夹非常严厉，给白棋腾挪选择的空间不大。

白有a位点三三、b双飞燕、c一间跳等下法。基本上出现最多的是a和c。

白b双飞燕只能作为参考。

### ①点三三

### 图2（定式）

白1点三三，进行至白9是基本定式。后续的变化可以参考一间夹的变化。

唯一不同是黑▲夹击一子位置，有高低之分。

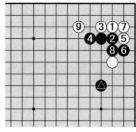

图2 ◆◆

### 图3（扳）

本图之后白有1位夹的后续手段。因为黑▲位置的缘故，所以黑2虎扳棋形坚实。但是白接下来也有a位渡过、b位出头等下法。

如果不能接受白a位渡过，黑2可以在c位扳阻渡。

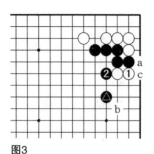

图3

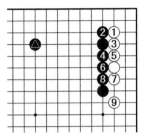

图4

### 图4（黑厚）

黑⬤已经有子的局面，白1点三三，黑2外挡。

此时也是一间高夹更有利，白5粘，黑6压封头。

本图也是定式下法，但黑棋形厚实，可以满意。

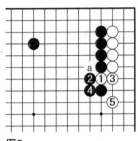

图5

### 图5（白的愿望）

白棋此时不想如上图7位长，而是想如本图1位挖。

如果黑2打吃，白3粘。后续给黑留下了a位断点可以借用。

但是白棋并不能轻松如愿。

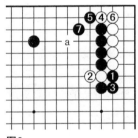

图6

### 图6（黑可战）

白挖，黑1断吃反击严厉。

白2长出头。但从棋子配置来看，白很难在后续战斗中获得优势。

白4、6扳粘，黑7虎补棋形厚实。

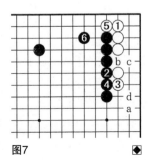

图7

### 图7（定形）

图4中的白5，直接如本图白1立的下法在实战中较常出现。目的是让黑棋上边的模样出现弱点。

但是黑2、4厚实。接下来白a小飞出头，黑可以b位冲，白c挡，黑d跨断。本图与图4不同，白已经无法在右边出头。

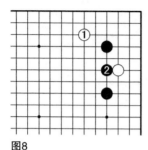

图8

②双飞燕

**图8（黑压）**

白1双飞燕。此时黑2几乎是只此一手。一间高夹的局面下，黑2压的棋形绝好。

因此一间高夹时，白1双飞燕只能算是一个趣向。

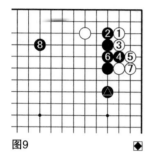

图9 ◆

**图9（走形）**

白1点三三，不管黑8一带是否已经有棋子配置，黑2挡还是第一选择。

白3爬，黑4挖、6粘。黑▲的位置非常好。

黑8夹击，本图黑可满意。

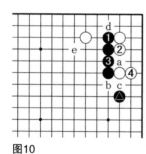

图10

**图10（一间低夹）**

本图▲在低位。黑3粘是担心气紧（白4也可以考虑a位粘）。

后续为了防止白b扳断，黑会在c位或者d位、e位补强。如果是一间高夹的情况就不用担心这个问题。

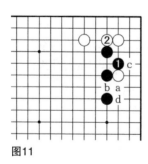

图11

**图11（余味）**

白棋点三三，黑1虎应对。

但是白后续有a位长的手段。接下来黑脱先，白a长，黑b，白3继续脱先（或者在d位拐），这也是可选变化之一。

当然在此局面下实战中出现最多的还是图9的变化。

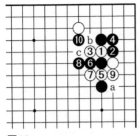

图12

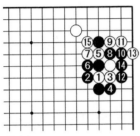

图13

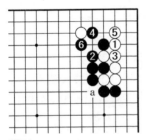

图14

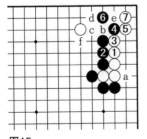

图15

### 图12（黑好）

面对图8中的黑2压，白试试本图和下图的挖来应对。

白1挖，黑2下边断吃是好手。白3长，黑4粘，白没有好的后续手段。进行至黑10，结果黑好。

白7若在a位虎扳，则黑7位拐，白9位粘，黑b位冲，白c，黑10冲断，仍然是黑有利的局面。

### 图13（黑厚）

白1挖，黑棋的众多应法中黑2打吃、4位挡最为严厉。

白5、7冲出，黑8断吃掉白三子。

白15必须补棋，局部黑获得先手。能够吃掉白三子，黑棋形非常厚实。

### 图14（转换）

上图白棋无法接受则会选择本图1位虎扳。黑2打吃、4虎。

白5进角，黑6虎阻渡的同时对白一子施加压力。

因为后续黑有a位断点，所以本图两分。黑无不满。

### 图15（黑稍好）

白1长，黑2粘。白3爬，黑4扳强手。

白7可以做活，但黑a扳粘先手，价值较大。

白5若在b位断，则黑c打，白6位立，黑d，白e，黑f虎扳。后续黑a扳先手，本图黑稍好。

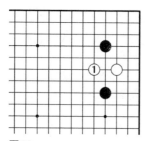

图16

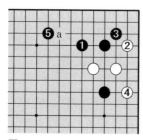

图17 ◆◆

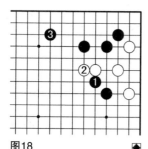

图18 ◆

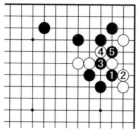

图19

### ③跳

**图16（出头）**

点三三必然会给黑棋筑起厚势的机会。如果不能接受，则会选白1跳出。

但是既然选择了出头，后续就要考虑整块棋的死活问题。而且想再去点三三转换可能性已经大幅度降低。

**图17（走式）**

白出头，黑1跳应对。

白2、4就地获取眼位，基本确保活棋。这是白棋在一间、二间高夹的局面通用的下法。

黑5大飞好点。此时黑棋也可以脱先他投，但要想好白下a位时的应对手段。

**图18（定式）**

近年出现了黑1小尖的下法。与白2长交换之后黑3拆边。

黑1与白2交换乍一看像是恶手，后续的变化图中会讲解其中原因。后续白棋要在此处花一手棋补强才行。

**图19（大劫）**

时机成熟的话，黑1以下至黑5可以开劫。白棋如果打劫失败损失极大。

白棋想要避开劫争，白2可以在3位粘。但被黑2冲断以后失去眼形，棋形薄弱，白不好。

168

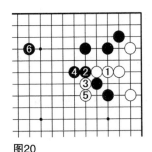

图20

### 图20（黑好）

图18中的白2长，如果选择本图1位粘就没有后续打劫的风险。

但是黑2扳价值极大，白3断，黑4长之后6位拆边，上边模样更为可观。后续黑二子还有余味，本图黑可战。

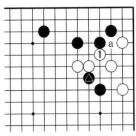

图21

### 图21（还原）

图19的劫争对于白棋来说负担极重。所以白1是早晚都要补的一手，同时让黑●一子变成名副其实的恶手。

但只要白棋下在1位，黑棋的目的也就达到了。

白1也可以下在a位挤。

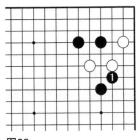

图22

### 图22（重视右边）

图17中的黑3，可以如本图现在黑1尖顶。黑1意在不让白小飞做眼，是重视右边的下法。

但后续很可能被白夺取角地。

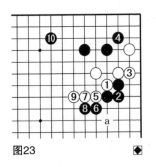

图23

### 图23（两分）

黑尖顶，白1、3是稳健的下法。黑4小尖守角，白5、7向中腹发展。

后续白有a位刺的反击手段，本图两分。

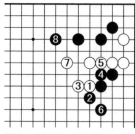

图24

**图24（压）**

上图白3也可以如本图白1压。

黑2、4先手利，黑6虎补，白7跳整形成功。

黑棋两边都成功补强，可以满意。

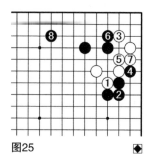

图25 ◆

**图25（两分）**

此时白1挤是为了获得先手3位小尖进角。

黑4扳先手，白7确保眼位。

能够快速确保眼位就地做活，这一点要好于前两图出头的结果。本图两分。

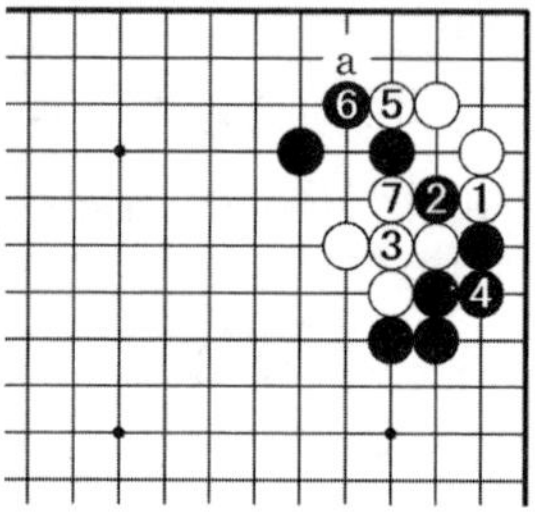

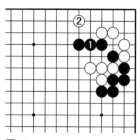

图26

**图26（其他下法）**

上图黑4扳，本图白1顶是局部强手。黑2断吃应对。

黑4粘，白5爬考验黑棋的应法。

如果无法接受黑6虎，黑5可以直接在a位小飞出头。

**图27（战斗）**

上图黑6，如本图在1位粘可以分断白棋。

但是白2小飞好手，黑棋自身的棋形也并不厚实。

后续会进入战斗局面，具体下法要根据局势而定。

图27

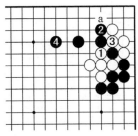

图28

### 图28（黑好）

图26中的白5，若直接在本图白1位打吃会被黑2先手利。

白3提联络，但黑a立，白局部无法净活。

自身还有死活问题，白棋的负担较重。

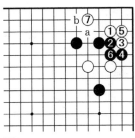

图29

### 图29（点三三）

一间夹、跳出之后一般是不会选择点三三的。但本图中的下法在实战中也曾出现。

白a是先手，所以黑不能b位靠将白封锁。黑6粘还是如下图更为常见。

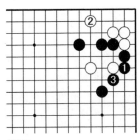

图30

### 图30（其他下法）

上图黑6如本图黑1爬更有利。白2小飞做活，黑3扳连接棋形厚实。

白虽然获得先手，但没有好的后续手段。本图黑可以满意。

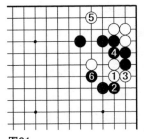

图31

### 图31（黑充分）

上图白2若在本图1位长，则黑2挡、4粘即可。

白5小飞做活，黑6尖顶好手。

此时白三子已经无法动出，仍然是黑好的局面。

## 12. 二间低夹

在众多夹击方法中黑1二间夹出现的频率不高。一间夹严厉、三间夹更注重棋子直接的配置。相较之下二间夹的优点不够明显。选择二间夹的时机可以如下述变化图中所示。

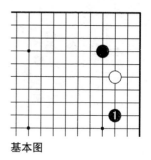

基本图

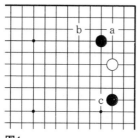

图1

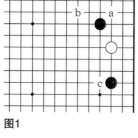

图2　◆◆◆

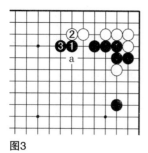

图3

### 图1（白的应手）

白的应手有a位点三三、b位双飞燕和c位靠腾挪等。

实战对局中出现不多的同时，能够灵活应用的高低一间夹、高低三间夹的类似变化也很少。

请参考下面的定式下法。

### ①点三三

### 图2（基本定式）

本图的下法与高低一间夹相同，白1点三三，进行至白9形成基本定式。

黑10棋形厚实。此时黑棋可以脱先他投，白有a、b、10位等动出手段。

### 图3（黑的后续手段）

上图黑10之外，黑还有1位跳封、a位小飞等下法可以选择。

黑1是积极的下法，但是棋形坚实程度不如上图黑10，白一子活力尚存。

黑1跳封，白2爬必然；黑a小飞，白2长也是本手。

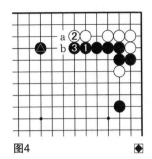

图4

### 图4（压）

上边如果黑▲已经有子，黑1、3压是此时的本手，棋形厚实。

但是▲位如果无子，黑3压，白可以a或者b位应对，则黑1、3就变成了恶手。图2、3的下法更为合适。

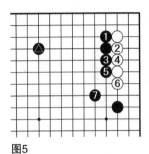

图5

### 图5（黑充分）

▲位有子，白棋点三三，黑也可以允许白2爬回。

黑3长是绝对的急所。

白4粘过于稳重，黑5、7棋形舒展，黑好。

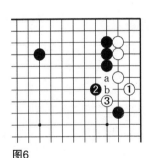

图6

### 图6（问题手）

二间夹的局面白1小尖是局部好手。

此时黑2小飞，正好给了白3小飞出头的好点。黑2若下在a位，白b虎扳，黑2位扳，白3长结果相同。

黑2或者a位都是问题手。

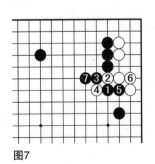

图7

### 图7（跳封）

面对上图白1小尖，黑棋的正确应对方法是黑1跳封。

白2、4冲断发起战斗。黑5挤先手，白6粘，黑7长。

此处黑棋可战。如果对战斗没有自信可以选择调整下法。

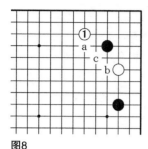

图8

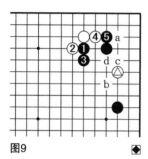

图9 ◆

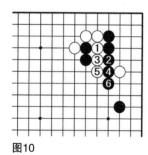

图10

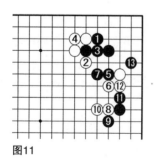

图11

②双飞燕

### 图8（常用手段）

星位、夹击的局面，白1双飞燕是可选择的变化之一。接下来根据黑棋的应对，白棋也可以稳健的定形。

黑棋的应手有a、b、c等3种。其中黑c小尖的相关变化可以参考其他夹击的变化图。

### 图0（定型）

双飞燕的局面下黑1、3压长。

接下来白棋有4位长、5托、a点三三3种选择。白4长，则黑5挡。

白若b位小尖，则黑会在c位或者d位补断点，保持对白△一子的攻击。

### 图10（黑好）

接上图。白1直接冲，黑只需要2位稳健长出即可。

白3、5冲，黑6继续长。白一子自然被黑净吃。

黑棋角地极大，明显优势。

### 图11（白难兼顾）

此时黑1虎补角，也是有力的下法之一。

白4粘，黑5、7出头。

白6以下可以动出一子，但这样一来白棋上下两边都未活净，有被攻击的危险。战斗黑棋有利。

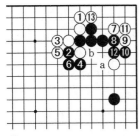

图12

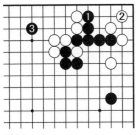

图13

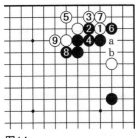

图14

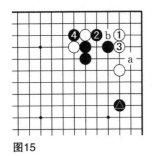

图15

### 图12（两分）

上图白4选择本图白1立，黑2断吃掉白上边一子。

进行至白13，白棋获得实地，黑棋获得外势。

如果黑棋对本图不满，黑2可以直接在a位压出；或者黑6直接b位提。

### 图13（其他下法）

面对上图白9扳，黑可以如本图黑1挡分断。

白2虎联络，黑3逼住对白上边数子发起攻击。

如果黑棋在左上角有棋子配置，本图是有力的选择。

### 图14（两分）

白1托，是重视上边的下法。

黑2挖是棋形急所。黑4粘、6打吃将白棋子压在低位，进行至白9告一段落。两分。

接下来白有a位断的后续手段，黑会b位打吃弃子。

### 图15（黑不满）

白1点三三。进行至黑4，黑虽然棋形厚实但黑▲一子位置不佳，后续a位点的手段很难实现。

但黑2如果下在3位挡，黑也不能满意。白b爬，与上图对比即可知道原因。

175

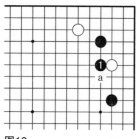

图16

### 图16（压）

此时黑1压在弱势的棋子一方。按照棋理来说是压强不压弱，但在目的是封锁的情况下，黑1是可选的下法。

白棋想要腾挪会选择点三三，是否先在a位扳交换是此时需要思考的问题。

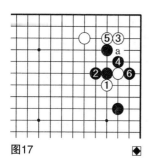

图17

### 图17（定形）

白1扳的目的并不是一定要继续出头。白3点三三，黑4虎，白5退获取角地才是白此时的真正意图。

进行至黑6双方两分。

黑4若在5位挡，白a爬回，黑不满。

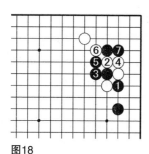

图18

### 图18（断）

白扳，黑1断是要强硬地将白封锁。

白2、4先手利，黑5拐，白6断反击。

黑7挡紧气，白棋已经准备好了反击对策。

接下来——

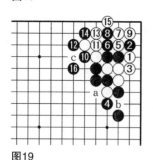

图19

### 图19（实地与外势）

白1、3扳粘冷静。这样白5断和白a先手之后b位打吃见合。

进行至黑16形成实地与外势的转换。

白13若在c位打吃，黑14滚打形成战斗。

176

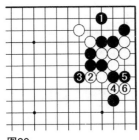

图20

## 图20（难解）

上图黑4也可以考虑本图黑1跳补角。

白2先手、白4打吃黑一子。此时黑棋也有准备好的手段。

接下来是实战进行。

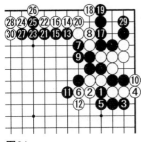

图21

## 图21（告一段落）

黑1、3好手。白4立，黑5粘、黑7打吃白二子。

白10打吃，黑29必须补活，进行至白30告一段落。这是大型变化落子之前必须要考虑到周围棋子配置。

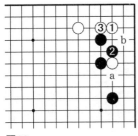

图22

## 图22（余味）

白棋省略图17中的白1扳，选择本图白1直接点三三。黑2虎，白3连回。

黑2、白3告一段落。后续白有a位长的后续手段。

如果无法接受，黑可以b小尖补强。

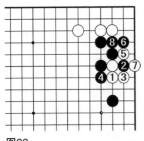

图23

## 图23（战斗）

白1若直接动出，黑2扳好手。白3拐，黑4封锁。白5、7吃掉黑一子，但尚未净活。

黑2若在6位小尖可以阻渡，接下来白4位拐出形成战斗局面。黑棋有利的情况较多。

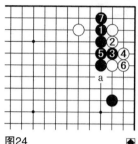

图24

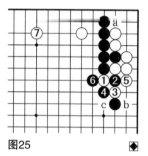

图25

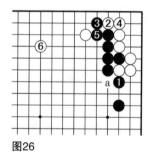

图26

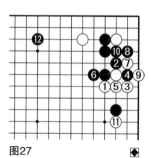

图27

## 图24（两分）

黑1挡，白2爬。与图22不同，本图黑棋意在上边筑起厚势。

白2爬，黑3、5挖粘先手利，黑7立。黑准备好了白a扳出的应对手段。

## 图25（两分）

接下来白1扳，黑2断是既定手段。白3打吃，黑4反打将白封锁。

黑6打吃，白7拆三急所。角上白有a和b两点做活下法，见合。

后续白还有c位断吃的可能。

## 图26（坚实）

黑1扳或者a位长是为了反制白扳出。

白2、4扳粘先手，白6拆边。白扳粘实地价值极大。

白6的选点要根据左上角的棋子配置而定。

## 图27（两分）

白点三三，黑挡之后，白1扳意在动出一子。

白3之所以没在6位打吃是因为要保留白7的余味。黑4先手打吃之后6位长出头。

白7以下进行至黑12，双方两分。

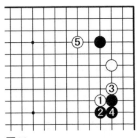

图28

### ③靠

### 图28（腾挪）

白1靠，通过腾挪在白5位夹击黑一子。

但是黑4也将自身棋形加固，得失相抵。关键是两边棋子配置的具体情况。

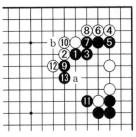

图29

### 图29（黑实地大）

接下来黑1、3将白分断是常见的下法。

黑11若在a位虎，则白可以11位长动出。黑11、13所获实地可观。

黑5若在10位断，白5位爬回，黑b位长也是一法。

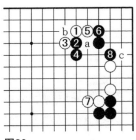

图30

### 图30（战斗）

白1小飞挂角。

黑2、4压长是一种选择。白7长，黑8补断点，准备攻击白棋。

黑4若在5位虎棋形坚实。白4位打吃，黑a粘，白b粘，黑c补角。

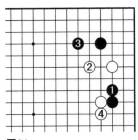

图31

### 图31（还原）

白靠，黑1长，白2跳先手再4位长。

本图与星·小飞挂角·一间低夹的定式棋形相同，后续变化可以进行参考。

## 13. 二间高夹

黑1二间高夹在现代围棋中与一间夹都是出现频率较高的夹击方法。

与一间低夹、一间高夹相比，二间高夹白棋可以选择的应对方法更多一些。

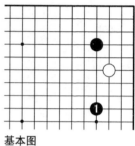

基本图

### 图1（白的应手）

白棋的后续手段有a位点三三，b、c位双飞燕，位跳出头，e肩冲等。

白a、d比较简明；b、c根据黑棋的应对下法比较多样，也有最终导致战斗的可能性。

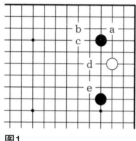

图1

### ①点三三

### 图2（基本定式）

白1点三三，黑2挡，白3以下形成基本定式。

至此告一段落。如果后续黑棋落子，a位棋形厚实、b或者c是充实右边模样发展的下法。

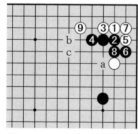

图2　◆◆

### 图3（定式）

❷位有子的情况下，黑1挡是有力的下法。

白2爬，黑3长，因为黑有了❷，所以形成厚势。

黑3，白4粘。白6、8分断，黑11长告一段落。

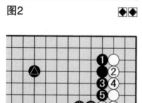

图3　◆◆

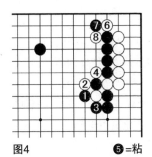

图4　　　　　　❺=粘

### 图4（黑不好）

上图黑11，即使征子有利也不应该选择本图黑1打吃。

白2、4交换之后，6、8扳断严厉。后续黑已经没有好的应对手段。

黑3若在4位粘，则白3位逃出，也是白有利的局面。

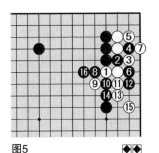

图5　　　　　◆◆

### 图5（定式）

此时白1贴。

黑不能允许白棋出头。黑4、6冲断是关键的次序，黑8扳封锁。白11拐吃，黑12打吃是弃子手筋。

进行至黑16，双方两分。

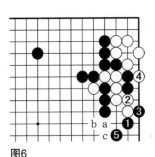

图6

### 图6（定式后）

接下来黑1～5可以将白右边出头的可能性封锁，但是会落后手。

黑棋如果直接脱先，后续有a、b、c的先手利。黑棋也可以保留，根据后续局面而定。

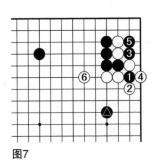

图7

### 图7（次序）

图5中的黑4、6是正确次序。

如果先在本图黑1断，白2打吃。黑3、5可以吃掉白二子，白6跳出优势。黑▲一子位置不佳。

图5中的白5如果在6位粘，则黑5吃掉白二子，白棋没有眼位是黑棋好的局面。

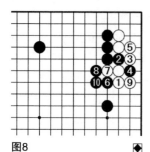

图8

### 图8（两分）

图5的白1也可以选择本图白1并。

黑棋此时2位冲、4位外面断。白5粘（参考图10），黑6封锁是手筋。

进行至黑10双方两分。需要注意的是白7有下图的变化可以选择。

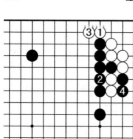

图9

### 图9（两分）

此时白有1位扳的下法。

如果黑3位挡，白2冲黑棋形崩溃。此时黑2粘是本手，白3长，黑4吃掉白二子告一段落。

白3可以破坏黑上边模样，黑4吃掉白二子棋形厚实。本图仍然两分。

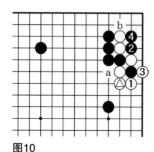

图10

### 图10（黑好）

黑棋冲断，白如果1、3吃掉黑一子，则黑2、4转换可以满意。

与白△一子在a位的图7对比即可发现其中巨大差别。白a紧气，后续白b立有各种借用的可能。

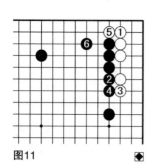

图11

### 图11（两分）

图5的白1和图8的白1之外，还有本图白1立的下法可以选择。

黑2、4封锁，白5拐破坏黑上边模样。此时黑棋外势厚实，还是两分。

白5必须马上拐，否则黑5挡严厉。

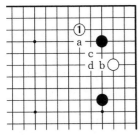

图12

② 双飞燕

### 图12（变化丰富）

白1双飞燕。白可以根据黑棋的应对决定后续下法。

黑棋的应手有a、b压、c小尖、d飞镇等。

黑白双方都有多种选择，变化丰富。

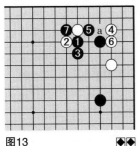

图13 ◆◆

### 图13（定式）

黑1、3上边压长。接下来白棋的选择有4位点三三、5位长和a位托等。

白4点三三，黑5虎，7吃掉白一子是基本定式。两分。

白棋获得角地，黑棋外围棋形厚实。

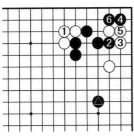

图14

### 图14（黑好）

白1粘不想让黑如上图黑7吃掉白一子。但是有用力过猛之嫌。

黑4点好手。白5粘，黑6爬破坏白棋根据地。黑▲一子位置恰到好处，不给白棋拆边的空间。

白棋忙于做活，黑棋优势。

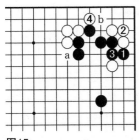

图15

### 图15（黑不满）

上图黑4如果直接本图1位扳，白2粘之后4位渡过和3位断见合。

黑3粘，白4扳过好形。后续黑a拐对白棋已经无法构成威胁。

但若黑3在b位小尖，白3断。白棋眼位明显要好于上图，仍是白好的局面。

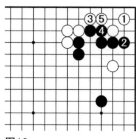

图16

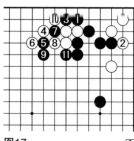

图17　◆

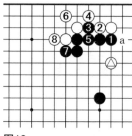

图18

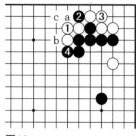

图19

### 图16（两分）

图14的白3扳，也可以如本图白1小尖。这样白3扳过和2位虎扳见合。

黑棋不论在上边还是右边阻渡都可以。

黑2立重视右边发展。白3渡过，此时与上图对比可以看出白棋子全部处于低位，双方两分。

### 图17（定式）

如果想要在上边阻渡，黑1扳是强手。

白2虎扳连回，黑3爬急所。白4跳，黑5靠手筋，进行至白11，黑棋紧气形成厚势。

本图在三间夹的局面下同样适用。

### 图18（旧形）

白点三三，黑1挡让白在上边连回。

进行至白8，本图虽然也被认为是定式下法，但已经几乎无人采用。白△一子尚有活力，白a扳粘价值也不小。

白棋形可以满意，黑不满。

### 图19（白不好）

上图白6如在本图1位粘，黑2断是此时的手筋好手。

白只能3位粘，黑4拐棋形厚实。

后续一旦黑棋有了棋子配置，可能会a位爬出。仅仅是b位扳、与白c小尖交换外势已经足够可观。

184

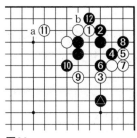

图20

### 图20（让子棋定式）

白1长，黑2挡，白3小尖。

黑4以下至黑12是定式下法。但白棋需要同时处理两边棋子，明显有些难以兼顾。黑▲正好处于攻击白棋的急所位置。

如白3在a位一带拆边，留下后续动出一子的余味是普通下法。

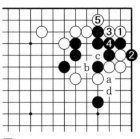

图21

### 图21（脱先）

上图黑12若脱先他投，本图白1夹可以破掉黑棋角地。接下来黑若a位断，白b打，黑c粘，白d，白选择弃子。

上图黑12扳正是为了防止本图的出现而补强的一手。上图黑12扳之后白b打吃是先手利。

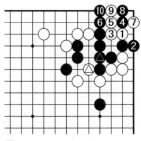

图22

### 图22（恶手）

在图20的定式图中白绝对不能在△位打吃与黑▲粘交换。否则图20中的黑12可以脱先。

此时白1、3，黑4夹是局部手筋。白5拐进行至黑10，白被吃。

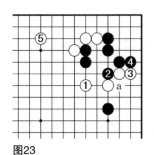

图23

### 图23（两分）

图20中的白5，如本图白1跳轻灵。黑2挤，白3立先手，白5拆边。

黑4挡棋形完整，白的棋形也比图20更好处理。

后续黑若a位断，白会弃掉二子。

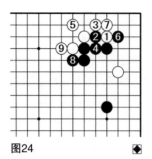

图24

**图24（定形）**

此时白1托在任何夹击局面下都是可用的下法。黑没有对白棋合适的攻击手段。

黑2、4挖粘，6位打吃将白压迫在低位。黑8拐先手告一段落。双方两分。

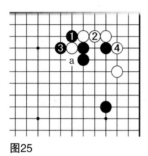

图25

**图25（白实地大）**

此时黑1断，白2粘，黑3打吃。本图的前提是黑棋征子有利。

但是白4扳角上实地极大，一般来说还是白棋可下的局面。

黑a提上边棋形厚实，但如果厚势得不到发挥空间，黑不满。

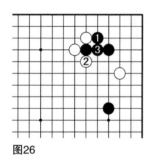

图26

**图26（压虎）**

此时黑1虎。

白2打吃先手，这样一来黑棋在外围发展的可能性变小。

但另一方面黑棋获得了角地，局部已经安定。这是想要快速做活的下法。

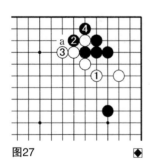

图27

**图27（定式）**

面对黑压虎，白1小尖联络是常见下法。黑2断吃，白a打吃是俗手，此时白3长是本手。

黑4提有绝对的一手棋价值。虽然黑也有脱先他投的可能，但马上就会遭到白棋的利用。

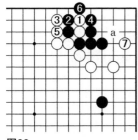

图28

### 图28（白好）

如果黑棋脱先，白1立好手。这手棋的棋理是"多长一子方可弃"。

黑2紧气，白3、5先手利。后续白7小飞严厉，接下来白a小尖先手，黑只能二眼做活，黑不满。

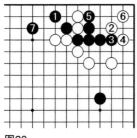

图29

### 图29（两分）

为了避免如上图被白紧气封锁的局面，黑1小尖是手筋好手。

接下来白2点三三可以获取角地。黑棋省略了图27的4位提，本图的结果只能忍受。

虽然角地被破，但黑7小飞可以出头，局部仍然是两分。

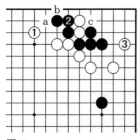

图30

### 图30（两分）

白棋若不愿让黑如上图黑7小飞出头，则可以白1小飞封锁。白有2位打吃的手段，黑2紧气必然。

白1若在a位靠，黑2，白b，黑c，白1也可以封锁黑棋，但这样白棋落了后手。一般情况下白1小飞是此时最好的封锁手段。

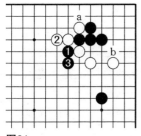

图31

### 图31（有力）

图27中的黑2，如本图黑1分断是有力的强手。

白2长，黑3长，后续形成战斗局面。选择本图要先思考一下周围棋子配置而定。

角上黑棋a位打吃和b位尖顶见合，没有死活问题。

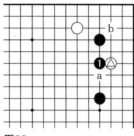

图32

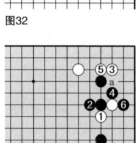

图33 ◆◆

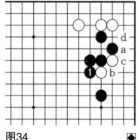

图34 ◆

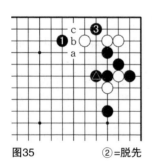

图35　②=脱先

### 图32（压弱）

黑1压弱。黑1并不一定是要攻击白△一子，而是要根据白棋的应对决定后续下法。

后续白主要的下法有a位扳、b位点三三2种。

### 图33（定式）

白1扳。即使如此，白棋也不是一定要动出一子。

白3点三三转换，黑4、6吃掉白二子，白5渡过。两分。

黑4若在5位挡被白a位联络，黑不满。

### 图34（定式）

上图黑6打吃，以前出现较多的是本图黑1拐。

但这样一来因为白可以b位粘，因为后续可以a位扳过。最少白有a位扳，黑c，白d，黑b的官子收束好手。

如今黑1的下法已经不多见。

### 图35（黑的目的）

图33之后，黑1逼是黑设定好的后续手段。如果白棋脱先，黑3点严厉。

这手棋成立的关键就是黑▲位有子。

为了防止黑3点入，在黑1逼住时，白有a、b、c3种下法可选。

188

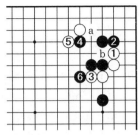

图36

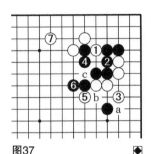

图37 ◆

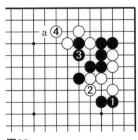

图38

图39

### 图36（动出）

图33中白1扳之后，也可以选择本图白1长直接动出。

黑2也有a位尖顶和4位压的下法，本图是实战中出现最多的变化。

白3出头，接下来有b位冲断的手段。黑4压补断点，白5扳，黑6扳。

### 图37（定型）

接下来白1打吃，黑2粘，白3顺调虎补。黑4连回一子，白5扳先手交换后白7小飞补强上边二子。

黑若a位挡，白b粘。

黑6如果在b位断，白6位打吃先手。黑c粘，白a爬，黑不好。

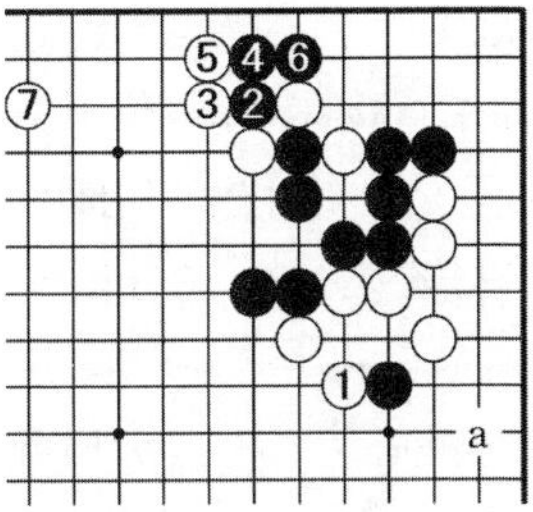

### 图38（虎补）

白棋如果重视右边棋形，上图白7会选择本图白1虎补。

黑2断，白3～7弃子是实战变化图。白3以下也可能脱先保留。

白1也可以在a位小飞。

### 图39（战斗）

图37中的黑4长，也可以考虑本图黑1挡。这样防止了上图白1虎或者a位小飞的手段。

白2出头，黑3连回一子，白4虎形成战斗局面。

白4在a位小飞棋形轻灵。

189

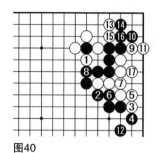

图40

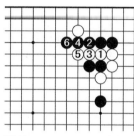

图41

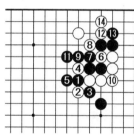

图42

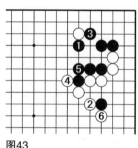

图43

### 图40（黑可下）

上图白2如本图直接白1提的下法，在实战中也有出现。

黑2封锁严厉。白3、5扳粘扩大眼位，黑6打吃先手、8粘住补强。

白9、11努力做活，黑可以在局部获得先手。本图黑棋获得厚势，可以满意。

### 图41（黑好）

图36的白3如果直接白1冲，黑2、4应对即可。

虽然白棋可以分断黑二子，但黑棋获得角上实地，可以满意。

黑2若在3位挡也是一法，但白2位断之后的战斗比较复杂，局面不好掌握。

### 图42（白可战）

图36的黑4如果直接在本图1位扳，则白2扳应对。后续是白棋可战的局面。

黑3断，白4打吃之后6、8冲断严厉。

白10粘，黑11补必然。白12、14可以吃掉黑角。白好。

### 图43（白稍好）

上图黑3如果在本图1位压，白不会继续跟着应。白2虎好形。

黑3虎补，白4打吃先手、白6扳吃掉黑一子。

本图白稍好。

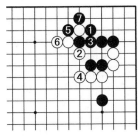

图44

### 图44（实地）

图36中的黑6，如本图黑1虎是重视实地的下法。

但是白2打吃先手、4位长出头，白棋外围棋形舒适。黑7若脱先，白7位立是弃子紧气的手筋。

本图是场合下法。

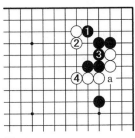

图45

### 图45（尖顶）

黑不在2位压，而是直接在1位尖顶，防止白3位冲断。

白2长，黑3顺调补断。此时白棋气紧，黑有了a位断的后续手段。

白4——

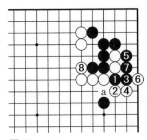

图46

### 图46（实地与外势）

黑1断吃掉白二子。

白2~6先手利，白8拐告一段落。后续的战斗围绕着a位断展开。

本图是黑棋获得实地、白棋外势的转换。

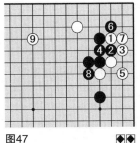

图47  ◆◆

### 图47（定式）

此时白放弃6位点三三和2位长，选择了1位托的下法。白1在局部很常见，意在就地做活。

黑2、4挖粘是常识。白5虎，黑6先手打吃、8位拐封锁。

本图正相反，黑获得厚势，白棋得到了实地。

191

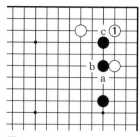

图48

### 图48（直接点三三）

放弃白a、黑b的交换，白1直接点三三是近年来的常见下法。

白棋的思路是，白c如果渡过，那么就不需要白a与黑b的交换。

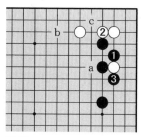

图49 ◆◆

### 图49（虎）

黑棋的应手主要是两种，分别是黑1虎和黑2挡。

黑1虎，白2连回，黑3本手。此时也可以选择脱先。

本图黑a位无子，就没有了后续黑b、c的后续手段。可以参考图35的变化进行思考。

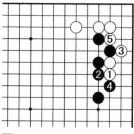

图50

### 图50（白的目的）

上图黑3如果脱先他投，白可以马上1位动出。白3渡过与白2拐出头见合。

黑2压坚实，白3渡过，黑4虎补强。

白棋实地极大，但黑棋在局部已经脱先一手，这一点需要注意。

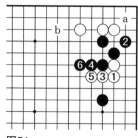

图51

### 图51（战斗）

白1长，黑2阻渡。

白3动出发起战斗。

一般来说，本图是白可战的局面，但要注意黑多了a位跳的后续手段，接下来b位夹严厉。

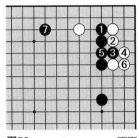

图52

◆◆

### 图52（定形）

直接点三三，图49是白棋的理想图。为了破坏白棋的意图，黑1挡分断。

白2爬，黑3、5挖粘和5位单粘都可以。

白6粘，黑7夹击。

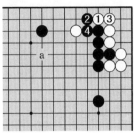

图53

◆◆

### 图53（定式）

接下来白有几种选择：直接1、3扳粘定形、或者下图战斗、和a位镇头试应手。不管白棋如何选择，黑1立都是价值极大的一手棋。

白1、3扳粘获取实地，同时仍然保持先手优势。

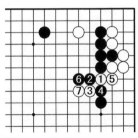

图54

### 图54（战斗）

白1扳，黑2扳，白3连扳。

黑4断吃、6长，白7压战斗开始。

黑4断吃的二子，是弃子还是动出，要根据黑棋后续的下法而定。

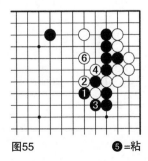

图55

❺=粘

### 图55（黑崩）

即使黑棋此时征子有利，黑1打吃都是不可取的下法。

白2打吃好手，进行至白6，黑棋崩溃。

黑3即使在4位粘，白3位长，黑也无法收拾残局。

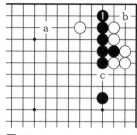

图56

### 图56（立）

此时黑不在a位一带夹击，选择了1位立。接下来有b位跳的后续手段，对白c位扳出的手段起到了牵制的作用。这样图54中白1、3的下法白棋已经很难实施。

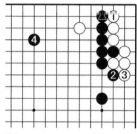

图57

### 图57（白被利）

此时白1挡，棋形厚实但稍有被利之嫌。

黑2扳先手利、4位夹击。黑下到了立（▲），明显可战。

白3如果脱先，黑3长是先手，这样白也不能接受。

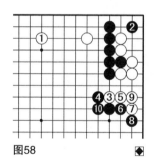

图58

### 图58（两分）

此时白1拆边是普通应对。

黑2跳，白3靠是局部手筋。黑4扳可以封锁白棋，至白9，白棋局部可以做活。

黑棋获得厚势，白棋取得先手可以抢占其他大场。白3也可以在9位跳。

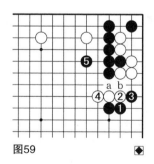

图59

### 图59（战斗）

此时黑1立，不让白棋就地做活。接下来双方会在中腹发起战斗。

黑1若在2位扳，白可以a位顶。黑b断，白1位断，黑4位征子不利，黑失败。

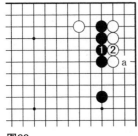

图60

### 图60（粘）

此时黑棋不去挖粘，而是黑1直接粘。白2同样粘住应对。

白2也可以下在a位，但与图52对比可以看出，这样黑没有在2位冲撞气，后续战斗会更有利。所以白2粘是必然的气合下法。

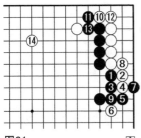

图61

### 图61（定式）

接下来黑1、3是一种下法。

白4、6交换之后，10、12先手扳粘之后14位拆边。此时白棋也可以保留白2～6的下法，直接下10以下的变化。

本图白棋实地所得较大，黑棋外势厚实。

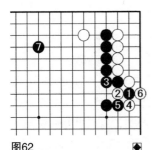

图62

### 图62（两分）

上图黑3长也可以选择本图黑1连扳。这样在局部黑棋可以获得先手，抢占7位夹击的好点。

但是与上图对比就可以发现，这样一来右边黑棋无法将白封锁。各有优劣。

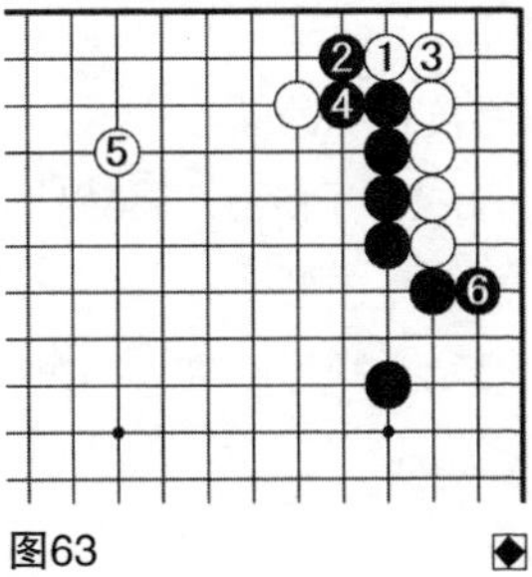

### 图63（白棋变化）

若白棋不满上图，可以不下图61的白2直接如本图1、3扳粘。黑4粘，白5拆边。

角上白棋已经净活，黑6立是后手。但黑6是好形，与图61、图62各有好坏，本图也是两分。

图63

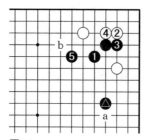

图64

### 图64（小尖）

白棋双飞燕，黑1小尖应对。

但是黑棋小尖的下法在黑a位夹击或者没有⬤位夹击的情况下出现较多，在黑⬤二间高夹的局面下非常少见。

进行至黑5定形，后续白直接b位小飞是好点。

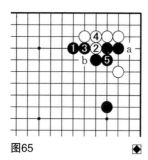

图65

### 图65（飞压）

上图黑5跳稍缓。如本图黑1飞压对白施加压迫的下法更为多见。

白棋的应手有2位挤。黑5粘之后白可以a位扳或者b位断。

黑可以不在3位打吃，直接5位粘。

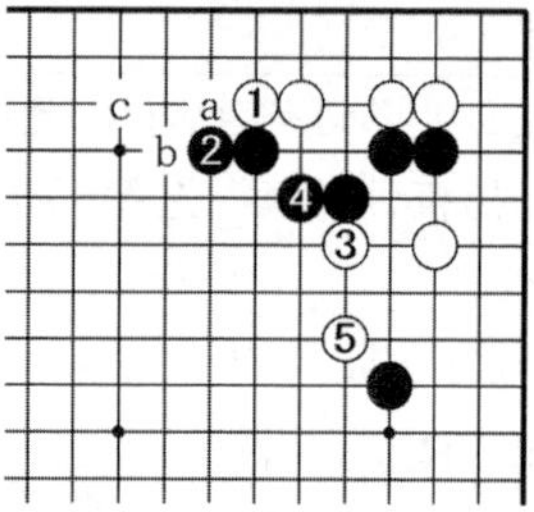

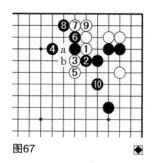

图66

### 图66（爬）

白棋的第二个选项是白1爬。黑2长，白3、5动出一子发起战斗。

白3若继续在a位爬，黑b长，白c跳出是稳健的下法。

但是黑棋厚实，白有可能后续陷入苦战。

### 图67（冲断）

白棋还可以直接1、3冲断。

黑4跳是棋形好点。白5长，黑6以下整形，10跳补拉开战斗序幕。

白5若在a位打吃，则黑b，白6，黑b定形。

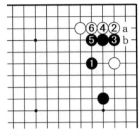

图68

### 图68（飞镇）

面对白棋双飞燕，黑1飞镇是比较新颖的下法。

白2点三三是稳健的下法。黑3挡，白4爬，结果两分。

白6可以a位立，黑b挡或者脱先他投。

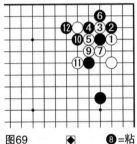

图69　◆　⑧=粘

### 图69（两分）

此时白1、3的下法最为常见。

黑4打吃，白5反打，进行至黑12告一段落。

白棋分断黑一子棋形厚实，黑棋实地也有所得。

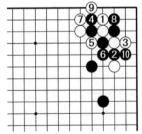

图70

### 图70（黑稍好）

上图黑5如本图白1立，则黑2打吃。白3立，黑4冲诱白打吃，黑6顺调粘住。

白7打吃，黑8打吃先手，黑10吃掉白两子告一段落。

本图黑棋实地所得可以满意。

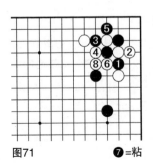

图71　❼=粘

### 图71（黑不满）

黑必须如图69黑4或者图70黑2的行棋次序。

如果反过来如本图黑1、3的话，白4反打好手。进行至白8，与图69对比即可看出，黑1与白2的交换是大恶手。

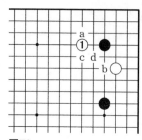

图72

③一间高夹

### 图72（一间高夹）

此时白1一间高挂。看起来与白a位只有一路之差，但后续下法的差别很大。

黑棋的应手有b位压或者c位靠。黑d小尖因为白1所处位置绝佳很少出现。

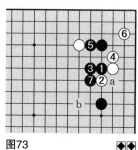

图73

### 图73（定式）

黑1压，白2、4应对。黑5是必然的一手，这与白双飞燕的情况有所不同。白6小飞进角确保眼位。

但是黑5顶棋形也非常舒适，黑7拐头外势极厚，双方两分。接下来还有黑a打吃的后续手段。若白a位粘，黑b跳补。

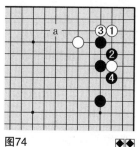

图74

### 图74（两分）

此时白1直接点三三，黑2虎，白3连回。

黑4打吃本手。虽然也可以脱先他投，但如白双飞燕的变化图中所示，白可以4位立即动出一子。后续黑a是好点。

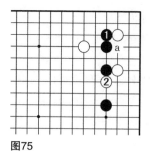

图75

### 图75（目的）

点三三，黑若1位挡，则白2扳。

一般来说白2会在a位爬。此时2位爬就是白选择高挂的原因。这与白小飞挂角的变化会大不相同。

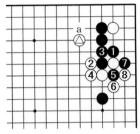

图76

### 图76（白好）

黑1虎，白2、4打吃粘住，这样与白△一子连接在一起变成好形。

白△若在a位，则黑可以△位压出。

黑5、7吃掉白一子，白8打吃，黑稍不满。

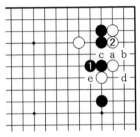

图77

### 图77（白好）

面对白扳，黑1长也不是好选择。白2连回，黑没有好的应对方法。

假如黑a挖、c粘，则白d虎补，黑必须e位拐头。但是这样一来上边轮到白棋先落子，黑棋的厚势很难发挥。

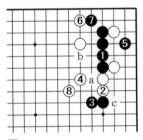

图78

### 图78（实战例）

黑1粘，为了防止图76的变化出现。白2若在a位长，则黑b压出头。

白2顶，进行至白8告一段落。

但是白2与黑3的交换是恶手，角上实地黑棋也有所得，局部两分。

黑3也可以下在c位立。

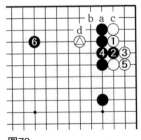

图79

### 图79（渡过）

白1爬，黑2挖粘，白5粘补活。

本图的局面白△一子位置不佳。后续若白a，黑b，白c，黑d交换，黑棋形明显好于白棋。

这一点与白小飞挂角的情况不同。

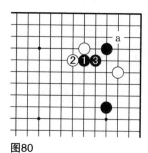

图80

## 图80（靠压）

面对白高挂，黑选择1位靠压。

接下来白有2位扳之后a位点三三、直接a位点三三的两种选择。

不管白棋是高挂还是低挂，点三三都是非常重要的腾挪手段。

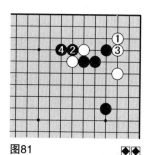

图81

## 图01（定式）

白扳与黑退交换之后，白1点三三。

黑2断好手。白3获取角上实地，黑4长棋形厚实。

本图形成了实地与厚势的转换，双方两分。

◆◆

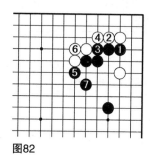

图82

## 图82（白好形）

面对点三三，黑1挡。进行至黑7吃掉白一子。本图基本上是两分结果，但白棋的形状效率明显更高。

在职业棋手的对局中基本上会选择上图的变化，本图黑1～7的下法几乎不会出现。

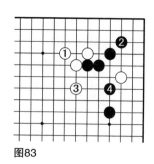

图83

## 图83（黑好）

白1虎补断点有过分之嫌。黑2小尖，白失去了腾挪的关键点。

白3跳，黑4飞压实地获得较大。

黑2是此时的关键，如果直接4位飞压，则白2点三三好手。

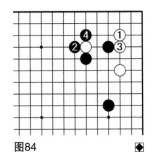

图84

### 图84（两分）

白1直接点三三。

黑2、4吃掉白一子，双方各自为战。

本图与图81相似，都是白获得角地，黑取外势的结果。好坏难辨，两分。

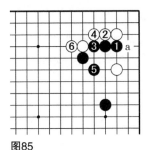

图85

### 图85（其他下法）

白直接点三三，黑可以1位挡。进行至黑5虎，本图与图82结果接近。

但是本图在职业棋手的实战对局中出现的频率也很低。白a扳粘基本上是白棋的权利，黑稍有不满。

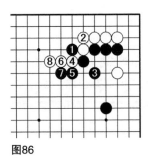

图86

### 图86（白无不满）

上图黑5选择本图黑1打吃。

白2粘，黑3虎补必然。接下来白4断，黑5打吃、黑7压，白获得实地可以接受。

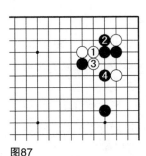

图87

### 图87（黑好）

图85的白2在1位顶可以说是骗招。

黑2拐只此一手。白3拐，黑4靠断，黑可战。

黑2若在3位挡、白2连回，黑还要补断点，明显亏损。

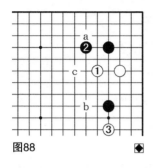

图88

④一间跳

**图88（战斗）**

白1跳出头。面对夹击，这是很常见的应对手段。

黑2或者a位小飞守角。此时白3反击进入战斗局面。黑b跳、c跳是后续正常进程。

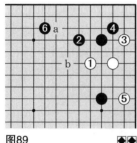

图89

**图89（定式）**

白跳出头之后，3、5就地做活。

黑6拆边可以省略，但后续白a逼严厉。

上边如果已经有了棋子配置，黑6下在b位飞镇是好点。

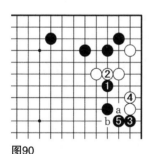

图90

**图90（焦点）**

后续白3靠是焦点。

白4冷静，但黑5可以封锁白棋达到了目的。当然白4也可以a位顶，黑5，白b发起战斗。后续的下法要根据具体局面而定。

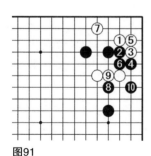

图91

**图91（三三）**

上图白1在跳出之后，如本图白1选择点三三就地做活，是重视实地的下法。

进行至黑10，黑棋形厚实。白三子是否动出要看后续局面发展，本图也是实地与外势的两分局面。

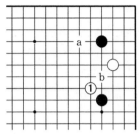

图92

## ⑤肩冲

### 图92（腾挪）

面对黑棋夹击，白选择1位肩冲应对。

黑棋如果动出一子，白棋会寻找机会在a位夹击。

黑棋也会关注b位穿象眼——

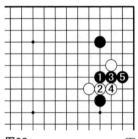

图93　◆

### 图93（两分）

黑1穿象眼，白2、4冲断。这样一来白一子被分断，而黑夹击一子也被撞伤。

角上黑棋还不是绝对完整的实地，外边的三颗白子也不能说是厚实。

双方都带着不确定因素，本图两分。

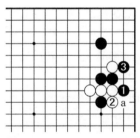

图94　◆

### 图94（两分）

上图黑5也可以选本图黑1扳。白2拐，黑3虎补。与本图相比，本图对白一子的压力明显增加。

另一方面白2拐棋形更加厚实。仍然是两分局面。

白2若在a位扳，黑3虎，白多了断点必须后手补断，亏损。

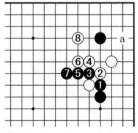

图95

### 图95（场合下法）

面对白棋肩冲，黑1、3冲断。进行至白8，白可以对角上黑一子发动攻击。

若黑a跳可以就地做活，但后续白棋的利用手段很多。

黑7长在右边形成一定发展，能够充分发挥厚势是选择本图的关键。

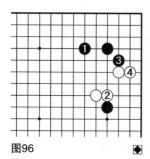

图96

**图96（两分）**

面对白棋肩冲，出现最多的应对方法是黑1跳。黑1跳意在防止白棋夹击。

白2挡，黑3尖顶告一段落。

本图双方稳健定形，两分。

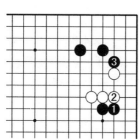

图97

**图97（战斗）**

此时黑棋选择了1位立。

白2挡，黑3尖顶。这是黑棋的理想图。

但是黑1与白2的交换也可能是亏损的下法，好坏不能一概而论。

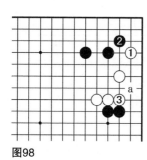

图98

**图98（白棋理想图）**

如果觉得上图不理想，本图白1与黑2交换之后再3位挡。这是白棋希望的结果。

但是黑2可能下在3位拐或者a位小飞反击，优劣仍然无法简单判定。

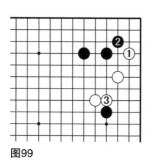

图99

**图99（白稍好）**

此时白不是马上在3位挡，而是先在1位小飞是有想法的一手。

如果黑2小尖守角，白3挡。这是白稍好的局面。

当然，黑2并不会只有守角一法——

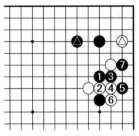

图100

### 图100（黑好）

黑1立即发起反击，好手。

此时白只能2、4冲断，进行至黑7是黑棋满意的局面。

与图94对比就可以发现，白△与黑▲的交换明显是白棋亏损。

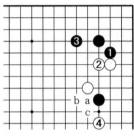

图101

### 图101（战斗）

面对白棋肩冲，黑还可以1位尖顶、3位跳应对。

但是白2长棋形得到加强之后，白4夹击黑一子形成攻势。

后续大概会形成黑a，白b，黑c的变化图。

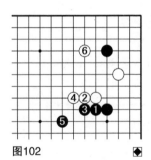

图102

### 图102（两分）

此时黑1、3是常见的下法。白4长，黑5小飞意在扩张右边。

另一方面白6实现了夹击黑角的目的，后续黑棋多少会受到些损失。

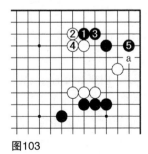

图103

### 图103（做活）

接下来黑1、3托退、5位跳做活。

白2、4交换之后在上边增强了棋子配置，两分。

黑1也可以考虑在a位小飞守角，但相比之下棋形略显薄弱。

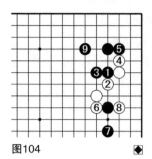

图104

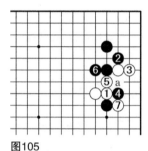

图105

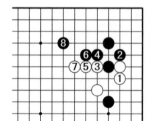

图106

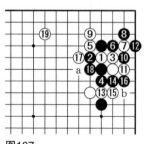

图107

### 图104（两分）

小目·二间高夹中也有黑1压的下法。

白2扳，黑3长，进行至黑9确保角地、

白8夹整形成功，同时要保持对黑二子的攻击态势。两分。

### 图105（两分）

面对黑压，白1挡。

黑2虎，白3立，黑4扳，白5顶、7断告一段落。两分。

黑6若在a位断是恶手，白6位打吃先手，接下来7位断，黑只能收气吃掉白二子，局部亏损。

### 图106（黑有利）

白1长，黑2虎，白不好。

白3夹，进行至黑8，黑棋角上实地虽然尚有余味，但目数可观。

而且黑外围夹击一子仍然对白有威胁作用，本图黑好。

### 图107（两分）

白1挖的后续变化有比较复杂的可能。

黑4长，白5断。白棋会弃掉三子获取上边模样，后续白a、b两点价值极大。

但同时黑棋也获取了巨大角地，可以满意。

## 14. 三间低夹

黑1三间低夹。三间夹是夹击方法中的极限，如果给对方留下拆二的空间，就不能算是夹击了。三间夹比较温和，可以根据周围棋子配置做出选择。

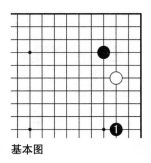

基本图

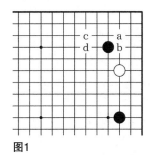

图1

### 图1（白的应手）

白棋的应手有a位点三三、b位托和c、d挂角等。

白a点三三最为常见。c、d挂角意在上边发展。白d托在实战中很少出现。

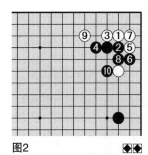

图2

◆◆

### ①点三三

### 图2（定式）

白1点三三，黑2挡必然。三间夹的局面下，即使上边有棋子配置黑棋也不会在3位挡（请参考图6）。

以下都是星位代表定式。

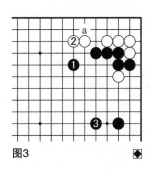

图3

◆

### 图3（两分）

上图黑10如本图黑1小飞、3跳意在扩张模样。

但是上图黑10的棋形更加坚实。

白2可以脱先他投，但这样一来黑2位靠是好点，白只能a位立补棋。

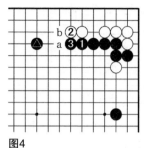

图4

**图4（黑厚）**

上边黑▲位一带若有棋子，则黑1、3压棋形厚实。

接下来白a扳，黑b断；白b长，黑a压。

本图一般来说是黑有利的局面。

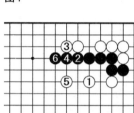

图5

**图5（战斗）**

图2的黑10如果脱先，白可以1位跳动出一子。

黑不肯直接渡过，黑2、4出头正面战斗。

黑4压，白5跳，黑6继续出头。战斗继续。

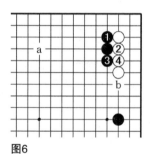

图6

**图6（黑不好）**

三间夹的情况下，黑1挡的方向明显错误。

白2、4连回，黑a一带即使有子，也无法完全将白封锁。黑不好。

白4也可以在b位并。

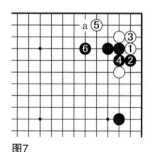

图7

**图7（黑充分）**

黑挡，白1、3扳粘是为了获得先手。

但是黑2扳厚实，虽然落了后手，黑6跳棋形舒展。

另一方面白棋子都处在低位，后续黑还有a位靠的手段，黑可以满意。

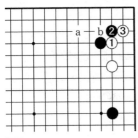

图8

②托

### 图8（腾挪）

白1直接托寻求做活并不多见。在黑a位有子的情况下是常见下法。

黑2扳是必然的一手，接下来白有3位连扳和b位断的手段。

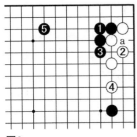

图9

### 图9（黑可战）

黑1粘，棋形厚实。

白2虎，黑3长急所。白4拆一，黑5拆边。

在白棋劫材有利的情况下，白2有下在3位虎，黑a打吃，白2位打劫的手段。

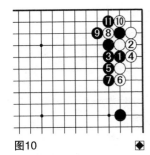

图10

### 图10（两分）

黑1、3简明定形。

白4渡过，黑5拐头、7压将白棋彻底封锁。白8吃掉黑一子，黑9、11补强。

白棋确保活棋，黑棋外势厚实。

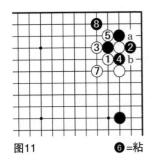

图11　　　　❻=粘

### 图11（打劫）

白1虎，黑若3位长，则白a位扳开劫。

黑2打吃，白3反打，黑4提。进行至黑8，本图黑可战。

白3若在b位意在开劫。

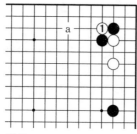

图12

**图12（断）**

白1断。白棋不管是连扳还是1位断，目的都是想要腾挪就地做活。

黑若在a位有子的情况下后续下法会有区别，这一点需要引起注意。

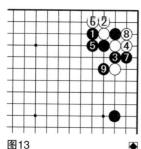

图13 ◆

**图13（两分）**

黑1、3打吃，5位粘是简明下法。

白6拐，黑7、9补强。形成白棋实地、黑棋厚实的转换。

白6若在7位联络，或者8位打吃则如下图所示。结果白棋稍有不满。

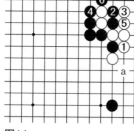

图14

**图14（黑好）**

白1联络，黑2吃掉白二子。

白3、5先手紧气获得眼位，但棋子仍然全部处于低位。

黑吃掉白二子棋形厚实，后续还有a位好点。本图黑好。

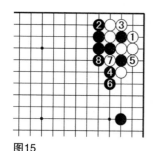

图15

**图15（黑厚）**

白1拐吃，黑2挡先手。

白3提，黑4以下将白封锁。黑棋的外势子效更高。

白3若在7位打吃，黑8位打，白4位长、黑3吃掉白二子，这样也是黑有利的局面。

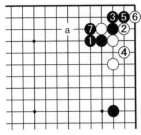

图16

## 图16（黑好）

黑1长。这手棋在现在的局面下稍有风险。

白2打吃进行至黑7，黑无不满。

和黑在a位已经有子不同，本图黑棋形效率明显更高。

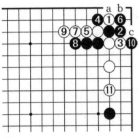

图17

## 图17（战斗）

白1打吃，黑2立，白3挡。白棋的下法可能会成为非常严厉的反击手段。

黑4以下至白11，结果基本两分。

黑10扳不可省略，否则白a立，黑b，白c，黑局部净死。

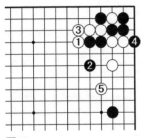

图18

## 图18（其他下法）

上图白7，也可以选择本图白1扳。

黑2跳，白3粘，黑4扳必然。白5小飞出头，战斗是白棋有利。

如果黑棋不想出现本图，可以不选择图16黑1长。

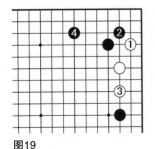

图19

## 图19（小飞）

白1小飞是重视右边的下法。

但是黑2小尖守角之后，白3拆一、黑4大飞守角，本图明显黑棋形效率更好。白棋选择本图要思考周围棋子配置决定。

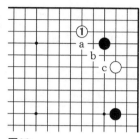

图20

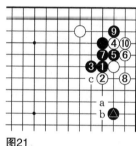

图21

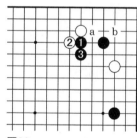

图22

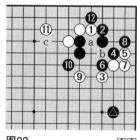

图23 ◆◆

### ③双飞燕

#### 图20（反夹）

白1双飞燕反夹黑一子。白棋的目的是要寻找腾挪的方法，并且在上边有所发展。

黑棋的应手有a位压、b位小尖和c位压等。

#### 图21（理由）

为何黑1、3的下法出现较少呢？因为进行至白10，黑▲一子明显变得效率不高。

黑▲在a位或者b位，则黑c拐可以封锁白棋，但现在黑棋已经无法做到这一点。

#### 图22（压长）

黑1压，白2扳必然。黑3长将白棋分成两块，进行攻击。

黑3长也可以在a位虎。

面对压长白棋的应对方法主要有a位长、b位点三三等。

#### 图23（定形）

白1长，黑2挡。接下来白若a位冲，则黑b位长即可。

白3小尖出头，黑4尖顶补断点。进行至黑12定形。

本图中黑▲一子是好点。

212

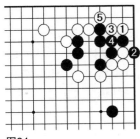

图24

### 图24（搜根）

上图黑12不可脱先。否则如本图白1夹非常严厉。黑2立阻渡，白3、5渡过。

白1至白5实地有所得的同时，还破坏了黑棋的根据地。黑棋失去了眼位，就失去了日后攻击白棋的可能性。

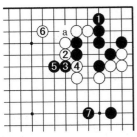

图25

### 图25（战斗）

图23中的黑10，可以直接在本图黑1位立，白2压。

白2试图封锁黑棋，黑3可以立即扳出反击。

白6拆边的同时补掉黑a位断点，此时黑角上已经净活，后续的战斗将围绕双方互攻展开。

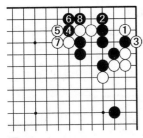

图26

### 图26（黑有利）

图23中的白9，如果立即如本图白1夹，黑2立是好手。

黑棋不让白在上边渡过的同时，还多了4位切断吃掉白二子的后续手段。

白3打吃，进行至黑8吃掉白二子，本图黑厚实，可以满意。

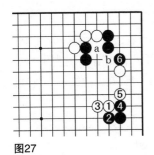

图27

### 图27（两分）

白1肩冲，在谋求快速出头的同时还保留了a位冲断的可能。

黑2、4先手整形，黑6小尖补断。黑棋保留了对白上下两边攻击的可能性。

白3或者白5若在a位冲，黑b长应对即可。

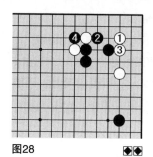

图28

### 图28（定式）

此时白若1位点三三，黑2虎。

白3连回，黑4吃掉白一子告一段落。这是星位的基本定式。白棋获得实地，黑棋取得上边外势，两分。

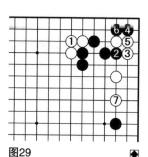

图29

### 图29（定形）

如果不能接受上图黑4断吃，白可以选择本图1位粘。

但是这样一来白棋棋形会变得薄弱。

黑棋的下法之一是黑2、4。这样白棋左右两边都尚未安定。

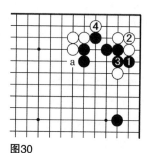

图30

### 图30（白好）

上图黑4若在本图1位扳，白2粘、4位扳过。

白棋形厚实，同时获取了角上实地。

接下来白a是好点，但如果黑在a位拐则会落后手。

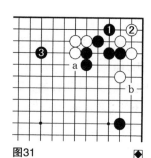

图31

### 图31（定形）

图29的黑4，若选择本图黑1小尖则目的明确，就是要阻止白棋在上边联络。

白2虎渡过，黑3在上边夹击。黑3也可以a位拐。

黑还保留了b位的手段，可以继续对右边白棋保持攻击。

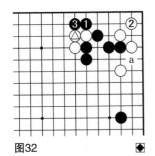

图32

### 图32（定形）

黑1扳目的也是阻渡。

白若3位拐，则黑a扳断，白不利。白2虎联络必然。

黑3爬是黑1扳准备好的后续手段，继续对白三子发动攻击。

白△被紧气，动出是必需的——

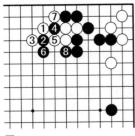

图33

### 图33（定形）

白1跳，黑2靠是严厉的手筋。

白3扳，黑4挖。进行至黑8整形。

白棋上边和角上的棋形都基本完整，黑棋形厚实。

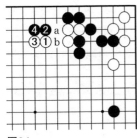

图34

### 图34（两分）

白1在高位跳，黑2是此时的急所。也就是说这里白2则黑1、黑1则白2。

白3长、黑4爬夺取白棋根据地并进行攻击。

白3若在4位扳，则黑a顶，白b粘，黑3断，白苦战。

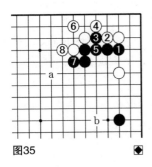

图35

### 图35（定式）

白点三三，黑如果一定要在右边筑起厚势，会在1位挡。进行至白8是定式下法。

后续黑a、b都是好点。

但是本图在职业棋手的对局中极少出现，黑棋还是稍有不满。

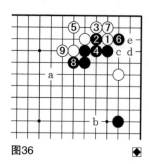

图36

### 图36（定式）

白棋本图选择了1位托。

黑2、4挖粘将白棋压迫在低位，但同时白棋也获得了眼位。进行至白9告一段落，双方两分。

接下来黑a或者b位都是好点。白有c位断或者d位小飞（黑c、白e）的后续手段。

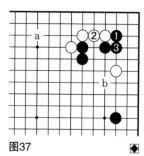

图37

### 图07（两分）

黑也可以1位扳。

进行至黑3，上图的断点黑棋已经步调。但是白2粘棋形明显好于上图。

接下来白a拆边，黑b飞封。两分。

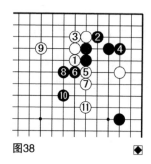

图38

### 图38（定形）

此时白1也可以继续压。

黑选择2、4确保角地。白5扳头，黑6断，战斗开始。

黑2若在6位直接扳头，白2位长，局面复杂。

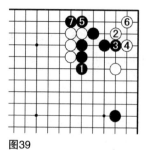

图39

### 图39（两分）

上图黑4若直接在本图1位长，是不想让白扳头。那么就必须忍耐白2点三三。

黑3挡，白4扳，黑5扳阻渡。白6虎补，黑7爬攻击白四子。

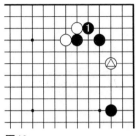

图40

**图40（压虎）**

黑1虎意在先巩固角地。

但是后续根据白棋的下法仍然可以对白发起攻击。

白必须做出决定，是看轻白△一子，还是快速动出。

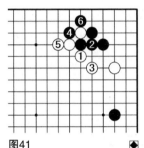

图41

**图41（定式）**

白1打吃、3位小尖联络是重视右边的下法。如果想要对黑夹击一子进行攻击，就可以选择本图。

黑4断吃，白5长，黑6提告一段落。

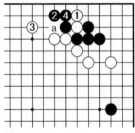

图42

**图42（白厚实）**

上图黑6提是本手。虽然脱先白一子也已经被黑吃掉，但这样一来黑就要做好被白棋1、3先手利的觉悟。

黑2小尖，白3小飞是棋形手筋。黑2若在4位挡，则白2夹紧气好手，黑不利。白3若在a位打吃是俗手。

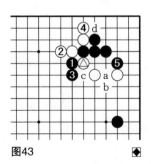

图43

**图43（战斗）**

图41中的黑4若在上边断（本图黑1），白2长，黑3长，战斗局面就此开始。

黑5是棋形要点。后续有黑a挖，白b，黑c吃掉白△一子的手段。

为了补强自身，白可b位虎补，则黑d位补强角地。

217

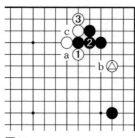

图44

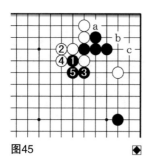

图45 ◆

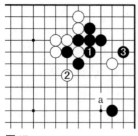

图46

图47

### 图44（立）

白1打吃、3位立。这是重视上边发展，根据后续变化可以看轻白△一子的态度。

黑有a位断、b位压出两种选择，不能接受被白棋封锁。

白3在c位粘棋形厚实，后续变化图将进行讲解。

### 图45（走形）

黑1断、白2长。黑3打吃、白4打吃先手，局部告一段落。

白棋在上边的棋形完整，黑棋在右边形成厚势。两分。

接下来若白a与黑b交换，则局部没有后续手段。白可能会下在b位或者c位。

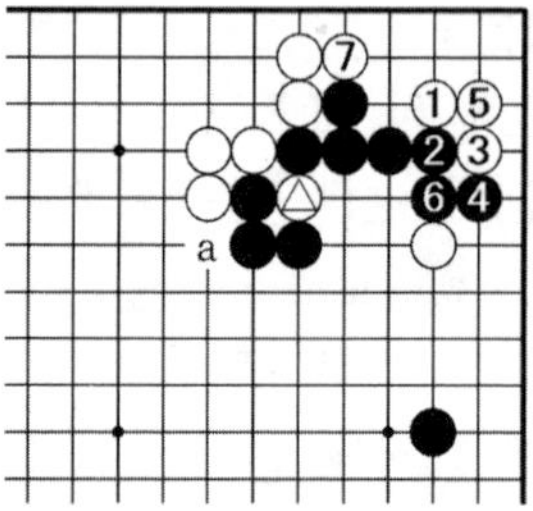

### 图46（白的后续手段）

白1点三三不论从实地还是获取根地的角地来说价值都非常大。

黑2挡，白3、5扳粘先手，白7拐渡过。后续黑a拐是好点。

白实地有所得，子效高可以满意；黑棋则净吃了白△一子棋形厚实，双方可下。

### 图47（脱先）

图45中的黑5也可如本图直接黑1提。这样一来白棋没有任何借用，黑棋形厚实。

但此时黑棋在未来向中腹发展上后劲不足。白2飞压好手，黑3小飞，白可以a位肩冲动出一子。

218

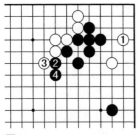

图48

### 图48（白棋下法）

黑提，白棋除了图46的直接点三三之外还有本图白1小飞的下法可以选择。

此时对白二子，黑棋没有很好的攻击手段。那么黑棋就选择上图白2的方向，2、4虎扳棋形厚实。

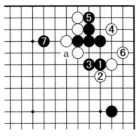

图49

### 图49（战斗）

黑1、3压长出头。

黑若a位断会给白棋顺调整形的机会。黑1、3，白4、6获取角地，黑7夹击白上边四子。

后续会形成战斗局面。

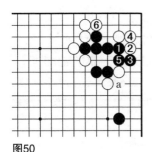

图50

### 图50（白稍好）

白点三三，黑1挡，黑3、5之后白6拐渡过，实地所得较大。

本图白棋子效占优，是白稍好的局面。

实战对局中黑5也有在6位挡，白5位断，黑a断下法出现。

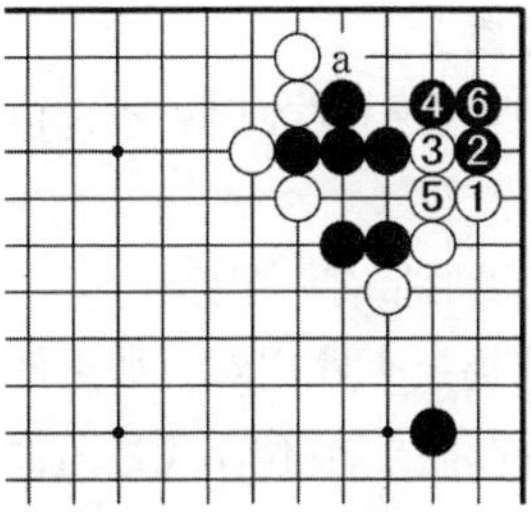

### 图51（黑可战）

图49中的白4点三三，若如本图白1小尖棋形略显沉重。

黑2靠，白3、5先手挖粘，黑6粘是普通应对。黑棋后续可以攻击白上下两块，可以满意。

要注意的是，白a拐价值极大。被白抢到a位黑棋也没有净活。

图51

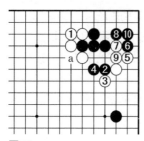

图52

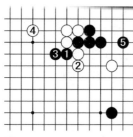

图53

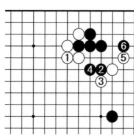

图54

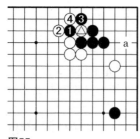

图55

**图52（黑可战）**

白1粘坚实。这样即使面对黑a断，白也并不担心。

黑2、4压长出头是正确下法。白5小尖，黑6靠不给白获取眼位的机会。

本图后续黑棋也继续保持对白上下两块棋的攻击态势，黑好。

**图53（战斗）**

此时黑选择1位断。

白2长抵抗，黑3长、5跳补角地，继续攻击白棋。

围绕中腹分断的黑二子，战斗即将展开。

**图54（上粘）**

白1补上边断点虽然也是可选下法，但此时黑2、4分断之后白棋形略显沉重。

白5小尖，黑6靠不让白棋获取眼位。与图52相同，黑棋还是继续保持着对白棋的攻势。

战斗即将开始。

**图55（白可战）**

上图黑2若直接黑1吃掉白一子价值不大。

白2、4打吃棋形带有一定弹性。

接下来白△提黑不好应对。如果此时黑棋脱先，白△提或者a位小飞进角都可以对黑棋产生危险。

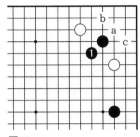

图56

### 图56（小尖）

面对双飞燕，黑1小尖出头是简明下法，这样不给白棋任何顺调整形的机会。

白棋的应对是a位点三三。b、c小飞虽然也是一种选择，但被黑a位小尖之后棋形略显笨重。

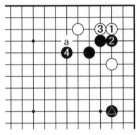

图57

### 图57（平稳）

白1点三三，黑若在▲位一带有子，则黑2挡。黑2挡在3位，白2位爬，黑▲一子效率变低。

白3爬，黑4跳是稳健下法，但在职业棋手的对局中已经不多见。常见的是下述变化图中讲到的黑a飞压。

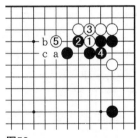

图58

### 图58（稳定）

白1挤试应手。

黑2打吃虽然有俗手之嫌，但可以安全补强。白5小飞出头，黑可以a位压，白b长，黑c继续扩张厚势。

白无不满。

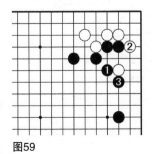

图59

### 图59（渡过）

黑若1位虎，白2扳可以渡过。

但白2之后，黑3扳是好形。

白角上实地所得可以满意，黑3扳外势厚实。

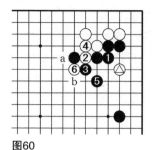

图60

### 图60（白好）

图58中的黑2选择本图黑1直接粘。白2、4挖粘严厉。

黑5虎，白6断。若弃掉一子价值太大，但是黑a位长，白b长之后，白△一子仍然充满活力。本图的战斗黑不利。

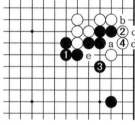

图61

### 图61（场合下法）

上图黑5虎，可以考虑本图黑1粘。

但是白2扳，黑只能3位跳补。可以渡过白无不满。

黑3若在4位扳，则白a，黑b，白c，黑d，白e，黑崩。

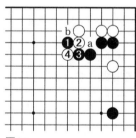

图62

### 图62（飞压）

黑1飞压严厉，不给白棋温和应对的机会。

白棋的应手有2、4冲断、a位挤、b爬等。

白2、4冲断，黑面临弃掉黑1一子还是直接战斗的选择。

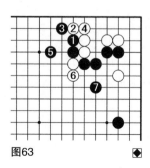

图63

### 图63（定形）

黑1挡加强自身棋形。

白2、4扳粘必然。黑5跳补。

白6长，黑7跳形成战斗局面。

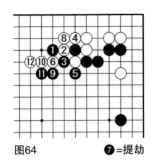

图64　　　　　　**⑦**=提劫

## 图64（势力）

如果决定弃子，黑可以1位跳。白2打吃，黑3、5是此时的手筋。白6断吃，黑7提先手。黑9、11获取厚势。

白实地所得极大，黑棋外势的发挥成为日后局面发展的关键。

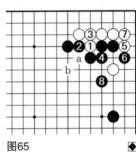

图65　　　　　　◆

## 图65（定型）

白1挤，黑2、4交换，白5、7扳粘告一段落。

黑8跳补。白a断，黑可以b位夹吃。如果白希望保留a位断点，可以先不下5、7扳粘。

白棋若征子有利，可白5直接a位断。

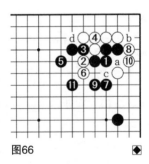

图66　　　　　　◆

## 图66（两分）

此时黑1直接粘。

白2扳，黑5小尖是直接6位打征子不利情况下的好手。接下来形成黑棋厚势，白棋实地的转换。

黑9若在10位扳是恶手，白a，黑b，白c，黑崩（这里正确下法白a应该先白c）。

黑5也可在7位跳，白6，黑b位扳。

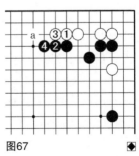

图67　　　　　　◆

## 图67（两分）

面对黑飞压，白1爬是稳健的下法。

黑2、4长棋形厚实。这也是黑飞压所希望的结果，黑无不满。

后续白a跳比较常见。

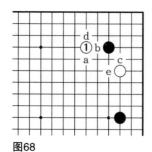

图68

④一间高夹

**图68（黑棋应手）**

白1一间高挂。

黑棋的应手较多的是a位靠和一间高挂局面特有的b位顶。

黑c、d是特殊场合的下法，黑e比较少见。

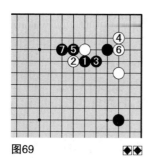

图69

**图69（定式）**

黑1、3出头是最常见的下法。

白4点三三，黑5断，白6连回，黑7长告一段落。

白获得实地、黑棋形厚实，双方两分。

◆◆

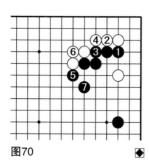

图70

**图70（两分）**

面对点三三，黑棋肯定有直接应对的手段。黑1在夹击的一面分断。

白2渡过，黑3～7在右边形成模样。

本图结果两分，但在职业棋手对局中几乎不会出现。

◆

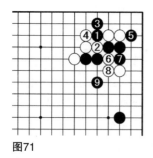

图71

**图71（扳断）**

上图黑3可以如本图黑1扳断。

白2断，黑3立，白4拐，黑5扳吃掉角上白二子。

但此时选择权在白棋手中，也就是说白棋也有不弃掉角上二子的下法。

黑9跳之后——

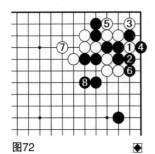

图72

### 图72（定式）

白1断吃、3打吃、5紧气可以吃掉黑二子。

接着黑6拐，白7虎补、黑8补强

黑二子还留有些许利用的可能，本图两分。

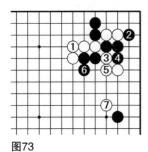

图73

### 图73（战斗）

图71中的白4，如本图吧1粘。意在弃掉角上二子，寻求战斗机会。

黑棋中腹二子是棋筋，绝对不能被白棋吃掉。白3断，黑4先手打吃之后6位逃出。接着白7双方战斗在所难免。

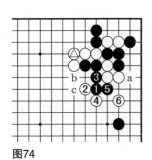

图74

### 图74（黑危险）

上图黑6若如本图黑1跳，则白△一子就会充分发挥作用。

白2靠、4扳，黑5拐，白6枷好手。因为白a立是先手，而黑若在b位扳，白可以c位夹。

黑棋已经没有选择。

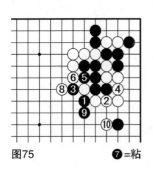

图75　　❼=粘

### 图75（黑中计）

黑1只能断。白2、4紧气。

黑7粘，白8扳、10压出头。白棋出头步调顺畅，黑棋陷入苦战。

面对图73白1粘，即使不得不下出愚形，图中黑6也是只此一手。

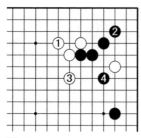

图76

**图76（黑充分）**

白1虎补，不让黑棋分断。黑2小尖占据根据地，不给白棋腾挪转换的机会。

白3跳，黑4飞压获取实地。黑无不满。

白3若动出一子负担过重，苦战无法避免。

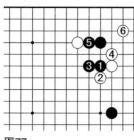

图77

**图77（白好）**

黑1、3的压长方向不佳，几乎很少在实战中出现。

理由与双飞燕（请参考212页图21）变化中所述相同。白6小飞进角之后，黑没有好的封锁手段。

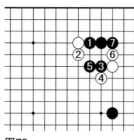

图78

**图78（黑好）**

黑1顶是一间高夹特有的下法。

白2长，黑3、5出头。白6长，黑7挡。这也是黑1的目的所在。

与上图相比就可以明显看出黑好的原因。

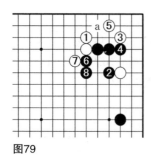

图79

**图79（黑好）**

白1立，黑仍然2位压出。白3、5获取角地，黑6、8扩张厚势。

本图白确保了眼位，但是整体处在低位。而且黑还有a位跨断的后续手段。

本图黑好下。

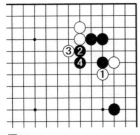

图80

### 图80（战斗）

上图白3如本图白1扳，黑2、4应对。

既然白棋选择动出一子，后续必然会形成战斗局面。白棋被分成两块，明显黑棋有利。

后续黑棋在向中腹发展的同时，还保持对白棋的攻击态势。

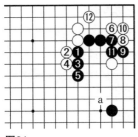

图81

### 图81（白稍好）

黑1扳，白2扳。黑3长，白4压、白6点三三。

进行至白12，结果与图79相似。但相比之下本图白棋的棋形明显更加厚实。

白4若在a位出头则会进入战斗局面。

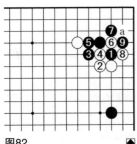

图82

### 图82（定式）

黑1尖顶，白2长，黑3小尖出头。白4挤，黑5粘，白6、8吃掉黑一子。

黑9打吃，不担心白a位开劫。

黑9若在a位立有退让的感觉。

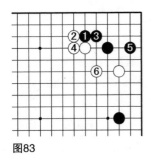

图83

### 图83（场合下法）

黑1、3托退之后5位跳，重视角地的同时可以快速就地做活。

但是白6跳封锁黑棋，棋形可以满意。

黑棋如果出头价值不大可以选本图。

## 15. 三间高夹

黑1三间高夹是6种夹击方法中最温和的一种。虽然对于白一子攻势不够严厉，可一旦成为实地，价值就不可小觑。选择三间高夹和右下棋子搭配非常重要。

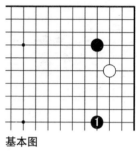

**基本图**

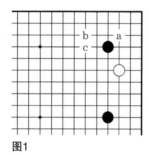

**图1**

### 图1（白的后续手段）

面对三间高夹，白棋的应对有a位点三三、b位双飞燕和c位高夹等。

其他特殊场合的下法在接下来的变化图中也会进行介绍。

三间夹的共通定式较多。

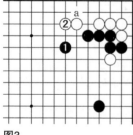

**图2** ◆◆

### ①点三三

### 图2（定式）

白1点三三，黑2以下进行至黑10是定式下法。

即使在a位一带有子的情况下，黑2在3位挡都是方向错误。

黑10也可以脱先他投。

### 图3（两分）

上图黑10可以本图1位小飞扩张。

白2并本手。此时白若脱先，要做好被黑2靠先手利的准备，白必须a位立补角。

黑1小飞比上图黑10速度快，但棋形薄弱。

**图3**

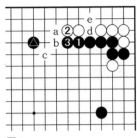

图4

**图4（黑厚）**

若黑在●位一带已经有子，此时黑1、3压是可选下法。

接下来白a长，黑b压或者c位小尖封锁，棋形厚实。

白b扳则黑a断，战斗黑有利。

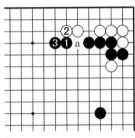

图5

**图5（其他下法）**

此时黑还可以1位跳封。

白棋的本手是2位长先手交换之后脱先。黑1跳封是在右边发展模样时的好手。

但这样黑棋形有a位冲的弱点，需要在后续进程中引起注意。

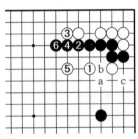

图6

**图6（战斗）**

图2中的黑10如果脱先，白可以寻找合适时机在本图1位跳动出一子。

黑2、4压出头、白5继续跳。本图两分可下。

黑2如果选择a位刺，白b，黑c可以直接渡过，但棋子所处位置都在低位。

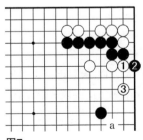

图7

**图7（其他下法）**

上图白5，选择本图白1夹、3位跳。

白3之后有了a位出头的后续手段，同时还阻止了上图所示黑棋渡过的手段。

但是这样一来白棋出头速度变慢，与上图白5相比各有好坏。

229

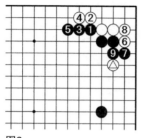

图8

### 图8（白不利）

因为白△位有子，此时黑1扳是无理手。

但白若2位扳会让黑棋的无理手变成好手。

黑3、5长，进行至黑9，白棋子全被压在低位。

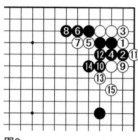

图9

### 图9（白好）

面对黑棋的无理手，白1、3发起反击。下图白1立也是可选下法。

黑4粘，白5断严厉。黑6长，白7压，进行至白15，白二子尚有余味，而黑棋最初的三间高夹已经失去意义。本图明显白优势。

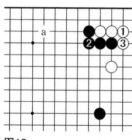

图10

### 图10（白充分）

白1立简明。

黑2粘，白3拐渡过好形。

黑即使a位有子，被白渡过之后的棋形也与三间高夹最初的意图相悖。

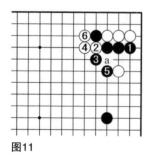

图11

### 图11（白好）

黑1挡，白2断。

黑3、5，白6交换，白好。

黑3若在6位长，白a扳好手，黑三子被吃。黑5若在6位爬，白仍然可以在a位断。

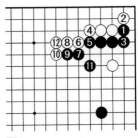

图12

### 图12（白稍好）

此时黑不在5位长，而是黑1、3在角上扳粘，这是重视实地下法。

但是白4长、6扳好形。

进行至白12，白棋可以满意，黑1、3是场合下法。

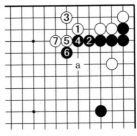

图13

### 图13（白好形）

上图白4也可以如本图1位跳。黑2长，白3小尖。

黑4压，白5、7也是好形。

后续白a好手，黑棋的厚势并不完整。白无不满。

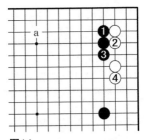

图14

### 图14（黑不利）

与三间低夹的情况相同，三间高夹、白棋点三三的局面黑1挡方向不对。

白2爬，黑3长，白4并，黑棋没有好的封锁手段。即使黑在a位一带有棋子配置也不算是好选择。

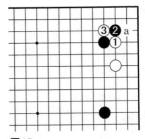

图15

### 图15（托）

白1托寻求腾挪整形。黑2扳，白会3位断或者a位连扳。

白棋即使得到眼位也会同时让黑棋形得到加强，并不适合在开局选择本图。

后续请参考三间低夹的相关变化图。

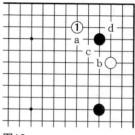

图16

## ②双飞燕

### 图16（黑棋应手）

此时白1双飞燕，根据黑棋的下法寻求腾挪的行棋步调。

黑棋的应手有a、b压、c小尖，根据周围棋子配置也可能会在d位抢占三三。

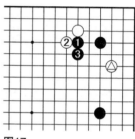

图17

### 图17（压长）

面对双飞燕，黑1、3"压强不压弱"，意在加强自身后攻击白△一子。

当然黑棋会根据白棋的应对调整下法，选择可以多变灵活。

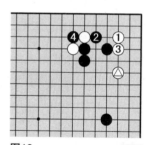

图18　◆◆

### 图18（定式）

白1点三三，黑可以选择2位虎或者3位挡（请参考图20）。

黑2虎，白3连回，黑4断吃告一段落。

虽然失去对白△一子的攻击权，但黑2、4棋形厚实，两分。

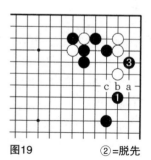

图19　②=脱先

### 图19（目的）

后续黑1有先手味道。

白若脱先黑3严厉，黑渡过和冲断见合。

为了防止黑3，白有a位小尖、b顶、c上边小尖3种选择。

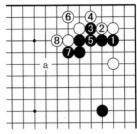

图20

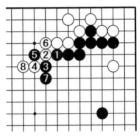

图21

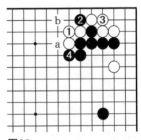

图22

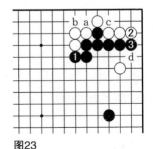

图23

### 图20（定形）

黑1挡，白2爬，黑3至黑7定形。后续黑a小飞是好点。

但是这样的下法在让子棋中黑棋还可以接受，分先对局黑棋子效还是有些不足。在职业棋手对局中图18的出现次数要大很多。

### 图21（黑的后续手段）

上图黑a小飞的好点也可以选择黑1压。

进行至黑7，黑棋的厚势向右边和中央继续扩张。

与此同时，白8长之后上边所得也十分可观。黑棋模样能够充分发挥作用是后续变化的关键。

### 图22（粘）

图20的白6可以直接如本图1位粘。在棋盘其他地方有急所的情况下，白棋能够获得先手脱先他投。

黑2断、4拐。后续黑a、白b的交换是黑棋的选择，黑棋可以满意。

### 图23（黑不充分）

上图黑2断是正确次序，如果直接如本图黑1拐，白2立好手。黑3只能挡。

这样后续黑再a位断，白可以b位打吃。上图黑棋的先手利消失。所以先断再拐是正确次序。

白2若在3位扳，则黑a，白c，黑d结果与上图基本相同。

233

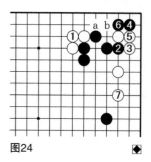

图24

### 图24（两分）

白1粘，不想如图18被黑4断吃，希望能上下两边兼顾。

但是这样一来棋形较为薄弱，黑棋可以对白棋进行攻击。

黑2至黑7，双方两分。白a扳黑可以b位顶。

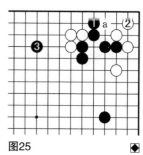

图25

### 图25（两分）

上图黑4、6可以阻渡，本图黑1或者a位阻渡的态度更加坚定。

白2虎补，黑3夹击。

实地略损，但此时黑棋攻击力十足。

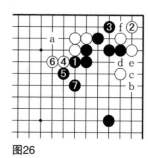

图26

### 图26（两分）

黑1直接拐，先不在角上落子。此时白棋也无法与上边联络。

白2以下可以两边补强，黑棋形厚实。

黑棋的后续目的是a位点方和黑b以下至f的手段。白棋角上尚未净活。

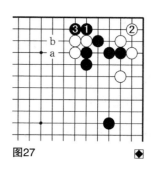

图27

### 图27（两分）

黑1扳也是阻渡手段。

白2虎补必然，黑3爬使白三子气紧，必须马上处理。

后续白的下法有a或者b位跳。

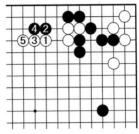

图28

**图28（定形）**

白1跳，黑2靠。白3长，黑4爬夺取白棋根据地。

后续下法会根据具体局面而定，但黑棋会保持对白棋的攻击态势。

如果本图不够满意，白还有下图可以选择。

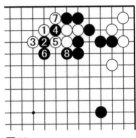

图29

**图29（定形）**

白1跳，黑2靠是急所。

白3扳，黑4挖寻求整形的步调。

黑4弃子进行至黑8，黑棋形厚实。

接下来白棋在上边开拆是本手。

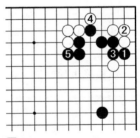

图30

**图30（黑稍不满）**

白棋扳，黑1挡，白2～4渡过，黑稍不满。

此时白棋形安定、效率高。黑5拐不能省略，否则白5压是好点。

与图20相比可以看出黑棋的不足之处。

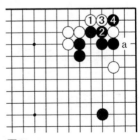

图31

**图31（白不好）**

白不在a位扳，而选择本图1位扳是问题手，此时黑可以2位团。

角上一子被吃掉，白1、3所得极为有限。

白1必然应该在a位扳，然后根据黑棋的应对决定后续下法。

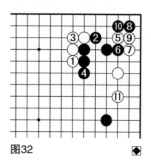

图32

**图32（两分）**

白1压，重视上边棋形。

黑2、4，白5以下与图24结果相似。

上边白棋形完整，黑4长出头也可以满意，双方两分。

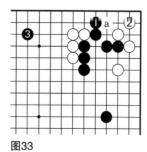

图33

**图33（战斗）**

黑必须组织白棋与上边联络。

黑1或者a位直接阻渡。

白2是必然的一手，黑3夹击。

接下来是战斗局面。

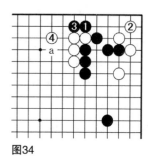

图34

**图34（战斗）**

与图27相同，此时黑1扳。白2虎，黑3爬对白四子进行攻击。

与图27相比，白棋形更加厚实，但黑还是有a位靠的手段。

白4也可以跳在a位。

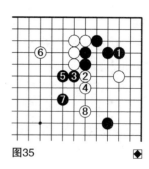

图35

**图35（战斗）**

此时黑1夺取角地是好手。

白2扳，黑3断，白4长形成战斗局面。黑棋可战。

白2扳，黑3断是此时的正确选择。

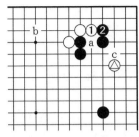

图36

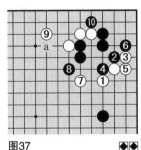

图37

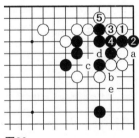

图38

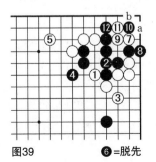

图39　　　　　❻=脱先

### 图36（长）

白1长进角。虽然有a位冲断的问题，黑2挡仍然成立。

后续白要决定是否马上动出白△一子。

白如果直接b位拆边，黑c位尖顶棋形厚实。白△一子还有动出的可能性。

### 图37（定式）

白1直接动出一子。

黑2尖顶，白3扳，黑4挤是棋形好手。

以下进行至黑10是基本定式。

黑6也可以考虑直接在9位或者a位夹击。

### 图38（黑不满）

上图黑10如果脱先他投，白1夹非常严厉。

黑2立，白3、5渡过。白棋不仅破掉了黑棋的角地，还使黑棋失去了眼位。

黑2若在a位扳，白仍然3、5渡过。黑b断，白c，黑d，白e弃子，仍然是黑棋被动的局面。

### 图39（恶手）

图37中的白7如本图白1打吃是恶手。与黑2交换之后，白棋上图的下法不再成立。

白7夹、9顶，此时黑10是好手。白11拐、黑12分断可以吃掉白三子。白若a位打吃，则黑b；若白b打吃，则黑a。

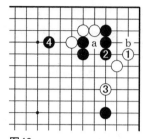

图40

**图40（黑可战）**

白动出一子，黑必须要时刻注意白a冲的手段。

白1小尖，黑2双补断。白3小飞，黑4夹严厉。

白3若在上边拆边，则黑b靠获得角地。白1与黑2的交换并不理想。

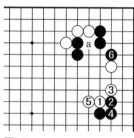

图41

**图11（黑可战）**

白1碰仍然瞄着白a的冲。

在白a冲的威胁成立之前，黑可以先2、4交换。

白5长，黑6尖顶补断。本图也是黑好的局面。

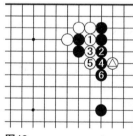

图42

**图42（黑好）**

白1如果马上冲，黑2长简明应对即可。

白3、5冲，形成实地与外势的转换。但是白△一子被吃实地损失极大，本图黑好。

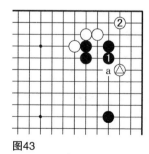

图43

**图43（黑缓）**

黑棋担心冲断，选择1位直接补棋。黑1缓手，白2小飞进角实地所得极大，同时白△一子也暂时没有被攻击的风险。

若白△是在a位，则黑1是棋形要点。因为接下来白需要花一手棋在△位立。

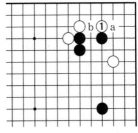

图44

### 图44（托）

白1托。白1的位置处于白a点三三、白b长中间，这是重视上边二子的下法。

相比之下，白1比白b长更能够侵入黑棋的角地，在快速做活上占据有利低位。

黑棋的应手有b位挖和a位扳。

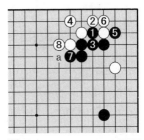

图45 ◆◆

### 图45（定式）

黑1挖粘，将白棋压在低位。

白2打吃、4虎，虽然棋子都在低位，但眼形丰富，达到了最初快速做活的目的。

黑5打吃、7拐是棋形要点。进行至白8两分。

后续黑a压是好手。

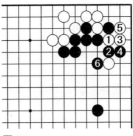

图46

### 图46（后续手段）

接下来白有1位断的后续手段，但黑棋并不着急补断。白1断，黑2弃子会让外势更加厚实。

除了1位断，白还有3位小飞，黑1粘，白5爬的下法。选择白1断需要找准时机。

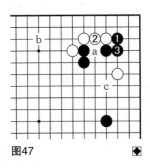

图47 ◆

### 图47（两分）

此时黑也可以1位扳。但必须要注意白a位的冲断。

后续白棋要思考的问题是，白一子是否要马上动出。

若在b位拆边，则黑c位封锁。

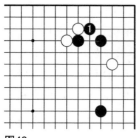

图48

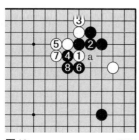

图49 ◆◆

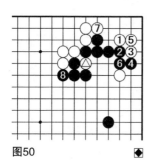

图50 ◆

图51

### 图48（压虎）

白扳，黑1虎。

黑棋要确保棋形完整，但后续并不是一定要获取角地不可。

也可能根据具体局面对白棋发起攻击。

### 图40（定式）

白1打吃，黑2粘，白3立的下法比较常见。

虽然白棋出现了两个断点，但白的目的就是通过黑棋分断寻找整形的步调。

黑4断，白5长，黑6打吃，白7拐打，进行至黑8是基本定式。

黑8也可以在a位提。

### 图50（两分）

接下来白1点三三，价值很大。

黑2挡，白3、5扳粘先手，白7渡过。

黑8拐是此时的棋形要点。让白△一子失去活力的同时，自身的厚势继续得到加强。双方两分。

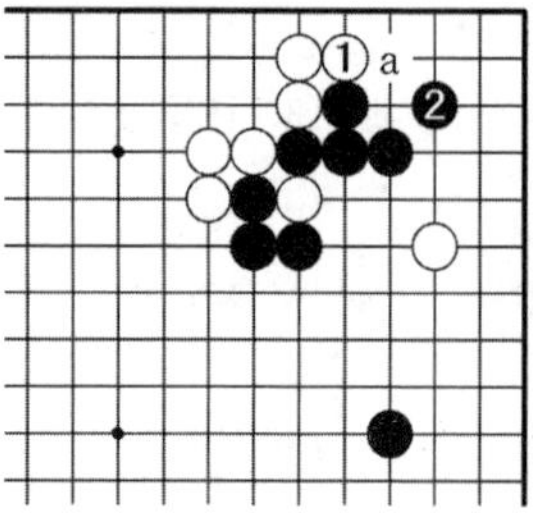

### 图51（白不满）

白1拐，黑2小尖。与上图相比，白不满。

黑2小尖是棋形要点。黑若在a位虎，则白2刺好手。

与上图相比，白1拐，黑能下到2位，黑好。

240

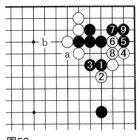

图52

### 图52（重视攻击）

黑a断会给白棋顺调整形的机会。

如果不想这样，可以黑1、3压出头。将白棋分割成两块进行攻击。

白4小尖，黑5靠不给白棋眼位。黑9也可以在b位一带夹击。

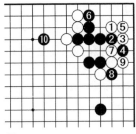

图53

### 图53（战斗）

白1点三三，可以根据黑棋的应对先将其中一边的棋子做活。

黑可以2、4先手交换之后在6位挡，或者黑6（图55）直接挡。

黑8断先手、黑10夹击进行战斗局面。

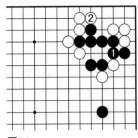

图54

### 图54（白稍好）

上图黑6，如果直接在本图黑1位粘，白2拐渡过。

黑棋在右边发展模样的情况下会做此选择，但从棋形来说有些重复。黑棋厚势明显不如图50。

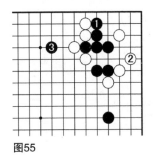

图55

### 图55（战斗）

图53中的黑6挡，也可以如本图直接1位挡。

白2小尖渡过本手。

黑3夹击攻击白四子，白若立即动出就将进入战斗局面。

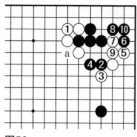

图56

### 图56（黑可战）

白1粘，目的是抵抗黑a断。

黑2、4压长，做好攻击白棋的准备。白5小尖，黑6靠，本图黑可战。

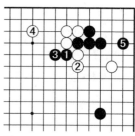

图57

### 图57（战斗）

黑1断，白2长抵抗必然。

白2长，黑3长，白4拆二，黑5守角必然。

后续围绕着黑二子，双方将展开激战。

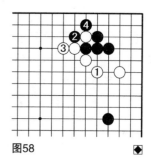

图58

### 图58（定形）

白1小尖确保两边联络，是更重视右边棋子的下法。

这样黑可以2位断吃一子。白3长，黑4提告一段落。

黑4也可以能脱先——

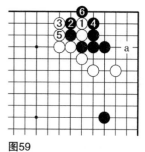

图59

### 图59（黑不好）

如果黑棋脱先，白1立好手。

黑2如果直接挡，白3紧气整形。后续a位小飞严厉。

白1立，黑应如下图应对。

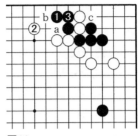

图60

### 图60（两分）

黑1小尖是正解。

若白a拐打，黑3立，白b尖，黑c，这样下是俗手。留下了断点，要补棋就要落后手。

白2小飞是本手。黑3必须紧气，白棋可以脱先他投。局部黑棋少下一子，是两分的局面。

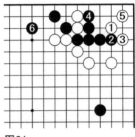

图61

### 图61（两分）

上图白2的先手利，白棋如果不够满意，可以选择本图白1点三三。

黑2、4交换之后，白5获得不小的角地。

黑6小飞出头避免了被封锁，与上图相比各有优劣。

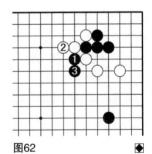

图62 ◆

### 图62（两分）

此时黑可以1位断在上边，目的将白棋分成两块进行攻击。

白2长，黑3长，开始战斗。

周围棋子配置是选择本图的前提，局部结果还是两分。

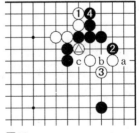

图63

### 图63（后续手段）

首先角上的黑棋没有死活问题。

白1立，黑2尖顶之后4位挡即可。

白3小尖是棋形好手。若白2位立，黑可以b位挖，白3打吃，黑c打吃。白△一子被吃。

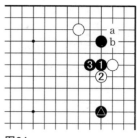

图64

### 图64（右边压）

黑1、3在右边压长出头。

但是黑△一子位置距离较远，与一间夹、二间夹相比攻击性不强。

接下来白主要的下法有a位点三三和b位托两种。白2也可以直接a位点三三。

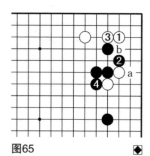

图65　◆

### 图66（定型）

白1点三三，黑2虎，白3渡过。黑4拐或者a位打吃。

黑2若在3位挡，白4位爬，黑棋形不佳。

这样白在上边获得实地、黑形成外势，形成了两分的局面。但由于黑棋是三间高夹，白后续有较为严厉的手段。

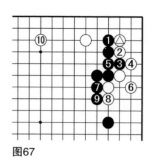

图66

### 图66（白棋的下法）

此时白1粘可以直接动出。

黑2小尖阻渡，白3是准备好的既定手段。此时白a扳和b位爬两点见合。

但是这样一来白棋形变得薄弱，选择动手的时机非常关键。

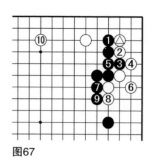

图67

### 图67（白好）

白棋点三三，黑1挡不好。

白2爬，黑3、5挖粘之后7、9封头。

与下图相比可以看出，白△与黑1的交换明显白有利。

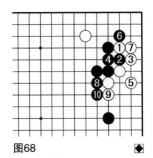

图68

### 图68（定形）

白1托，意在快速获得眼位做活。

黑2挖以下进行至白9，基本与图45相同。接下来黑10继续封锁白棋。

此时白棋取得实地、黑棋获得外势。本图白无不满。

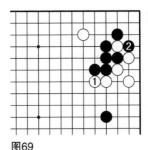

图69

### 图69（黑好）

白棋不想被封锁，上图白7选择本图白1出头。

但这样一来，黑2可以提掉白一子，黑棋形充分。

只要不是必须出头的局面，白棋选择上图更为合适。本图是特殊的场合下法。

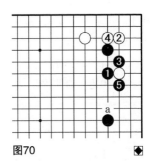

图70

### 图70（两分）

黑1压，白2也可以直接点三三。

黑3虎，白4爬，黑5打吃告一段落。两分。

与黑a二间高夹相比，黑5的位置搭配合理。但也因此黑5很难脱先他投。

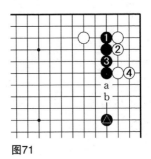

图71

### 图71（白稍好）

白棋点三三，黑1挡。因为三间高夹的黑▲一子距离较远，白4补强之后黑没有好的后续手段。

若黑棋夹击上边白一子，则白a开始二连扳出头。若黑b位跳封，黑▲一子就略显重复。

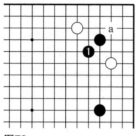

图72

## 图72（小尖）

黑1小尖出头，直接将白棋分断。棋形简明，目标明确。

白棋的下法基本上就点三三一种。如果后续被黑下到a位，白棋就失去了腾挪的可能。

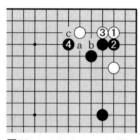

图73

## 图73（定形）

白1点三三。黑2挡在夹击的方向挡。黑2若在3位挡，白2位爬，黑棋方向错误。

白3爬，黑4飞压严厉。

白棋的应手有a位冲断和b位挤。在c爬的情况较为少见。

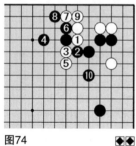

图74

## 图74（定式）

白1、3冲断。黑4跳是棋形好手。

白5长，黑6挡，形成战斗局面。

白7、9扳粘，黑10跳不能脱先，两分。

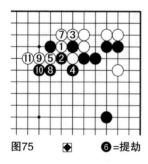

图75　　　◆　　　❻=提劫

## 图75（两分）

白1打吃黑一子重视实地。

黑2、4是常用手筋。白5断吃，进行至黑10，黑棋获取厚势。

本图白棋实地所得不小，黑棋外势也非常可观，两分。

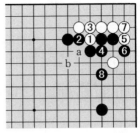

图76

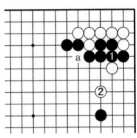

图77

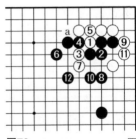

图78

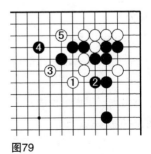

图79

### 图76（定式）

白1挤试应手。黑4粘，白5、7扳粘。

黑8跳是棋形好手，只要8位有子，后续白a断，黑可以b位夹吃。

黑2可以直接4位粘，是否打吃有微妙的差别。

### 图77（黑棋形重）

上图黑8为了实地选择粘住，但这样棋形过于笨重，不可取。

白2不管是否会立即小飞动出，但这手棋本身非常严厉。后续a位断点对于黑棋来说也有很大压力。

上图黑8棋形厚实，本手。

### 图78（两分）

黑2粘，白棋若征子有子，仍然可以3位扳出（与图76白5下在a位相同）。

黑6小尖，白7长，黑8跳，白9、11渡过。

黑6也可以在8位跳，白7长，黑a拐。

### 图79（战斗）

上图白9选择本图白1小尖战斗。

黑2双，白3飞压，黑4小飞出头。白5跳，白可战。

但是黑2补强之后，上图白棋渡过的手段消失，黑棋在右边有所得。

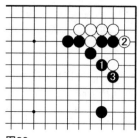

图80

### 图80（虎）

黑1虎不能阻止白2连回一子。

但是后续黑3扳可以将白棋封锁，本图在实战中也有出现。

本图与图76如何取舍，可以在具体局面下做出判断。

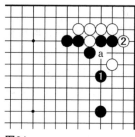

图81

### 图81（小飞）

黑1小飞棋形更加轻灵。这样可以获得先手脱先他投。

可以看出黑棋虽获得先手，但棋形薄弱。各有好坏。

白2可以在a位断。

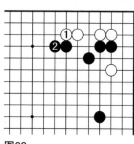

图82

### 图82（黑无不满）

白1爬可以说是简明的下法。

但是从选择飞压获取厚势的黑棋角度来说，白2是理想中的下法。

重视实地的话，一般还是在四线获取实地才可以与黑棋的外势相抗衡。

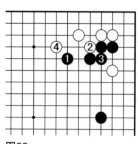

图83

### 图83（白充分）

黑棋的简明下法是黑1跳。

这样一来局部变化较少，右边的厚势也得到加强。

但是白4小飞出头，棋形可以满意。白2也可以直接在4位小飞。

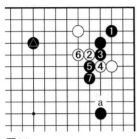

图84

### 图84（小尖三三）

黑1小尖是为了防止白棋腾挪。这是黑在▲位有棋子配置时强硬的下法。

白2飞封，黑3、5冲断，是黑棋有利的战斗局面。

白2也可以选择在a位碰等手段。

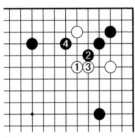

图85

### 图85（黑可战）

白1大跳，是比上图更轻灵的下法。能够减轻黑棋的攻击强度。

但是黑2小尖，看似俗手但是非常严厉。白3挡，黑4飞压仍然是黑可战的局面。

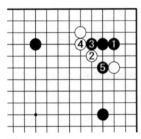

图86

### 图86（立）

黑1立与小尖三三目的相同，都是为了防止白棋点三三。

此时白2飞封，黑3、5反击。仍然是白苦战。

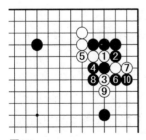

图87

### 图87（黑好）

接下来白1冲，黑2断，白棋无法征子。

白3、5整形，黑6打吃、8拐吃反击。

白9长，黑10挡吃掉白二子，实地所得极大，黑满意。

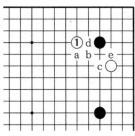

图88

③一间高夹

**图88（黑棋应手）**

白1反夹。与之前的双飞燕相同，都是力图将棋子转型到上边的下法。

黑棋的应手有a位靠、b位小尖、c位压和d、e等。出现较多的是a位和c。

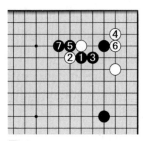

图89

**图89（定式）**

黑1、3靠压是定式。白4点三三转换。

黑5断，白6爬，黑7长告一段落。黑7长好形，双方可下。

白2也可以直接在4位点三三（可以参考图96以后的变化）。

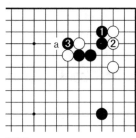

图90

**图90（白好）**

白棋点三三，黑1挡，白2爬回，黑不好。

接下来虽然黑3仍然可以分断白棋，但与上图相比可以看出优劣。

黑1的棋子明显还是在a位效率更高。

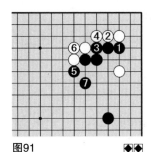

图91

**图91（定式）**

如果想要灵活运用三间高夹一子，黑1挡分断。

白2爬，黑3、5之后黑7虎补告一段落。

本图是基本定式。但是在职业棋手中的对局中基本都会选择图89中的黑5断。

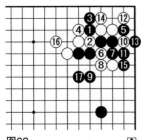

图92

### 图92（两分）

与三间夹的情况相同，黑也可以在1位扳。

黑3立，白棋面临选择，是救出角上二子还是弃子呢。如果要救，白选择4位拐。

进行至黑17，白吃掉黑二子，黑将白三子包围，两分。

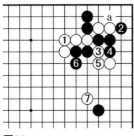

图93

### 图93（战斗）

上图白4若选择本图白1粘，意在弃掉角上二子发起战斗。

黑4若在a位打吃，被白直接6位扳吃掉二子棋筋，黑崩。黑4、6必然。

白7出头形成战斗局面。

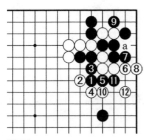

图94

### 图94（黑崩）

上图黑6若在1位跳，看似好形其实是恶手。白2靠之后可以将黑二子吃掉。

若黑3、5动出，白6、8好手，进行至白12，对杀白胜。

黑9不能脱先，否则白a位扑将黑四子滚打包收净吃。

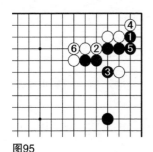

图95

### 图95（白稍好）

图91的黑3，若在1位扳是重视角地的旧定式下法。

但是进行至白6，白棋形充分，是白可下的局面。黑棋还是如图91更普通。

白4也可以直接在6位粘。

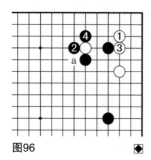

图96

### 图96（两分）

白不在a位扳，而是直接白1点三三。

黑2扳气合，此时黑也有3位挡的选择。

白3爬回，黑4打吃告一段落。

本图与图89相似，黑棋的厚势意在上边有所发展。

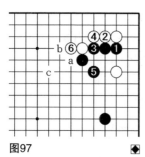

图97

### 图97（两分）

黑1挡，是重视右边的下法。

黑3顶先手、黑5虎好形。后续黑a长，白b长，黑c小飞可以继续扩张模样。

白实地所得较大，也可以满意。

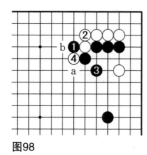

图98

### 图98（白可战）

上图黑5若在本图1位打吃，白2粘交换有画蛇添足的意味。

黑3虎补是必然，白4断严厉。

后续黑若a位打吃弃子，白上边实地极大；若黑b长，白a长战斗明显白棋有利。

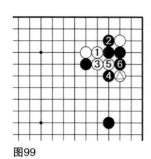

图99

### 图99（黑好）

图97白2若在本图1位顶，则黑2拐反击必然。

白3拐，黑4靠断，后续白棋很难处理。

白只能将△一子看轻，但这样一来黑实地所得极大。

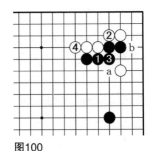

图100

### 图100（白好）

上图黑2若在本图1位挡，则白2连回，黑明显被利。

黑3粘棋形缺乏弹性，与图97对比即可发现差距。

但是黑3此时若在a位虎，白可以马上b位扳过。

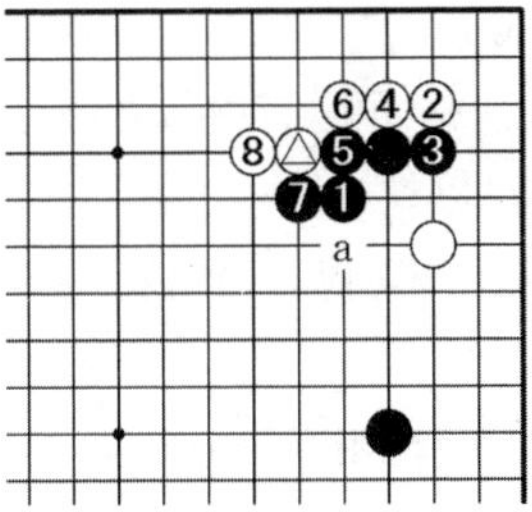

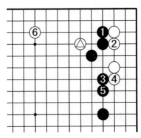

图101

### 图101（黑不满）

黑1小尖在让子棋中是简明下法，但是在互先对局中有缓手之感。白△一子占据了黑棋形的急所。

白2点三三，黑3挡，进行至白8，黑1与图97的a位相比高下立现。

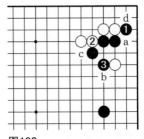

图102

### 图102（白好）

黑1在上边挡，白△一子处在黑棋形急所这一点仍然不变。

黑3飞压，白4爬之后获得先手，白6拆边。这样一来黑棋的厚势无处发挥。

本图白好。

图103

### 图103（白充分）

图101中的黑5若在本图1位扳是棋形要点，但结果仍然是白可下。

白2挤，黑3虎。后续白可以b位扳继续瞄着a位的断点，黑棋形并没有稳定。

白c拐，黑b长，白d扳，黑a粘也是一种定形方法。

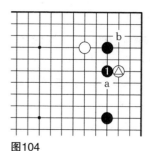

图104

### 图104（压）

黑1压。黑棋的目的并不是要攻击白△一子，而是通过后续白棋的应对获取厚势。

白若a位扳是普通应对。除此之外b位直接点三三的下法可以参考二间高夹、三间夹的变化图。

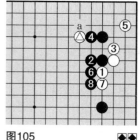

图105 ◆◆

### 图105（定式）

白1扳、3长，黑4顶是有白△时特有的棋形。后续黑可以a位扳。

白5小飞进角，黑6拐。白7长，黑8压外围厚实。

形成白棋实地，黑棋厚势的局面。

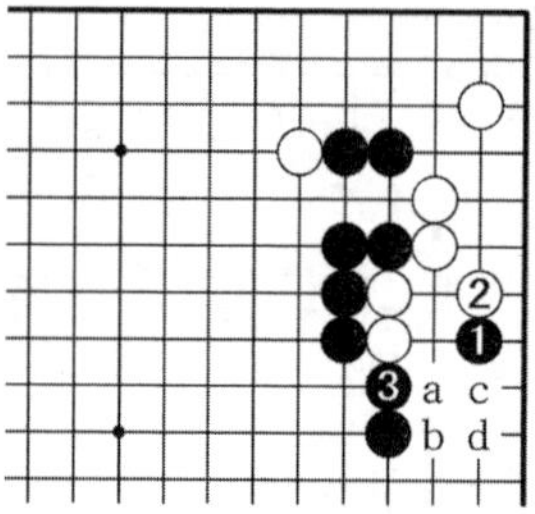

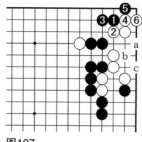

图106

### 图106（黑的后续手段）

根据具体局面，黑有1位点的后续手段。

白2虎，黑3顶棋形厚实，而且还保留了下图的变化。

白2若在a位小尖，则黑b挡，白c长，黑d贴，黑棋通过弃掉一子加强厚势。

图107

### 图107（黑棋权利）

白在上图之后脱先他投局部仍然是活棋。

黑1小飞，白2冲之后进行至白6可以确保眼位。

但是后续黑a点，白b、由黑c尖的手段可以让白变成双活（没有目数）。

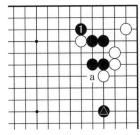

图108

### 图108（黑缓）

有些局面下黑1扳也是好形。

不过黑1扳，白若a位出头，黑无法封锁。

但在黑▲有子的情况下，黑有必要抢占a位拐的好点。黑1在没有▲位的情况下是可以选择的好点。

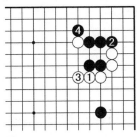

图109

### 图109（黑可战）

图105中白5小飞进角，如果选择本图白1出头，则黑2挡好点。

白3长好形，黑4扳获得角上实地。

黑2挡与图105白5小飞价值出入很大，白棋还是选择如图105的定式定形为好。

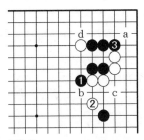

图110

### 图110（黑可战）

上图黑2也可以直接在本图的1位扳。白2跳，黑3挡。

白2若在a位小飞，则黑b长，白c虎，黑d扳可以满意。

黑棋在选择上图和本图的下法之前，要考虑的是周围棋子的配置。

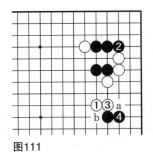

图111

### 图111（黑稍好）

白1肩冲出头，黑2挡角仍是此时的好点，确保角地，获得眼位价值极大。

白3挡，黑4位立应对，脱先他投也是一种选择。

后续白a，则黑b。

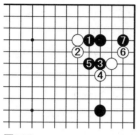

图112

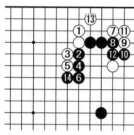

图113

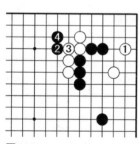

图114

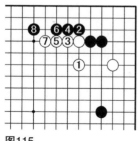

图115

### 图112（顶）

三间夹的变化图中已经讲解过，在高位双飞燕的情况下，黑1顶是有力的下法。

白2长，黑3压出头、5长分断白棋。白6小尖，黑7靠，本图黑有利。

### 图110（两分）

白1立是避开正面战斗，将棋子变轻的态度。

黑2、4扳长、白7点三三是腾挪要点。

进行至白13，白棋获得角地。黑14拐外势厚实，双方两分。

### 图114（战斗）

上图白7若在本图1位小飞，意在将白一子做活。

但是想要左右两边都有所得，必然棋形薄弱。

黑2是攻击白棋的方法之一。白3粘，黑4立形成战斗局面。

### 图115（场合下法）

白1跳棋形轻灵，是避免战斗的下法。

但是黑2扳获得实地，可以满意。

进行至黑8，黑棋实地所得较大，白棋二间跳棋形还有些薄弱。

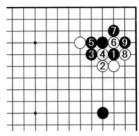

图116

### 图116（战斗）

黑1尖顶也是意在战斗。白2长，黑3顺调小尖出头。这样一来可以对白左右两边都发起攻击。

白4挤，6、8吃掉黑一子，黑9打吃是必然的一手。

后续的战斗中要考虑打劫的问题。

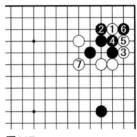

图117

### 图117（整形）

上图白4也可以直接如本图白1点三三。

黑2挡必然，白3扳，黑4团断，白5爬，黑6断吃。

白7是白棋的既定手段，利用黑棋气紧来封锁。

接下来——

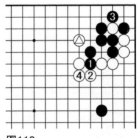

图118

### 图118（两分）

黑1位冲制造断点，3提子补强。

白4粘告一段落，将白△一子看轻之后成功整形。

黑3若在4位断，则会形成下图。

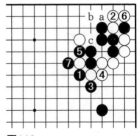

图119

### 图119（两分）

黑1断，白2立成立。这是利用黑棋气紧的好手。

黑3打吃、5冲、7提，白6吃掉角上一子告一段落，基本两分。

黑3若下在6位，则白a拐，黑b挡，白c挤，黑四子和外围两子必死一边。

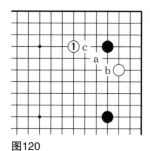

图120

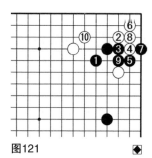

图121

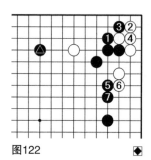

图122

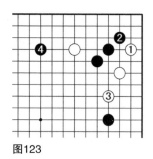

图123

④二间高夹

**图120（黑棋应手）**

白1二间反夹。对于黑棋来说压力不大，白棋后续整形难度也较小。

黑棋的应手主要有a位小尖、b位压、c位靠等。在向中腹发展的同时对白棋进行攻击。

**图121（定形）**

黑1小尖分断白棋。

白2点三三寻求腾挪是常识下法。

黑3、5分断，白6虎好手、10位小尖联络。两分。

**图122（两分）**

如果在▲位已经有子，则上图黑5可以如本图黑1拐，这是重视上边发展的下法。

白棋达到了先手做活的目的。

若黑没有▲一子，那么黑7之后白棋可以获得先手在上边拆边，黑不满。

**图123（黑有利）**

白1小飞是不想下成图121的结果。

但是黑2占据三三好点，白3只能小飞，棋形稍显委屈。

黑4在上边夹击白一子，本图黑可战。

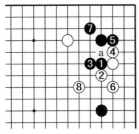

图124

## 图124（两分）

黑1、3压长出头，棋形坚实。

白4长，黑5挡，此时黑棋并不担心白a位冲断。白6虎补，黑7小尖加强角地。

白8小飞出头，后续战斗会对右边产生影响。

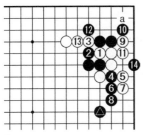

图125

## 图125（白无理）

上图白6若直接如本图白1冲断，在三间高夹的黑▲一子的局面下是无理手。

黑4断严厉。黑10即使在13位打吃弃子，或者黑14在a位做活都是黑好的局面。黑10至黑14的下法同样成立。

接下来——

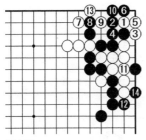

图126

## 图126（白崩）

白1夹破坏黑棋眼位，形成对杀。

但是黑棋明显是气长的一方。白7、9紧气，黑10冷静。至黑14，对杀黑快一气获胜。

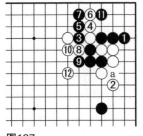

图127

## 图127（白好）

黑1立意图长气之后在3位打吃。

但是即使能够吃掉白一子，白2虎之后进行至白12，黑棋亏损。

黑1应该如图125所示，直接a位断是正确选择。

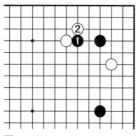

图128

**图128（碰）**

黑1碰。在分断左右两边白子之前，想让白棋走重。这是可选择的局部下法之一。

白2扳还原双飞燕的棋形，可以进行参考。

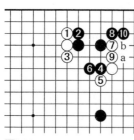

图129

**图129（黑好）**

白1立，黑2挡加强角部。白3长，黑4、6出头分断白棋。

白7托，黑8、10确保角地。黑棋有了根据地，明显是好下的局面。

白7托若在a位小尖，则黑b靠。

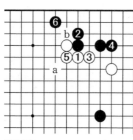

图130

**图130（实地大）**

白1上扳，黑2立冷静。

白3、5联络，但还没有眼形。黑棋可以继续保持对白的攻势。进行至黑6，黑实地所得可观。

白5若在a位小飞，黑6在b位拐。

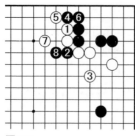

图131

**图131（黑可战）**

上图白5若在本图1位挡，黑2断必然。

白3跳补，黑4、6扳粘之后可以看出黑2明显抢占了此时的棋形要点。

白7跳，黑8长，白棋左右两边都陷入被攻击的被动状态，明显黑好。

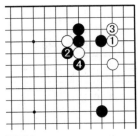

图132

### 图132（两分）

白1托腾挪。

黑2断是气合的一手，直接破坏了白棋顺调整形的想法。

白3进角，黑4打吃加厚上边棋形。

本图两分。

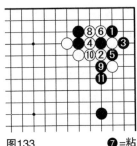

图133　　❼=粘

### 图133（两分）

黑也可以1位扳。

白2虎整形，如果黑4粘，则白10位粘联络，黑棋明显被利。

黑3打吃，白4反打必然。进行至黑11，黑棋实地所得不小，是双方可下的局面。

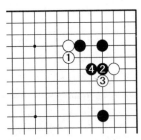

图134

### 图134（黑好调）

白1长堂堂正正，但是棋形变重，有可能会遭到黑棋攻击。

黑2、4压长，将白棋分断进行攻击。

接下来——

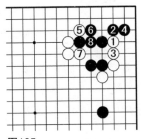

图135

### 图135（黑可战）

白1托，黑2、4应对。白5、7先手利，黑8粘，黑棋确保了角地。

而白棋并没有马上确定眼位的下法。

后续的战斗是黑棋有利。

## 16.脱先

面对白棋挂角，如果在棋盘其他地方有急所需要立即处理，可以选择脱先。白继续在此处落子的下法有a、b、c反夹等。既然脱先，局部不利就是必然的结果。

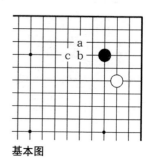

**基本图**

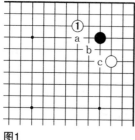

图1

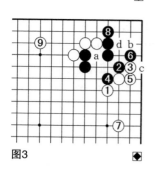

图2

图3

### 图1（双飞燕）

白棋可选择的下法很多，白1的双飞燕是在反夹下法中最严厉的一种。

黑a位压或者b位小尖出头，意在不让白棋封锁。左右棋形对称，黑c与a位压思路一致。

### 图2（两分）

黑1、3压长。此时白棋除了4位长之外还有5位托、a位点三三等变化。

白6拆边，黑7、9补强角地棋形厚实。

白10拆三，上下两边棋形都可以满意。黑棋因为脱先了一手，考虑到这一点，本图仍然是两分局面。

### 图3（定形）

上图白6若如本图白1小尖，是瞄着后续a位冲断。

黑2、4补断点。黑8立防止白b夹，黑c扳，白d顶的手筋。

白9拆边，结果与上图相似，也是两分。

但是黑6还有别的选择。

262

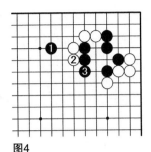

图4

**图4（战斗）**

黑1夹击先发制人，通过攻击让白棋也暂时无法脱身占据角地。

白2压，黑3长，保持对白左右两边棋形的攻击。

在重视上边的情况下，黑1是好选择。

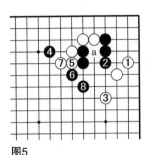

图5

**图5（战斗）**

白1小尖瞄准a位冲的后续手段。

黑2双补强，同时继续保持对白左右两边棋形的攻击态势。

白3小飞，黑4夹击。白若在上边拆边，则黑3夹击。

不论如何选择，都是两分的局面。

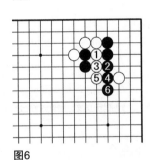

图6

**图6（黑好）**

直接白1冲不好。

黑2简单长应对即可，明显黑有利。

白3、5虽然可以分断黑二子，但白一子被吃实地损失极大，黑有利。

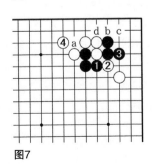

图7

**图7（白好）**

黑1挡过分，被白2断战斗明显不利。

黑3做活，白4虎补。

黑3若在a位断，白b，黑c，白d即可，黑3必须补断点，白4打吃黑一子。白好。

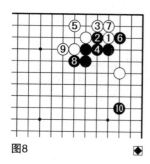

图8

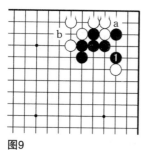

图9

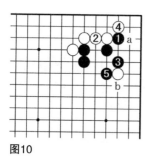

图10

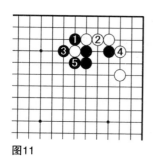

图11

### 图8（定形）

白1托比图2白4长更重视角上实地。

黑2挖将白棋子限制在低位。白7粘，黑可以8、10应对或者如下图。

### 图9（其他下法）

上图黑8也可以选择本图黑1尖顶。攻击白一子的同时，还有a位获取角地的后续手段。

不选择上图黑8拐，黑还可能在本图b位刺。黑a挡之后，黑b刺就是攻击强手。

### 图10（两分）

黑也可以1位扳角。白2粘，黑3尖顶考验白棋应对。

黑3尖顶之后若还能下到4位立是绝好的棋形，所以白4扳必然，黑5顺调虎，两分。

后续白a与黑b见合。

### 图11（白稍好）

黑1将白棋分断。黑3打吃的前提是征子有利。

白2粘，黑3征吃。黑5提不可省，白4扳渡过，本图白稍好。

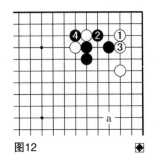

图12

### 图12（定形）

白1点三三，比图8更重视实地。黑2虎，白3渡过占据角地。

黑4断吃告一段落，本图是星位定式，但在a位一带黑棋没有棋子，所以现在认为是黑棋更为有利的局面。

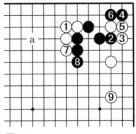

图13

### 图13（定形）

上图白3如本图白1粘，是希望两边兼顾的下法。

黑2挡不让白棋和上边联络。黑4点在攻击白棋的同时向确保自身棋形眼位。

后续黑a可以对白棋进行攻击。

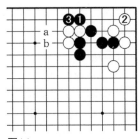

图14

### 图14（两分）

黑1扳也可以阻渡。

白2虎是渡过好形。黑3爬攻击白三子。

后续白a跳则黑b，白b跳则黑a攻击。

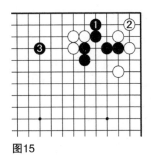

图15

### 图15（战斗）

黑1立阻渡。

白2虎，黑3直接夹击白三子。

图13、图14与本图有微妙差别。攻击是本图最强硬，但具体选择要根据周围棋子配置而定。

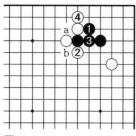

图16

## 图16（虎）

黑1看似为了获取角地，其实重在整形。

白4立留下两处断点，催促黑棋做出选择。

本图白4下在a、b的可能性不大。

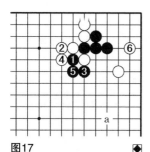

图17

## 图17（定形）

黑1断、3位打吃，这是在三间夹局面的下法。但是若在a位一带没有棋子会有所不同。

白6小飞在寻求根据地的同时，伺机对黑棋发起攻击。

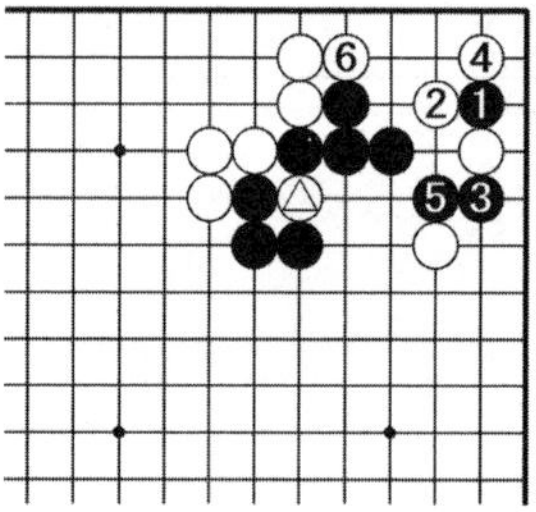

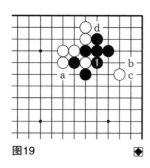

图18

## 图18（无难）

接下来黑1靠是整形手段。白2扳，黑3夹弃掉一子将白棋分断。

黑5之后白△一子的余味也基本消失。

图19

## 图19（坚实）

在没有夹击的情况下，黑1提棋形味道更好。白一子没有逃出的可能。

后续黑有a位虎，黑b小飞，白c挡，黑d守角等手段。

黑棋形坚实。

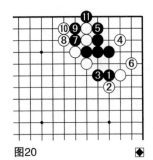

图20

### 图20（定式）

图17中的黑1选择本图黑1、3直接压长出头。

白4点三三是一种下法。黑5挡，白6小尖连回，黑7断，白8弃掉二子。

白棋实地所得不小，黑吃掉两子棋形厚实，两分。

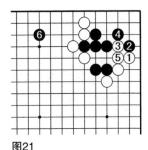

图21

### 图21（战斗）

白1也可以小尖。黑2靠，白3挖，黑4打吃，白5粘，轮到黑棋落子。

黑6夹攻击白四子是普通下法。但是黑角还没有活净，后续会形成战斗局面。

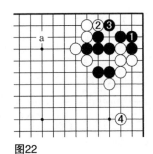

图22

### 图22（黑被利）

上图黑6（原书写成9）如直接在本图黑1粘是问题手。

白2拐先手利，黑棋角上还未活净。

但是再花一手补活黑棋一定心有不甘，若在a位夹击对白棋的威胁明显不如上图。

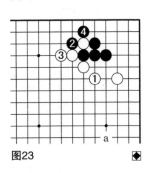

图23

### 图23（定形）

白1小尖重视右边棋形。

黑2断吃、4提补强。白可以在a位一带拆边扩张。

关于小尖的其他变化可以参考三间夹的变化图。

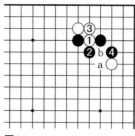

图24

### 图24（挖粘）

白挖是重视角地的下法。

黑2在3位打吃的下法在后续变化中进行讲解。

黑2打吃、4虎是常见应对。黑4也可以在a或者b位补断。

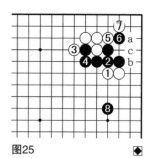

图25

### 图25（两分）

白1长、3打吃先手。接下来5、7获取角地。

若黑a位立，白b扳好手，黑棋形缺乏眼位。若白a位打吃，黑c做劫。黑8夹击。

白二子还有动出的可能。

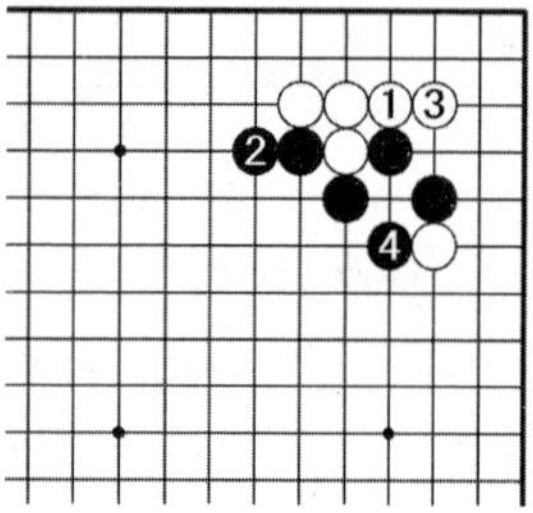

### 图26（黑可战）

上图白1、3选择本图白1拐，黑2长好点。

白3进角，黑4虎棋形厚实。

当然黑棋尚未净吃白一子，但对于在局部已经脱先一手的黑棋来说，本图的结果已经足够满意。

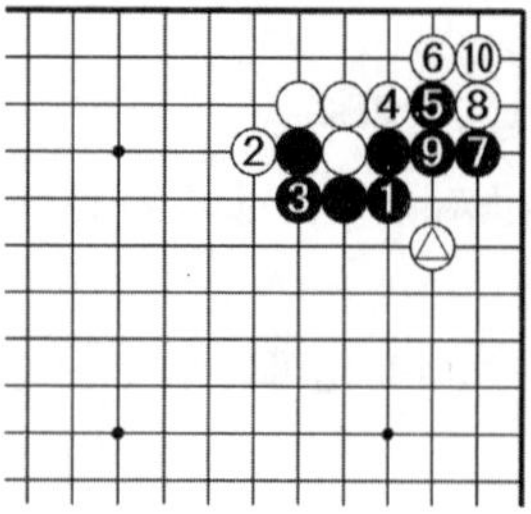

图26

### 图27（白稍好）

黑1粘虽然简明，但对白一子的威胁明显变弱。

白2打吃，4、6获取角地。黑7虎，白8、10之后，白△一子仍然保留着活力。

本图白稍好。

图27

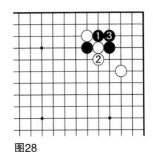

图28

### 图28（分断）

黑1下打，前提是黑棋征子有利。但是即使黑棋征子有利，也未必会得到黑棋满意的结果。

黑1打吃是为了获得角地的场合下法。

接下来——

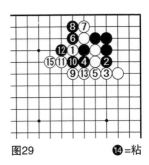

图29　　　　⑭=粘

### 图29（白厚）

白1打吃，黑2冲，白3挡。黑4、6、8之后白10打吃征子不利，否则黑崩。

白棋虽然征子不利，但可以白9滚打。进行至白15，白棋形厚实。后续的变法要根据具体局面而定。

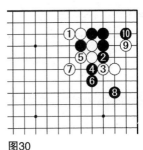

图30

### 图30（白苦战）

即使白棋征子不利，也应该选择上图。此时若白1长是无理手。

黑2、4冲断严厉。黑6长、白7小尖不可省。黑8小飞封锁白二子，白苦战。

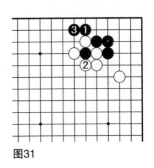

图31

### 图31（白好）

黑棋若征子不利，图29中的黑2选择下在本图1位打吃。

但是白2提，棋形厚实。

本图只有在需要快速做活或者白棋外势无处发挥的局面才可以使用。

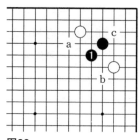

图32

### 图32（小尖）

此时黑1小尖。如果黑棋脱先，白也会下在1位飞封，所以这里是急所。

黑1小尖之后，有了a、b飞压两个下一手。

黑1之后，白基本上都会立即在c位点三三，极少出现例外。

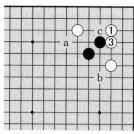

图33　◆◆　❷=脱先

### 图00（脱先）

有趣的地方是，在白1点三三时，黑棋最常见的下法是脱先。黑棋脱先之后，找到时机选择黑a或者b位飞压。

白先会在3位或者c位爬。黑可能会继续脱先看轻黑二子。

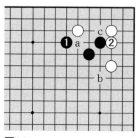

图34　　　　◆◆

### 图34（定形）

黑先在1位飞压。白2爬黑还可能会脱先他投，在白a位冲断严厉的情况下会选择补强自身棋形。

白2在黑1飞压的另一侧爬。若黑1在b位飞压，则白c位爬。

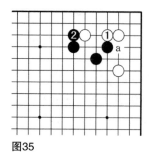

图35

### 图35（白重）

此时若白1爬，黑2挡好手。

黑2之后，黑a分断变得严厉。

所以应该如上图在反方向爬回，这样可以看轻一子。

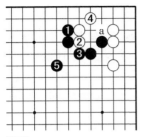

图36

### 图36（黑的后续手段）

图34之后，黑1挡。白2、4连回，黑5小飞补强告一段落。

本图黑棋重视上边发展。如果重心在右边，则可以选择图34黑1另一边飞压。

白4本手，a位是俗手。

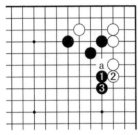

图37

### 图37（其他下法）

黑1飞压是好手。

黑棋两边飞压是重视中腹的下法。

但是白2有可能会在a位冲断，这样一来就变成战斗局面。

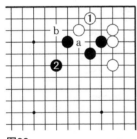

图38

### 图38（白的后续手段）

轮到白棋先走，白1小尖是本手。白棋先将自身棋形加强，马上就有了a位冲和b位跳的后续手段。

黑2小飞不仅是在补断点，同时也是在向中腹扩张。

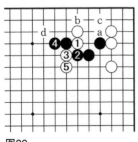

图39

### 图39（战斗）

根据具体局面，白也可能立即1、3冲断。

黑4长，白5长，进入战斗局面。

黑a挡，白b立是好手，接下来有c位扳和d位出头两点见合。

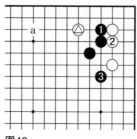

图40

### 图40（黑稍重）

如果黑在a位一带有子，黑1挡是常识下法。但要注意的是黑1与白2交换之后棋形变重。

黑1、3对白△发起攻击，但后续下法并不好推进。

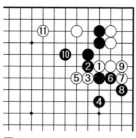

图41

### 图41（白可战）

接下来白1、3冲断严厉。

黑4以下定形，但是本图黑棋在上边有没有夹击一子。

黑10跳，白11拆边，黑棋两边兼顾难免吃力，本图白可战。

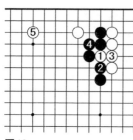

图42

### 图42（白可战）

白放弃上图1、3冲断，选择白1挤。

黑2挤、4粘，白5拆边。白角上和边上都已经基本安定。

而黑棋形尚未完整。

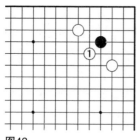

图43

### 图43（黑苦）

此时黑棋若脱先，白1绝好点。

黑棋此时虽然还可以做活，但是白棋外势已经非常可观。

即使要脱先，黑棋也必须选择图33的下法才是正解。

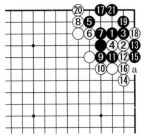

图44

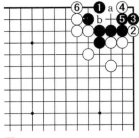

图45

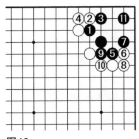

图46

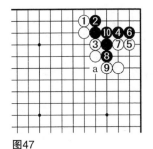

图47

### 图44（黑不好）

黑1小尖可以做活。以下是被称为"三手脱先定式"的次序。

黑13扳是做活好手，进行至黑21，黑棋净活。

但是白20立先手，白a位提也是先手，黑棋只有3目实地，明显不满。

### 图45（黑死）

上图黑9如果直接如本图黑1虎，结果变成净死。

白2扳、4点是经典的死活手筋。白6立，后续黑a，白b。

上图黑13是做活的关键，请各位读者一定牢记。

### 图46（其他下法）

图44的棋形实在过于委屈，黑棋还有其他做活的手段。

黑1尖顶。白2、4扳粘，黑5尖顶。

进行至黑11，黑棋有9目实地，但是黑棋不满的结果仍无法改变。

### 图47（其他下法）

白1立，黑可以2位挡做活。

白5小飞，黑6以下做活的同时还给白棋外围留下断点。

当然后续白a位粘之后棋形厚实，白可以满意。黑棋绝对不能让白棋下到图43中的白1好点。

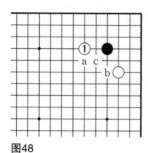

图48

**图48（一间高夹）**

双飞燕的变化在三间夹的局面有很多重复的棋形，请各位进行参考。

白1高双飞燕。黑的下法有a、b靠压，c位小尖有缓手之嫌。

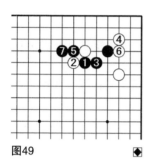

图49 ◆

**图40（定式）**

黑1、3出头。白4点三三，黑5断简明。

白6爬回，黑7长棋形厚实。

白棋先手获得角地，双方两分。

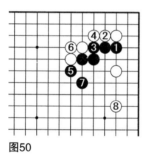

图50

**图50（定形）**

白点三三，黑也可以1位挡。

白2以下至黑7，白8拆边，黑棋厚势的威力不好发挥。

黑棋还是选择上图更为合适。

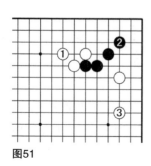

图51

**图51（两分）**

此时白1虎，不让黑下到图49的5位断。

这样黑2抢占角上三三，白3拆二两边得以兼顾，两分。

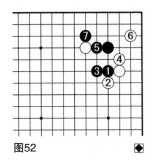

图52

### 图52（两分）

黑1、3压长出头简明。

白4长，黑5顶是面对一间高夹的有利下法。

白6小飞进角，黑7扳棋形厚实。考虑到黑棋曾经脱先一手，本图两分。

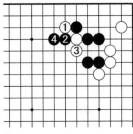

图53

### 图53（黑好）

接下来白1扳稍显轻率，有过分之嫌。

黑2反击严厉。白3长，黑4长好手，白没有好的后续手段。

白1是导致困境的问题手。

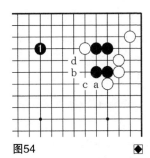

图54

### 图54（两分）

图52中的黑7也可以直接如本图黑1夹。虽然白一子还有动出的可能，但若黑在左上角已经有了一定棋子配置，黑1就是此时的好点。

白若重视右边发展，接下来白a长，黑b跳，白c长，黑d并是先手利。

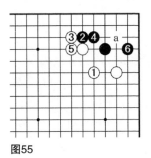

图55

### 图55（脱先）

如果黑棋脱先，白1跳封锁棋形厚实。

黑2、4托退先手，黑6跳获得角上实地的同时确保眼位。

白棋若对此不满，白1可以在a位点三三对黑整体发起进攻。

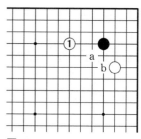

图56

### 图56（二间高夹）

白1二间高双飞燕，相较于攻击更注重棋子的搭配。

虽然棋子位置分隔较远，但黑仍不能容忍白a的封锁。

想要出头黑棋的选择有b位压和a位小尖。

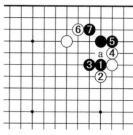

图57

### 图57（还原）

黑1、3压长，白4长，黑5挡。

白6小尖目的是接下来的a位冲断，白7补断。

进行至黑7，与白6小飞燕的棋形相同，后续变化可以进行参考。

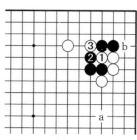

图58

### 图58（白无理）

白直接1、3冲断，虽然黑在a位没有夹击，直接动手也稍显无理。

黑棋应该如何应对呢。

如果黑b立，结果与259页图127相同会被白棋封锁。

黑棋的正确下法如下图。

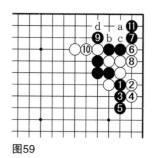

图59

### 图59（黑可战）

此时黑1断。

白2以下至白6做眼。黑11是做活好手，黑棋已经净活。若黑a虎，白b，黑c，白d，黑棋形仍有不足。

白尚未净活，本图黑可战。

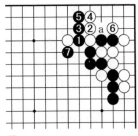

图60

### 图60（黑可战）

上图黑7选择本图黑1打吃弃掉角地是简明下法。

白4立，黑5挡外围形成厚势，可以满意。

白4若在6位打吃，则黑4拐，白a提，黑7扳。

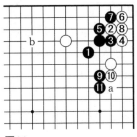

图61

### 图61（黑充分）

黑1小尖简明。

白2点三三，黑3挡，白4扳，接下来黑有两种选择。

黑5拐让白从右边渡过，白棋子全部处于低位，黑a和b见合，黑好。

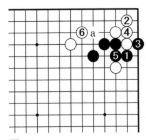

图62

### 图62（两分）

黑1扳重视右边。

白2虎渡过、黑3打吃先手。

白6小尖或者a位跳渡过告一段落。接下来黑会在右边选择合适位置拆边。

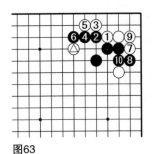

图63

### 图63（白不好）

此时白1试图做活是大恶手。

黑2、4虎扳，白被分断。

白5爬，黑6长，白△一子变成废子，本图绝不可选。

# 一间高挂

面对星位一般来说都会选择小飞挂角。因为其他的挂角方法，想要点三三都不太容易。但是根据具体局面，也可以选择其他的挂角方法。其中就有一间高挂。

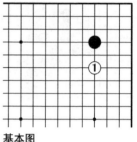

**基本图**

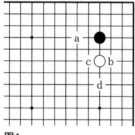

图1

### 图1（黑的应手）

黑的应手有a位跳、b托、c靠和d夹击。

守角的方法除了a位以外还有小飞守角、大飞守角、二间跳等。与夹击也有高低远近六种相同，可以根据周围棋子配置做出选择。

### 图2（基本定式）

黑1跳坚实。

白2、4先手交换之后6位拆边。

黑5立是角地的要点，不能脱先。

黑7拆边价值极大，虽然也可以脱先，但后续被白下到a位棋形难受。

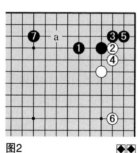

图2　◆◆

### 图3（其他下法）

白1也可以直接拆边。后续瞄着白3、5的手段。

但是黑6以下的反击在通常情况下都是黑可战的局面。白3需要思考全局之后才能落子。

白11若在12位立会被利，这里需要撑住棋形。

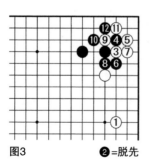

图3　　❷=脱先

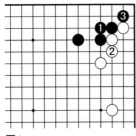

图4

### 图4（坚实）

如果觉得上图黑6反击有风险，可以直接黑1粘。

白2连回，黑3扳简单定形。

但是这样的让步与图2进行比较可以发现黑棋有被利之嫌。

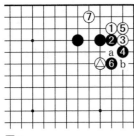

图5

### 图5（白不好）

在一间高挂的情况下，点三三不是好选择。

白1以下至白7，虽然角上可以做活，但黑6虎绝好点。

白△一子若在小飞挂角，则黑6只能在a位粘，白还可以b位夹。一间高挂没有好的后续手段。

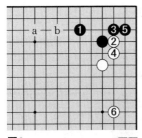

图6 ◆◆

### 图6（小飞守角）

黑1小飞守角，白2以下至白6是基本定式。

白4若在5位连扳，黑4位打吃反击。

黑棋没有马上在a位一带拆边愿望的情况下选择小飞守角较好。同样后续白b也不是急所。

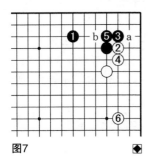

图7 ◆

### 图7（大飞守角）

黑1大飞守角结果类似。

白2、4交换之后6位拆边。

大飞守角，黑基本都会选择5位粘。此时下在a位立棋形略显薄弱，后续白有b位打入的可能。

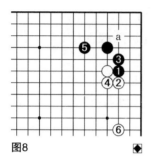

图8

### 图8（两分）

黑1、3托退，白4粘、6拆边告一段落。

本图与小目一间高挂定式次序相同。

黑棋实地看似有所增加，但白有a位点三三的余味，两分。

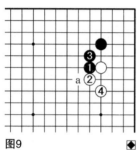

图9

### 图9（两分）

黑1靠与小目一间高挂定式类似。

三三是星位定式的弱点，本图没有守护角地看似是矛盾的下法。

接下来黑会a位扳。

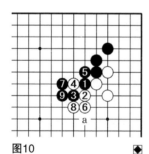

图10

### 图10（定形）

黑1扳。

白2至黑9定形。黑在上边，白在右边形成厚势，两分。

黑3也可以在4位长，黑7可以在9位长或者8位继续压。若黑选择8位压，则白7或者a。若白7位长则会形成战斗局面。

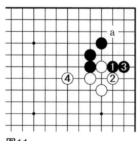

图11

### 图11（白充分）

黑1、3则与小目定式下法相同，但在星位的情况下本图并不是好选择。

因为白有a位点的余味，黑棋并未将角地全部收入囊中。

白4跳棋形堂堂正正，白好。

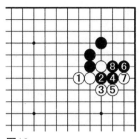

图12

### 图12（黑实地大）

此时白若1位长，黑2位断好手。

白3以下至黑8，角上已经确定是实地，价值可观。

但是白3若在8位立，则黑3位长，白明显苦战。

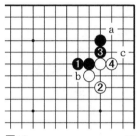

图13

### 图13（两分）

黑1长。

白2虎冷静。黑3顶，白4立，后续有a位点三三的后续手段。

如果黑棋继续在此处落子，会在b位拐或者c位跳。黑b意在扩张模样，c重视实地。

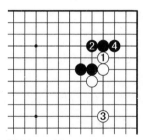

图14

### 图14（黑好）

白1顶在目外定式中是常见下法，但在星位的局面下不是好选择。

这样一来黑4可以加固角地，白棋失去了后续点三三的可能。

白3需要如下图。

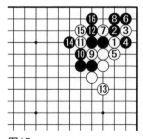

图15

### 图15（白也可下）

白1、3连扳是正解。

黑4、6可以吃掉白一子，白7打吃先手、11冲断、13虎补获得先手。

进行至黑16，白可以脱先他投，同时白二子还有余味，本图白可战。

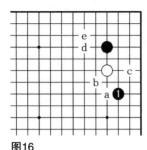

图16

图16（一间夹）

不想让白棋在右边有所发展，黑选择1位夹击。在各种夹击方法中，一间低夹最为严厉。

白棋的应手有a位压、b位小尖阻渡和c位跳下。除此之外白d、e也可以列入考虑范围。

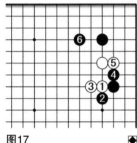

图17

图17（还原）

白1压，黑2扳，白3长。

黑4长、6跳是常见下法。

本图与白5小飞挂角、黑一间夹、白1、3靠压棋形相同，可以进行参考。

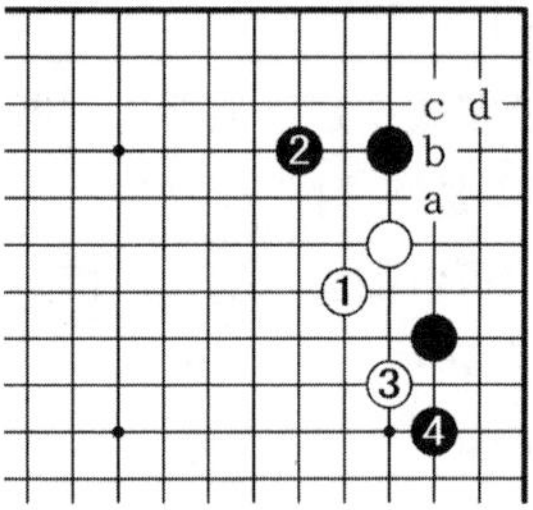

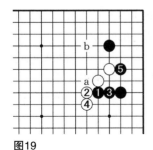

图18

图18（定型）

白1小尖阻止黑棋渡过。

黑2跳，白3飞压，黑4跳也可以选择脱先或者a位小尖。

白3若在b位托，黑c位挡，白a位退，黑d立交换实地亏损。

图19

图19（黑充分）

黑1靠，白2扳，黑3粘与小目定式相同，后续都瞄着黑5的托过。

白4长，黑5托，黑可战。

白4若在a位粘，黑b跳，也是黑棋可以满意的局面。

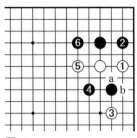

图20

### 图20（黑可战）

白1跳阻渡。

黑2跳保护角地，不让白棋点三三。

白3夹击至黑6跳，是黑棋好下的局面。黑a先手，白无法b位托过。

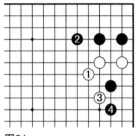

图21

### 图21（黑可战）

上图白3如本图白1小尖，黑2跳。

白3飞压是此时的棋形好手，但黑4跳仍然是黑棋好下的局面。

角上获得实地，黑棋看轻外边一子，黑4也可以脱先他投。

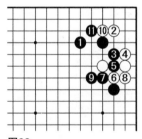

图22

### 图22（两分）

黑1跳是普通应对。但相比之下还是图20的黑2实地所得更为诱人。接下来白2点三三。

黑3小尖是一种下法，白4爬，黑5以下进行至黑11，双方两分。

白4若下在5位粘，则黑4挡分断，白不好。

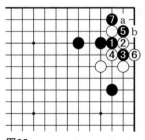

图23

### 图23（两分）

此时黑也可以1位直接挡。

白2扳，黑3挖，通过弃掉一子获得角地。

黑3若在5位断，白a打，黑3，白b，黑4，是重视右边的选择。两分。

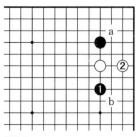

图24

### 图24（一间高夹）

黑1一间高夹是因为不想让白下成图17白1压和图18白1小尖。

但是有好必有坏，白2跳之后出现了a位点三三和b出头两个下一手，黑棋无法对白发动有效攻击。

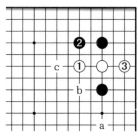

图25

### 图25（白重）

白1与黑2交换之后再3位跳。但是如果必然要下在3位，白1与黑2的交换并没有必要。

但如果白3准备在a位一带夹击，黑b，白c的话，白1跳还是很有必要的一手。

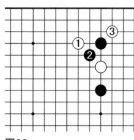

图26

### 图26（一间高夹）

若想看轻一子，白1可以高双飞燕，同时防止黑下到1位跳。

黑2小尖出头，接下来是星位定式的常见下法，白3点三三。

然后——

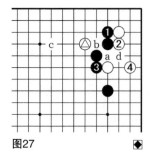

图27

### 图27（重视上边）

如果黑棋重视上边发展，黑1挡。白2爬、4位跳是棋形急所，白棋在角上获得实地。白a挤与黑b交换会撞伤白△一子。

接下来黑在c位一带夹击必然。

黑3若在d位扳变化复杂。

284

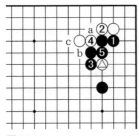

图28

### 图28（重视右边）

黑棋重视右边会选择黑1挡。

但是白2爬，黑3压之后，白4挤先手利，一般来说本图是白有利的局面。

但若黑3在4位团、白a，黑b，白c，因为白△一子尚未余味，黑不满。

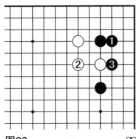

图29

### 图29（两分）

高双飞燕的情况下，黑可以1位立。黑棋的目的是不让白点三三。

白2跳，黑3托过。

白棋形舒展，黑棋获得实地，双方皆可满意。

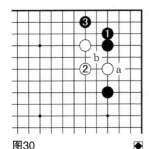

图30

### 图30（两分）

黑1立，棋形与上图相似，但想法截然不同。

后续黑a位无法联络，但可以3位小飞出头。接下来还有b位刺的保留手段。

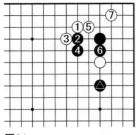

图31

### 图31（小飞）

白1小飞挂。

黑2、4是常见应对。

黑6顶，白7小飞进角告一段落。黑❶一子看起来有些重复，但本图也是黑棋可以接受的局面。

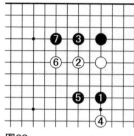

图32

### 图32（二间高夹）

黑1二间高夹。这是对白一间高挂的棋子直接发起攻击，战斗在所难免。

白2一下出头形成互攻。

三间夹、三间高夹中没有类似变化，请在二间高夹的局面中应用。

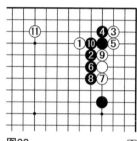

图33

### 图33（两分）

白1反夹，看轻一子转身到上边发展。

黑2小尖，白3点三三必然。黑4挡不让白在上边落子。进行至白11，双方可下。

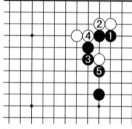

图34

### 图34（白稍好）

黑1挡重视右边。

白2爬，黑3压，白4挤先手利，局部告一段落。

本图与图28相似，黑棋形相差不大，白棋稍好。

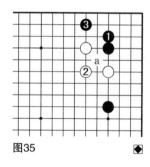

图35

### 图35（两分）

黑1立不让白棋点三三。白2跳，黑3小飞告一段落。黑棋获得了角上的实地。

后续黑棋还有a位刺的手段，但白2若下在a位棋形不佳，白2本手。

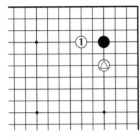

图36

### 图36（黑脱先）

黑如果脱先，白1高夹严厉。

白一间高挂，黑脱先的情况较为少见。但是若在白△意在引征，那么黑棋消劫，白1连续在局部落子，则会形成本图局面。

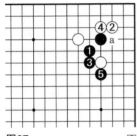

图37　◆

### 图37（两分）

白棋两边夹击，黑可以选择黑1小尖出头或者下图直接做活。

黑1小尖，白2点三三，进行至黑5告一段落。

黑3若a位挡，白4爬，黑3位压，棋形稍重。

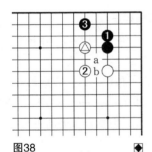

图38　◆

### 图38（两分）

黑1立避免被白点三三。白2跳整形的同时封锁黑棋。

黑3小飞确保角地。

黑有a位的后续手段，白b粘看轻白△一子。

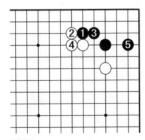

图39

### 图39（场合下法）

黑1、3托退，白4粘，黑5占据角地。

但是这样一来白2、4上边棋形厚实，有利有弊。

对于黑棋来说，需要在白棋外势无法发挥的情况下选择本图为好。

# 二间高挂

白1二间高挂。相比之下是更重视下边棋子配置的下法。与一间高挂一样，后续很难在a位点三三，下一手是在b位托。

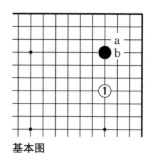

基本图

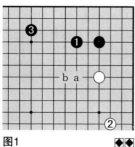

图1

### 图1（定形）

二间高挂的情况下，黑1跳最常见。

白2拆边，除此之外白还可以a位、b位跳或者脱先。

黑3大场，黑也可以脱先他投。

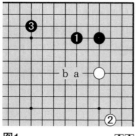

图2

### 图2（黑的后续手段）

虽不一定马上落子，但黑1守角是此时的可选下法之一。

一方面补强了角地，另一方面黑有了a位打入和b位点的后续手段。

黑1下法积极，但相较于上图黑3，行棋速度稍慢。

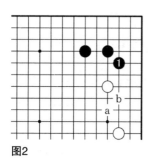

图3

### 图3（定形）

若对上图黑1不满，白可以1位托。

黑2扳，白3长。白5与黑6交换之后，白7拆边。虽然缓解了黑a位打入的压力，但这样一来黑棋的角地得到了加固。

两分。

288

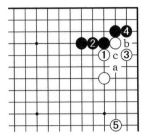

图4

## 图4（其他下法）

上图白3也可以如本图白1扳。黑2粘，白3虎防止黑棋有破空的官子手段。

但这样一来，黑有了a位刺的余味。优劣难辨。

黑4若在b位打吃，白c粘交换帮白棋补强棋形，恶手。

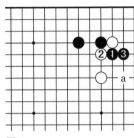

图5

## 图5（反击）

白托，黑1外扳反击。白2断，黑3立强手。

白棋想要动出托在小目的一子，但要考虑到黑有a位的手段。

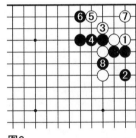

图6

## 图6（黑厚）

白1挡、3打吃在角上做活。

进行至白7，白棋可以获得角地，但黑8打吃外围极厚，黑棋有利。

黑也可以省略黑6、白7的交换直接黑8打吃。

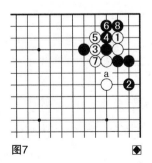

图7

## 图7（实地）

白1立，黑2跳好手。黑2若在4位挡，白6位扳变化复杂。

面对白3打吃，黑有两种选择。第一是黑4逃出，进行至黑8获取角地。

还有一个下法是黑7打吃，白4提，黑a挖吃。

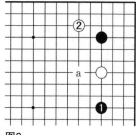

图8

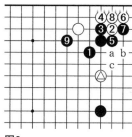

图9

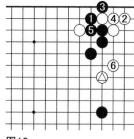

图10

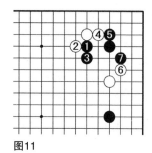

图11

**图8（夹击）**

面对二间高挂，夹击肯定是备选下法。

接下来会对白2反夹等手段进行讲解，若白a跳出头会形成战斗局面。

如果是双飞燕的情况，白2小飞挂是常见下法。

**图9（黑好）**

黑1小尖分断。

白2点三三寻求腾挪，但白△一子距离稍远，与三三无法互助。比如白4若在5位爬，黑a虎扳，白b扳，黑c白不利。

白4扳，黑5拐，黑好。

**图10（白棋目的）**

上图黑5若在本图1位扳，则白2～6可以与白△一子取得联络。这也是上图白4扳的目的所在。

白棋达成目的，本图黑棋略有不满。

**图11（还原）**

黑1、3压长出头。虽然加固了上边白子，但对二间高夹的白子产生了威胁。

白6小尖与黑7交换之后，还原小飞挂角、三间高夹的定式局面。请进行参考阅读。

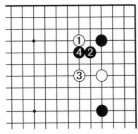

图12

### 图12（黑有利）

白1是想轻灵腾挪。

但是黑2分断以后，明显是黑棋更有利的局面。

白3跳，黑4压，白棋需要左右兼顾，难度较大。

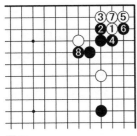

图13

### 图13（黑厚）

白1点三三，黑2以下使用与图9相同的下法即可。

白5虎，黑6打吃先手、黑8压结果与图9相似。

二间高挂的情况下想要点三三并不是好选择。

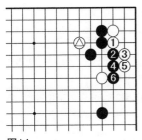

图14

### 图14（黑好）

上图白3若直接在1位爬，黑2、4分断。

黑6长，白变成分裂形。白△一子位置不佳。

本图白明显亏损。

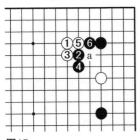

图15

### 图15（二间高夹）

白1二间高夹是此时白棋的对策。

黑若a位小尖，白4位飞封位置绝佳。虽然黑棋也可以冲断战斗，但黑2小飞更为简明。

白3、黑4交换，白5拐，黑6顶。本图黑可战。

# 大飞挂角

白1大飞挂角很少单独出现。一般是在下边有棋子配置或者拆边时使用。因为挂角压力不大，黑棋应对的选择也相对充裕。

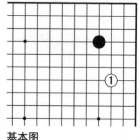

**基本图**

### 图1（定形）

大飞挂角，黑1大飞守角比较常见。

这样在白2、4交换之后，黑1比a位的效率更高。

白2也可以直接在4位拆二，但后续黑b是绝好点。

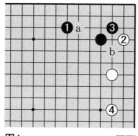

图1

### 图2（后续）

此时黑1是官子手段。

白2进行至白6，棋形得到加强。黑7获得角地也非常可观。

白若想防止黑1，可以在4位小尖补强。

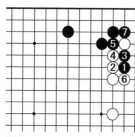

图2

### 图3（黑好）

白1点三三一般是在小飞挂角时使用。

白3以下至白7、9做活，黑10虎将白△一子撞伤。

所以——

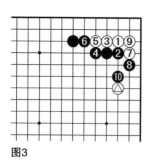

图3

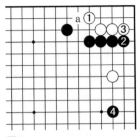

图4

### 图4（黑可战）

此时白1小尖做活，不在2位扳粘交换帮助黑棋加强厚势（可以参考小飞挂角大飞守角相关变化）。

黑2立，白3挡做活。黑4夹击好形。此时黑4也可以在a位尖顶。

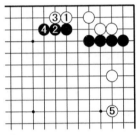

图5

### 图5（黑厚）

上图白3如本图白1托，目的是想要在角上先手做活之后抢占白5拆二。

但是这样一来，黑2、4使得黑棋的厚势得到极大地加强。即使白5拆二暂时没了危险，黑棋的厚势仍然可以发挥效用，黑好。

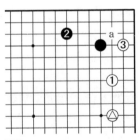

图6

### 图6（脱先）

就如开头所说，直接大飞挂角的可能性并不大。若在△有子，直接挂角就比较常见。

黑2大飞守角、白3大飞、黑可以a位守角也可以脱先他投。因为白△位有子，黑a是后手。

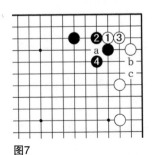

图7

### 图7（定形）

黑棋脱先，白1、3或者3位小尖获取角地。

白1、3托退、黑4虎或者a位粘比较常见。后续黑b、白c先手交换是黑棋的权利。

293

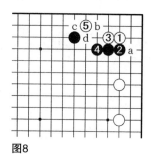

图8

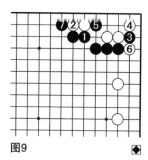

图9

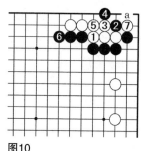

图10

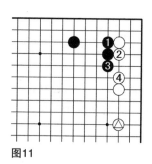

图11

### 图8（点三三）

白1点三三。

黑2挡普通。白3爬，黑4长。

此时白不想a位扳，理由与图3相同。除了白b之外，白5也可以局部做活。

接下来若黑c立，白d冲断苦战。

### 图9（两分）

接下来黑1连回。

白2爬，黑3扳试应手。白若4位扳，则黑5扳断。

白6打吃，黑7扳转换告一段落。黑棋获得外势白棋取得实地。

### 图10（白不好）

上图白4如本图白1挤是为了不让黑棋扳断，但结果并不能满意。

黑2扳、4打吃先手，然后黑6长。

白7断吃之后黑还有a位做劫的后续手段，这个劫黑棋毫无压力，所以可能会选择立即开劫。

### 图11（其他下法）

白点三三，黑棋也可以1位在上边挡。

白2爬，黑3长，白4补强告一段落。

黑棋让白轻松联络，但获得先手。同时让白△一子效率变低，也是可以选择的下法之一。

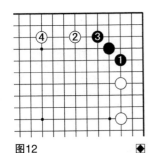

图12

**图12（定形）**

面对大飞挂角，黑1守角也是一策。目的是守住角地。

接下来2位也是好点，所以白2继续大飞挂角，黑3小尖守角，白4拆二告一段落，两分。

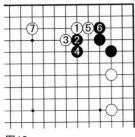

图13

**图13（两分）**

白1小飞挂。

若是想中腹出头，则黑选择2、4压长。白5长，黑6挡确保角地。

白7拆边，本图两分。

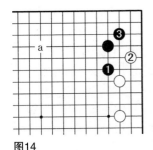

图14

**图14（两分）**

a位一带黑棋如果已经有棋子配置，普通应对已经不能满足黑棋的发展需要，可以在1位肩冲。

白2小飞是与小目大飞挂角相同的下法。

黑3小尖棋形坚实。

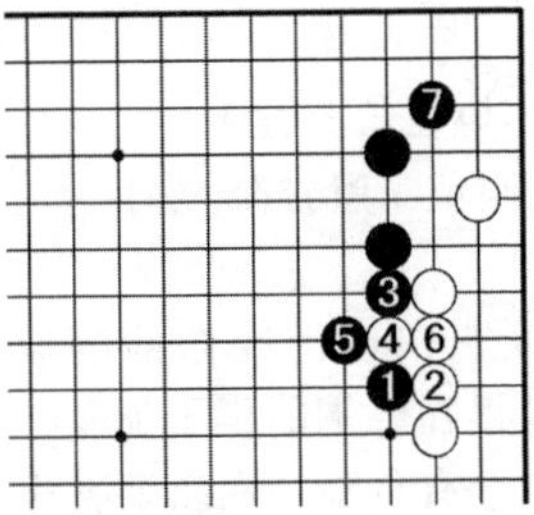

**图15（积极）**

上图黑3也可以选择1位点。

白2连回，黑3、5先手交换之后7位小尖。这样黑棋比上图更为厚实，外围模样得到扩张。

但是白2也可能在3位出头反击，黑2位挡之后会形成复杂的战斗局面。

图15

# 没有挂角的场合

## 1. 一间跳

星位一间跳目的不是巩固角上实地，而是为了接下来发展模样。所以给白棋留下了各种手段。

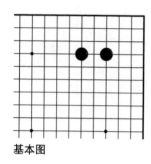

**基本图**

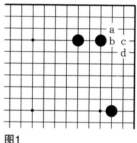

**图1**

### 图1（白棋的手段）

右边拆边、黑一间跳形成模样。

如果直接打入棋形过重，会变成黑棋的攻击对象。

白棋的手段有a位点三三，b托，c、d等。其中c、d是侵分手段。

### ①点三三

### 图2（三三）

白1点三三，黑2在外面挡。

一间跳的情况下，白3小尖是唯一可以净活的下法。

白如果a位爬，黑b虎，正好黑▲一子发挥作用，白只能劫活。

接下来——

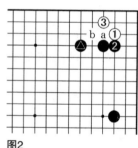

**图2**

### 图3（定形）

黑1跳封让白棋在角上做活。

白2、4扩大眼位，黑5打吃先手，白6粘活棋。

下图可以证明白棋已经做活的原因，但是一旦黑棋在外围的棋子加厚，白棋角上立刻就会有危险。白棋要补棋会在a或者b位。

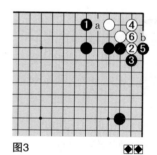

**图3**

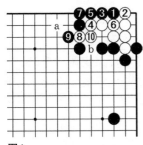

图4

### 图4（活棋的证明）

黑棋如果想要吃掉白角，黑1破眼是必须的。

白2挡确保角上的眼位，黑棋想要继续破眼必须黑3、5，白8挖好手，黑a虎，则白b冲，黑已经无法封锁。

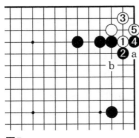

图5

### 图5（打劫）

如果可以接受劫活，可以选择白1、3扳虎。黑4打吃，白5做劫。

当然要看具体的劫材情况，白a消劫做活价值很大。

白4若在b位虎，白即使脱先也不会完全净死的棋形。

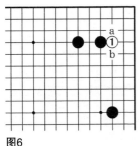

图6

### ②托

### 图6（托）

白1托。根据黑棋的应对可以进角做活或者在边上获取根据地。

黑棋的下法有a、b两种。a位扳意在获取角地，b是要将白棋封锁在外围形成厚势。

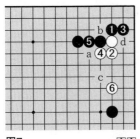

图7

### 图7（定形）

黑1确保角地。同时还保持着对白棋继续攻击的可能性。

白2至白6告一段落，基本是两分的局面。

黑5若在a位虎，则白b打，黑5位粘、白c跳。后续白d会变成先手。

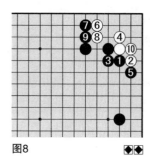

图8

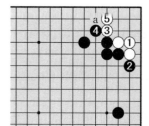

图9

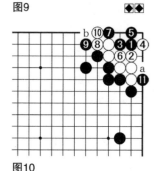

图10

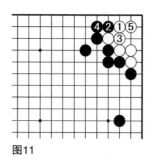

图11

**图8（定形）**

黑1外扳意在外势。

白2连扳寻求行棋步调。黑3粘坚实。白4长，黑5扳实现最终的目的是将白棋封锁在角上。

黑7也可以保留，这样根据后续变化可以选择10位吃掉白一子加厚。

**图9（定形）**

上图白4也可以直接如本图白1粘。

黑2扳，白3、5做活告一段落。

黑a是先手，但不一定要马上交换。因为黑棋还有下图的缓气劫变化可以选择。

**图10（缓一手劫）**

黑1点，结果是缓一手劫。白2以下至黑11是双方正确的行棋次序。

如果要打劫，黑a即可。所以是缓一手劫。

白10可以在b位扳抵抗，黑棋也需要考虑到这一点。

**图11（白不好）**

白1虎确实可以排除上图缓一手劫的变化。

但被黑2、4先手利，只能白5委屈做活。与图9相比实地损失明显，白不能满意。

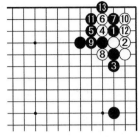

图12

**图12（扳）**

面对白下扳，黑1打吃、3长也是一种变化。看似强硬但其实白仍然有活棋的下法。

白4断弃掉二子，白8、10先手利。

接下来——

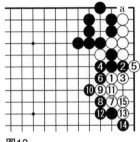

图13

**图13（两分）**

白1鼻顶手筋，黑2至黑8虽然可以将白封锁，但白13、15可以确保眼位。

黑棋虽然厚实，但棋形尚有断点，并不是完全没有缺陷。

白1在2位爬，黑1、白3也可以做活。

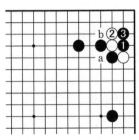

图14

**图14（分断）**

此时黑1断吃，白2长，黑3爬是强硬的下法。

此时白有a位断吃和直接b位拐两种选择。

白a的变化基本是一本道。白b的下法会相对复杂，可能出现意想不到的局面。

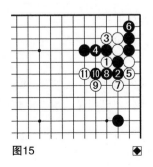

图15

**图15（定型）**

白1断吃、3打吃，黑4粘，白5爬腾挪。

黑6长吃掉角上白三子，白7、9是白棋此时的手筋下法。白11扳整形。

本图基本两分。

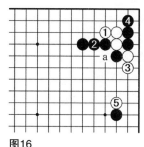

图16

### 图16（腾挪）

白1直接拐。

黑2粘，白3长。黑4立，白5碰寻求腾挪。

因为白有a位断吃的手段，此处黑棋不宜用强，白棋没有安全问题。

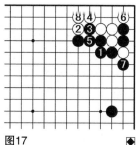

图17

### 图17（两分）

如果对上图不满，黑可以选择本图1位粘。棋形更为坚实。

白有6扳的先手，在上边寻求眼位。

白2至白8，确保做活。另一方面黑棋外围厚实，也可以满意。

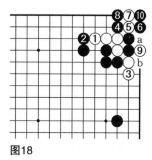

图18

### 图18（白稍无理）

上图白2如本图白1长稍重。

黑2挡，白3长，黑4扳严厉。此时白3若在5位扳，黑3打，白a，黑b，白8虽可以在角上做活，但棋形委屈。

黑4扳，白5断，黑6，白7虽然是弃子手筋——

图19　　　　⑦＝提

### 图19（白苦战）

白1扑、3位粘可以吃掉黑二子取得联络。

但是黑4、6先手连回，白7提，黑8或者提掉白一子，白棋都是尚未净活的棋形，白陷入苦战已成必然。

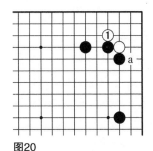

图20

### 图20（反扳）

白不在a位扳，而选择了白1反扳。

白棋的目的是在角上做活。

小飞守角的局面有相同的手段，但此时黑棋会招致稍微不利的结果。

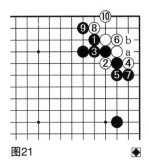

图21

### 图21（两分）

黑1虎是此时的强手。

白2打吃、4打吃都是先手，白6粘是必然的一手。

黑7拐加固右边，白8、10做活告一段落。

此时黑a打吃一子是先手。

白6可以补在b位。

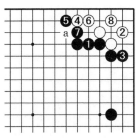

图22

### 图22（白好）

黑1粘在小飞守角的情况下是好手，一间跳则不是。

白2虎、4小飞可以做活。

黑5、7虽然是先手，但留下了a位断点。黑7若在a位，则白已经活棋。可以将本图与小飞守角的变化进行对比阅读。

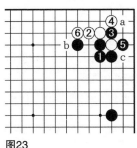

图23

### 图23（两分）

黑1粘简明。

白2长，黑3、5吃掉一子。后续根据具体局面黑棋可以决定是下在b位还是a位。

黑3若在6位挡则白5，黑c，白a做活。黑棋外围还有断点，而白棋角上做活棋形充分可以满意。

③侵分

**图24（侵入角地）**

白1侵分。直接在a位挂角会被黑b位尖顶攻击。所以尽可能地侵入角地是为了获取眼形。接下来黑棋面临继续保持对白棋的攻击还是任其在角上做活两种选择。

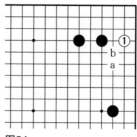
图24

**图25（定形）**

黑1顶不让白棋进角。白如果3位进角，则黑2位扳。

白2、4是一种下法。虽然还是要做好被黑棋继续攻击的准备，但白也有a位破坏黑棋角地的后续手段。

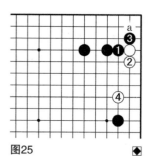
图25 ◆

**图26（黑缓）**

黑在三三守角是缓手。

白2大飞，后续有a位爬获取眼位的好手。黑b扳，白c挤，眼形明显更为充裕。

黑棋还是应该选择上图的变化。

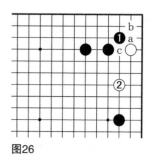
图26

**图27（两分）**

黑1小尖封锁，意在获取外势。

白2爬，白6、8在角上做活。如果白a与黑b交换，则与图9同型。

但是白棋可以保留交换后续可以伺机动出一子。

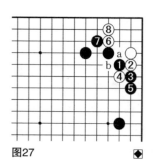
图27 ◆

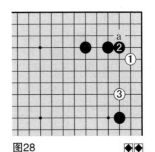

图28

**图28（定型）**

白1的侵分同样是此时的好选择。

接下来白a位进角是好形，黑棋必须有所防范。

黑2守角，白3大飞拆边。白棋尚未活净，黑棋可以继续保持攻击。

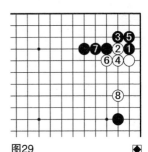

图29

**图29（定形）**

黑1靠目的也是防止白棋进角。

白2挖。黑若3位打吃忍耐，白4粘、6拐先手，白8拆二告一段落。

黑3若在4位断吃，则还原变化图14。

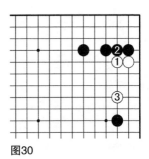

图30

**图30（黑充分）**

上图白2若如本图白1长，则不会出现复杂变化。黑2粘，白3拆二。

但是与上图相比可以看出，黑棋形明显更好。

白1可以在上图白2不成立的局面下选择。

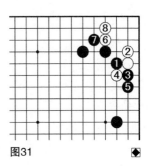

图31

**图31（定形）**

如果让白棋在角上做活，可以黑1尖顶。

白2进角，黑3扳，白6、8做活还原变化图27。

如果白棋不想被封锁，白2在3位长，则黑2虎。结果白不如上图。

## 2. 小飞

星位，小飞守角比一间跳更为坚实。所以白棋想要在角上落子更受限制。当然白棋也不是完全没有手段。

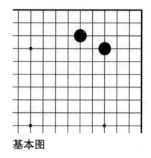

基本图

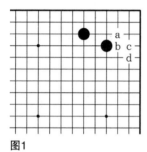

图1

### 图1（白棋手段）

小飞守角的情况下，白棋可选择的下法有a位点三三、b位托、c、d侵分。

在一间跳的情况下白a点三三可以无条件做活，但在小飞守角时白棋很难净活。

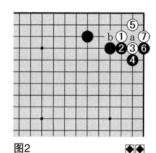

图2 ◆◆

### ①点三三

### 图2（定形）

白1点三三。黑2挡，白3扳、5虎整形，黑6打吃，白7做劫。

白5若在a位粘，则黑b拐加强棋形，白仍然无法净活。点三三的前提就是白棋局部劫活。

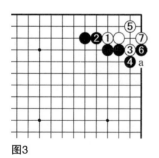

图3

### 图3（其他下法）

黑挡，白1爬与黑2顶交换之后，进行至白7仍然是打劫。

白1与黑2交换之后，结果与上图不同。白若劫胜在a位提价值极大。反之若是劫败会让黑棋形得到明显加强。

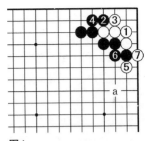

图4

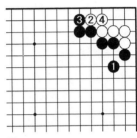

图5

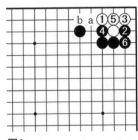

图6

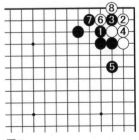

图7

### 图4（逃出）

上图白5直接如本图白1粘，黑棋并不能简单吃掉白棋。黑2、4扳粘破眼，白5夹可以逃出。

但是若黑在a位一带已经有了援军，白棋做眼仍然是大难题。

那么——

### 图5（黑充分）

上图黑2如本图黑1虎也可以满意。

白2、4扳粘做活落了后手。大飞守角点三三的情况是白棋先手（请参考310页图2）。一手之差价值巨大。

即使是可以净活，本图也是白棋不满的局面。

### 图6（白崩）

在小飞守角的情况下，白1小尖无法做活。

黑2以下至黑6，白a长，黑b挡白净死。白若b位托，黑a位挖，白棋即使做活结果也是大亏。

### 图7（其他下法）

黑若不想下成图2的劫争，可以如本图黑1拐避免图2的变化。

白2虎可以净活。

但是黑3、5都是先手，如果前提是黑棋不想打劫，本图是好选择。

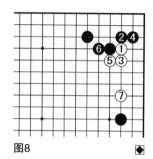

图8

②托

### 图8（定形）

白1托。比点三三温和，更易整形。

黑2扳重视角地，白3、5先手交换之后白7拆二。

虽然暂时整形成功，但还未完全活净，黑棋还有继续攻击的可能。

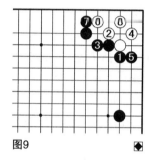

图9

### 图9（定形）

黑1外扳让白棋在角上做活，同时获取外围厚势。

白2扳先手，比直接点三三更容易获取眼位。黑3长，白4虎，6、8净活。

黑棋可以获得先手，也可以满意。

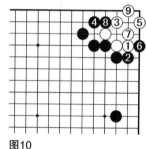

图10

### 图10（白不满）

上图白4如果直接1位立也可以做活。

黑2挡，白3虎，黑4小尖。白5跳是死活手筋，黑6若在9位点，白8团净活。

但是黑6扳、8挤都是先手，白只有两眼做活，明显亏损。

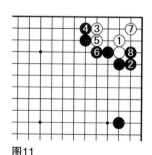

图11

### 图11（白死）

图9中的白2扳是扩大眼位的关键一手。

如果此时白1立，黑2立，白没有可以净活的空间。白3、5交换之后白7小尖尽全力获取眼位，但黑8简单拐即可净杀白棋。

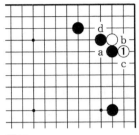

图12

## 图12（下扳）

白1下扳意在继续腾挪。

此时黑a粘，白b，黑c，白d，结果与298页图9相似，白棋可以做活。但是在小飞守角的情况下黑棋形略显重复。

黑棋可以考虑下法。

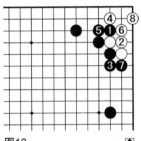

图13

## 图13（定形）

黑1打吃、3长继续压迫白棋。

白4夹是做活的手筋。如果不知道此时有白4的下法，白棋将陷入苦战。

黑5粘、7位拐都是先手，白在角上做活。

黑棋获得先手并且外围厚实，双方两分。

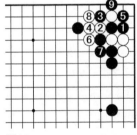

图14

## 图14（白可战）

上图黑5若如本图黑1冲断，白2断是早已准备好的手段。

黑3、5吃掉白三子的同时继续吃掉白夹一子。白6、8先手将黑一子分断。

白棋先手，可以满意。

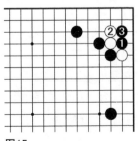

图15

## 图15（定型）

黑棋此时的另一种抵抗方法是本图黑1断吃、3位爬。

后续基本上是黑棋获得角地，白棋在外围腾挪整形。

接下来的变化可以参考图19。

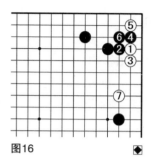

图16

③侵分

**图16（定形）**

白1侵分。黑2顶如一间跳变化中所讲，是比较严厉的应对方法。

白3长、白5先手利、白7拆边。后续黑棋可以继续攻击白棋，但白棋暂时实现了破坏黑棋边空的目标。

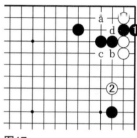

图17

**图17（先手利）**

上图黑6若在本图黑1立也是一种选择，白2仍然拆边。

但是黑1立，需要小心白a跳的后续手段。除此之外还有白b、c等各种先手利。一旦黑棋气紧，白d断就可以成立。

上图黑6是普通下法。

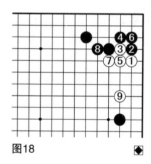

图18

**图18（定形）**

白1是相对温和的侵分下法。

黑2靠，白3挖。黑4在角上打吃、白5粘、7拐先手交换之后白9拆二。两分。

黑2也可以在3位守角或者5位尖顶（请参考一间跳的变化图）。

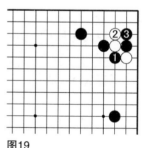

图19

**图19（定形）**

上图如果黑棋不满，可以如本图在白挖的时候在1位打吃。

白2长，黑3爬是准备好的手段。

从结果来看，黑1、3是加固角地的下法。需要付出的代价就是白棋可以在边上整形。

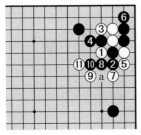

图20

**图20（定形）**

接下来白1断吃、3打吃、5位爬动出一子。

黑6爬必然。白7打吃、9跳是此时的手筋，黑10长，白11扳，后续白a打吃先手。

白棋基本整形成功。

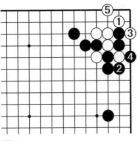

图21

**图21（黑好）**

上图白5若如本图白1扳可以在角上做活。

但角上白棋只有3目实地。不仅如此，黑棋的外势极为厚实。

本图白棋棋形委屈，还是应该选择上图的下法。

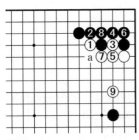

图22

**图22（黑棋被利）**

图18的白3，有本图白1夹的手段。白1有过分之嫌，如果黑棋直接应对会亏损。

黑2以下至黑8，是普通应对。进行至白9，与图18对比可以看出，黑棋明显被利。

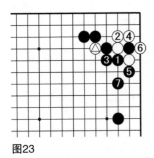

图23

**图23（黑有利）**

上图黑4也可以如本图直接1位断吃反击。

白4吃掉一子可以局部做活。但这样一来白△一子变成恶手，进行至黑7，黑棋外围厚实。

## 3. 大飞守角

大飞守角是较为温和的下法，对角地的保护强度不大。但一旦角上实地，目数较多。同时白棋如果在角上做活，黑棋也可以同时筑起外势。因此大飞守角在实战中也常常出现。

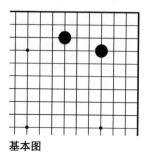

**基本图**

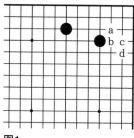

图1

### 图1（白棋于段）

面对大飞守角，白棋选择最多的是a位点三三、b托两种下法。

与一间跳、小飞守角不同，c、d的下法很少出现。因为白棋不需要侵分也可以轻松做活或者腾挪。

### ①点三三

#### 图2（定式）

白1点三三。黑2挡，白可以在角上做活。

黑6虎，白7打吃先手交换是非常重要的行棋次序。如果直接白9、11扳粘，则黑7位粘，白局部落后手。进行至黑14，是基本定式。双方两分。

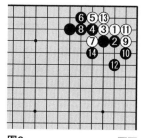

图2 ◆◆

#### 图3（场合下法）

△位如果已经有子，白棋在做活之前可以先白1长交换。黑2之后再3位角部做活。

黑4可以夹吃白二子，但留有各种味道。

即使白棋不准备动出二子，也可以因此出现各种借用。如果希望在后续局面中有所助力可以选择白1的下法。

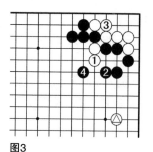

图3

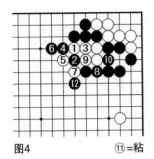

图4　　　　　　　⑪＝粘

### 图4（目的）

想要逃出二子，白1是手筋。

黑2小尖，白3粘，黑4扳，白5断即可。

但是即使逃出，被滚打之后白棋形难看，大损。一定要找到合适时机才可以选择本图。

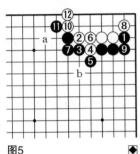

图5

### 图5（定形）

图2中的黑4，可以如本图黑1扳粘。这是重视角地的下法。

白10、12做活，黑会在a位或b位补断点。

白2若先在8位扳次序错误。接下来黑9粘、白2～6，黑可以10位立，白角上危险。

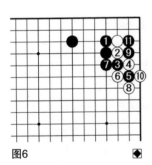

图6

### 图6（两分）

根据具体局面黑也可以选本图1位挡。这是希望获取角地的下法。

白2、4，黑5连扳。白6、8吃掉一子，黑9、11吃掉白角上二子。

白棋先手将黑一子吃掉，可以满意。

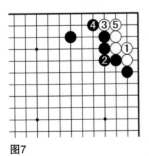

图7

### 图7（黑有利）

上图白6若在本图1位粘，想在角上做活。这是察觉到黑棋目的之后做出的反击。

黑2粘，白3、5扳粘做活。

但是白棋这样做活会落后手，一般来说还是会选择上图的下法。

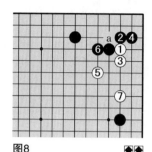

图8　◆◆

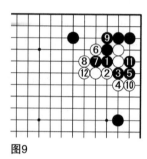

图9

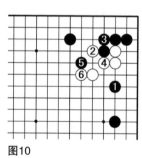

图10

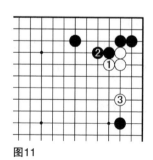

图11

②托

**图8（定形）**

白1托是此时的常见下法。白棋是在角上做活还是边上整形，根据黑棋的应对做出选择。

黑2扳，白3长。黑4立，白5小飞先手、7位拆告一段落。黑4也可以在a位粘。

**图0（白好）**

上图黑6选择本图黑1冲可以吃掉白二子。

但是这样一来白4至白10都是先手利，白12粘棋形完整，黑棋所得有限，本图白好。

黑1上当。

**图10（其他下法）**

黑1逼也是可选下法之一。白2夹可以将黑棋子限制在低位，但黑1也夺取了白棋的眼位。

黑5刺，白6压反击。

**图11（白妥协）**

白1拐，是不想让黑下到上图1位。

黑2长必然。

但是这样的结果明显不如图8，白棋选1位拐有妥协的意味。

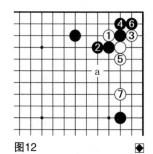

图12

### 图12（定形）

白1断意在借助于黑子整形。

黑2长是最简明的应对。白3打吃先手利、白7拆二。

虽然白角上实地有所得，但同时也没有了a位小飞的好点，黑无不满。

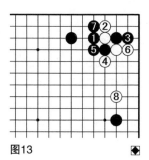

图13

### 图13（两分）

黑1打吃、3位立是有力的反击。

白4打吃、6挡先手、白8拆边告一段落。

与上图相比黑棋角上实地所得更多，但也给了白4打吃的先手利，优劣难辨，两分。

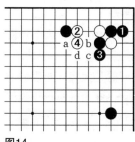

图14

### 图14（白可战）

黑1立稍显过分。

此时白应对容易，如白2碰。能够将黑棋分断，白可以满意。

黑3若在a位长，白3位打，黑b，白4位挡，黑c，白d冲出，如此也是白好。

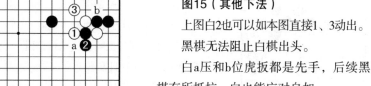

图15

### 图15（其他下法）

上图白2也可以如本图直接1、3动出。

黑棋无法阻止白棋出头。

白a压和b位虎扳都是先手，后续黑棋有所抵抗，白也能应对自如。

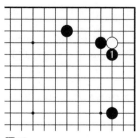

图16

### 图16（外扳）

黑1外扳。让白棋在角上做活，并以此获得外围厚势。

在一间跳、小飞守角的情况下，黑即使1位外扳也可以转换去获取角地。但在大飞守角时，结果必然是白棋角地，黑棋厚势。

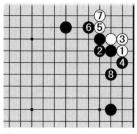

图17　◆◆

### 图17（定式）

白1下扳基本是绝对的一手。

黑2粘。在一间跳或者小飞守角成立的黑3断吃，在大飞守角的局面下稍显无理。

白3粘，5、7扩大眼位做活。黑8虎补，这是局部代表性定式。

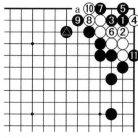

图18

### 图18（缓一手劫）

本图在一间跳的变化图中已经有所展示，后续结果是黑棋不利的缓一手劫。

与一间跳不同的是大飞守角黑▲的位置，可以看出大飞守角的棋形更为严厉。白10在a位扳的抵抗手段因为黑▲而消失。

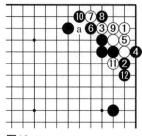

图19

### 图19（征子关系）

如果白棋征子有利，可以1位虎。

黑2扳，白3扳看似与图17相同，但黑6扳的时候白可以7位连扳反击。

黑若征子不利，只能在a位粘忍耐。

黑12之后——

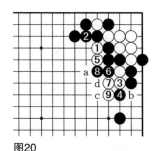

图20

### 图20（黑崩）

白1断、3位压。

黑4可以防住征子一时，但白5、7之后，白9拐，接下来白a征子和白b断吃黑棋无法兼顾。黑若c位夹，白d，黑a，白b即可。

本图黑崩。

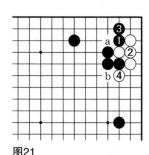

图21

### 图21（两分）

如果黑棋征子不利，黑1打吃避战即可。

白2粘，黑3立或者a位粘。黑3可以破坏白棋眼位，但白b出头对黑棋形也带来了威胁。

本图结果两分。

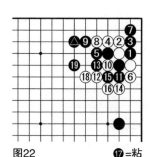

图22　　　　❶=粘

### 图22（白好）

一间跳和小飞守角的情况下成立的黑1、3，在大飞守角时会变成过分手。这是因为黑△一子距离变远。

如果白棋征子有利，则白12直接在14位打吃，黑崩。若征子不利，白12以下的进程也明显是白棋有利。

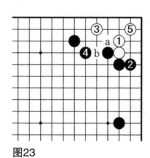

图23

### 图23（黑有利）

白1立为了在角上活棋，但棋形缺乏弹性。黑2立严厉。

白3、5即使可以做活，但同时也带给黑棋极好的外部模样。

白3若在a位拐，黑b长，白棋仍然无法改变亏损结局。

## 4.其他局面

星位是重视速度的下法。以角为轴心向边上发展，a、b大场都是首选。后续变化繁多，可以根据白棋的下法找到合适对策。

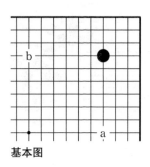

基本图

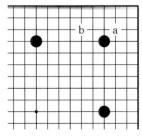

图1

### 图1（两翼张开）

以角上星位为轴心，黑棋两边开拆。这就是所谓"两翼张开"的局面。星位的速度就是其特点。

两翼张开的星位也考虑有一边下在低位。

此时白会选择a位点三三或者b位挂角。

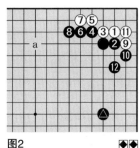

图2 ◆◆

### 图2（代表定式）

白1也可以在6位挂角，此时直接点角也是比较常见的下法。若a位也有黑子，拆边空间不足就另当别论。

黑2以下至黑12是星位的代表定式，黑2在已有棋子配置的一边挡，若在3位挡，黑△效率变低。

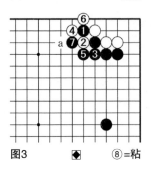

图3 ◆ ⑧=粘

### 图3（两分）

上图黑6也可以如本图黑1连扳。

白2、4吃掉黑一子，黑5、7获得先手。

后续黑a长是好点，也可以马上落子。

316

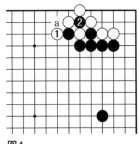

图4

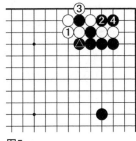

图5

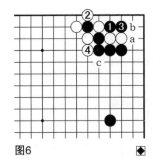

图6

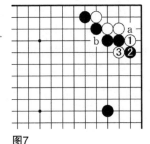

图7

### 图4（反击）

上图白8可以在本图1位打吃反击。

黑2提就形成劫争。接下来黑a断吃就变成了天下大劫。但切记不要着急，要做好长期打劫作战的准备。

### 图5（白不好）

白1粘是不想让黑棋下到图3中的黑7打吃。但黑2、4吃掉白角上二子，明显白不好。

与下图进行对比即可知道问题症结所在。黑▲与白1的交换黑棋明显被利。

图3白6提子只此一手。

### 图6（实地）

图3中的黑5若在本图黑1断吃，可以吃掉白角上二子取得实地。

但是白a，黑b，白c的先手利非常诱人，因为白4是绝好点。白无不满。

黑1是场合下法，若在实地重于模样的前提下可以选择本图。

### 图7（定形）

黑棋在上边连扳时，白可以1、3扳断应对。这是白棋的手筋下法，目的是希望通过转换在右边落子。

若黑a打吃，白b双打吃。黑棋必须解决这个问题。

接下来——

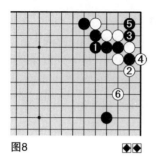

图8

**图8（定式）**

黑1粘是普通应对。

白2吃掉黑一子、黑3、5获取角地。

黑棋先手获得角地，棋形可以满意。双方两分。

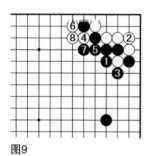

图9

**图9（白稍好）**

黑1打吃抵抗，白2粘与黑3提的交换不可省（可以参考下图做对比）。

接下来白4、6吃掉黑一子。本图是白稍有利的局面。

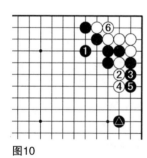

图10

**图10（黑可战）**

黑棋若在下边▲位一带有棋子配置，上图黑3可以在1位打吃。

白2、4即使可以逃出一子，但黑▲一子可以帮助黑棋联络。

白6先在角上做活，然后找机会动出外围三子。一旦动出就将是战斗局面。

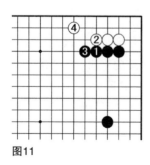

图11

**图11（场合下法）**

此时黑1直接长。图2的基本定式黑棋是后手，本图的黑1长可以取得先手。

白2、4，黑先手。但是白棋与较图2实地多了很多。要在先手之利非常重要情况下选择本图。

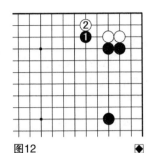

图12

**图12（场合下法）**

黑1小飞同样意在获得先手。

白2托做活，此时黑棋可以脱先。

当然白棋如果继续在局部落子，明显是黑棋不利。所以要在黑棋在全局有需要抢占的好点时，才选择本图的下法。

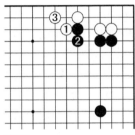

图13

**图13（白棋的后续手段）**

轮到白棋先落子，可以1位扳出头。

黑2长，白3虎。黑继续脱先。

白棋从点三三下成这样的局面，是可以满意的。而黑棋可以在其他地方连走两手，局部的亏损也是必然结果。

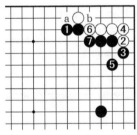

图14

**图14（黑棋的后续手段）**

轮到黑下，黑可以1位长。

白2、4扳粘之后，黑5虎，白6顶做活。

接下来a位爬价值极大，白应该会马上抢占a位。

黑下在a位虽然是后手，但b位打吃就是先手利。

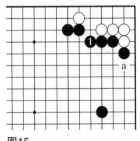

图15

**图15（黑略显薄弱）**

上图黑5若在本图1位长可以省一手棋。

但是后续白有a位夹的手段，黑棋外围棋形薄弱。

虽然是后手，但上图黑5是此时的本手。

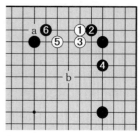

图16

### 图16（定型）

黑两翼张开的局面下，白1挂角。

黑2尖顶、4跳。这是常规的攻击方法。白5拆一，黑6小尖不让白a位托做活。

如果重视右边发展，黑可以选择b位大飞。

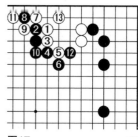

图17

### 图17（定形）

上图白5下在本图白1目的是要快速做活。黑2挡，白3长寻求根据地。

黑4、6连扳，白7、9是图7中展示的手筋。

进行至白13，白棋活棋，而黑棋12打吃棋形厚实，双方可下。

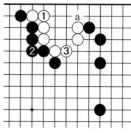

图18

### 图18（其他下法）

上图的棋形如果白棋无法接受，白9可以选择本图白1冷静粘住。黑2粘，白3做活。

但是如果一定要做活，后续黑a扳粘都是先手，白棋有些勉强。

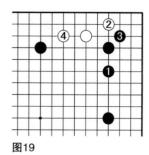

图19

### 图19（黑不满）

图16黑2尖顶如果直接如本图黑1一间跳是缓手。

白2小飞进角、白4拆一，虽然棋形不够舒展，但黑棋接下来已经没有好的攻击手段。

黑棋不能给白棋快速生根做活的机会。

# 第二章

# 目外

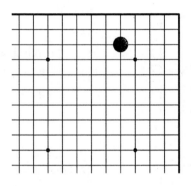

　　小目朝外一路，棋盘线"3·五"的位置就是目外。与小目一样，面对目外也有小飞挂角的可能性。而且因为更靠边上，所以行棋速度会相对较快。同时角上实地常常会被白棋获得。挂角的方法有小目、高目、三三等，著名的复杂定式"大斜"就是目外定式。

# 小目挂角

## 1. 飞压

黑1飞压。白棋获得角地、黑棋在上边发展模样。这是变化非常丰富的下法，也是目外定式所特有的。

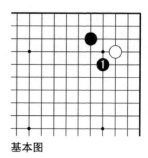

**基本图**

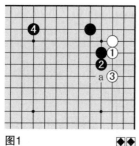

图1

◆◆

### 图1（定式）

白1爬。黑2长，白3跳。

黑4拆边双方棋形稳定。

但是后续黑a压是强手，特别是在黑4一带已经有子的情况下更是如此。

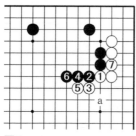

图2

### 图2（白棋的后续手段）

白棋不想被黑压头，可以抢先走在1位。

黑2扳，白3扳、5压先手交换之后白7补强。白7比在a位虎补造成的威胁更大，如下图所示。

因为黑二子被紧气会生出各种问题。

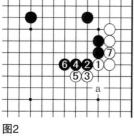

图3

### 图3（削减）

未来白1靠断严厉。黑2冲，白3断。因为a位关门吃，黑无法反击。

黑6打吃，白7以下可以削减黑棋的实地。

而且黑14无法脱先他投。

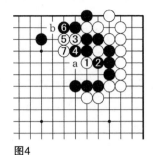

图4

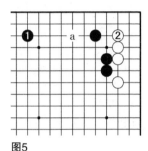

图5

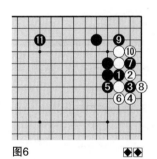

图6

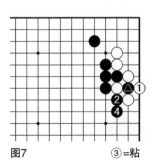

图7　③＝粘

**图4（黑崩）**

上图黑14如果脱先，本图白1断严厉。白1也可以直接下在3位。

黑2提，白3断。黑4、6是此时的最强抵抗，但白7拐之后黑棋瞬间崩溃。

白a和白b两点见合。

**图5（急所）**

如果图1中的黑4脱先他投，或者如本图黑1拆边，白可以马上2位占角。

一方面可以防止黑棋占据同样位置获取角地，另一方面白有了a位打入的后续手段。

**图6（定型）**

为了防止白棋抢占图2中白1的好点，黑可以在上边拆边前先在右边定形。

黑1冲，白2挡，黑3断、5打吃之后，7、9先手交换。

但是这样一来白棋的棋形也变得非常厚实。

**图7（黑有利）**

白1提，是不想让黑走到上图黑9的先手。

但是这样黑2打吃好点，白稍有不满。白3粘，黑4长，黑好。

白3若在4位打吃，黑▲提。后续下法与劫材有关，但应该还是黑棋有利的局面。

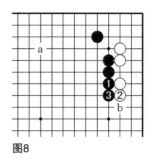

图8

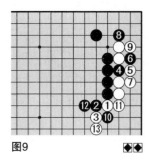

图9 ◆◆

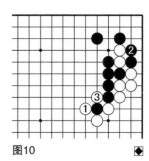

图10 ◆

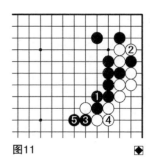

图11 ◆

**图8（定形）**

图1白3跳，黑可以如本图直接1、3压。

黑a一带如果有子，威力更明显。

白b长虽然不会有风险，但有被利之嫌。常见的变化如下图。

**图9（定式）**

白1、3连扳是积极的下法。

此时黑4冲、6断。白7粘只此一手，黑8先手交换之后12位长。

白13也可以脱先他投。

双方棋形都可以满意，两分。

**图10（两分）**

上图白9选择如本图白1打吃反击。

此时黑棋有两种选择，第一是黑2吃掉二子获取不小的角地。

白3提可以阻止黑棋模样扩大，双方各有所得，两分。

**图11（两分）**

还有一种下法是黑1粘忍耐。但多少有点妥协的意味。

白2拐，黑3断、5长告一段落。

本图也是两分，但与图9相比即可知道是更偏向白棋的结果。

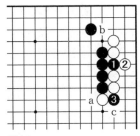

图12

### 图12（挑战）

面对白扳，黑1、3冲断是严厉的手段。

白棋的应手有a位长、b位尖顶、c位打吃。

最激烈的下法是c位打吃，会形成较为复杂的变化。

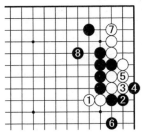

图13

### 图13（黑可战）

白1是略微妥协的下法。

黑棋的行棋思路是白角尚未净活。

黑4打吃、6跳，白必须花一手棋补活。

黑8跳补强自身棋形，白二子在外围会面临被攻击的命运，本图黑可战。

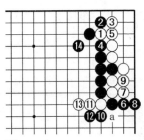

图14

### 图14（黑可战）

白1尖顶，黑2、4交换获得先手，黑6立。

白7补断点，黑8立是此时的手筋。黑10至黑14，本图仍是黑棋掌握主导权。

黑8是手筋好手的原因是先手补掉了a位断点。

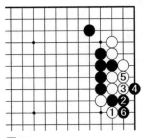

图15

### 图15（难解形）

黑棋分断，白1打吃、3位紧气是最强手段。

黑4至黑6逃出，变化复杂。

白棋需要注意的是角上尚未净活，接下来甚至有可能变成对杀的局面。

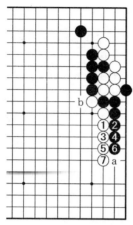

图16

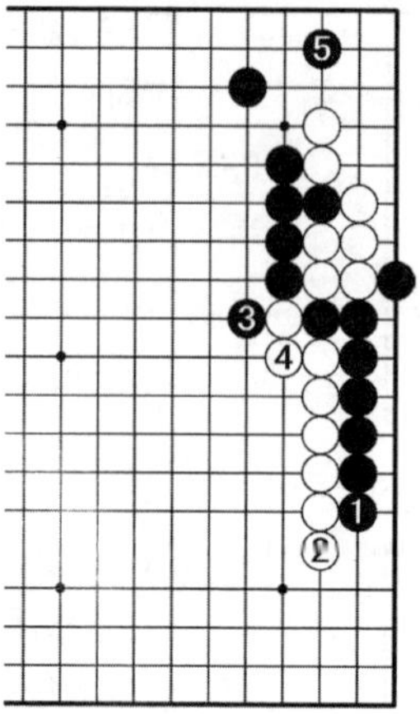

图17

图18

图19

**图16（分歧点）**

白1长，黑2以下基本是必然进程。白7长，黑棋进入第一个分歧点，是下在a位还是b位。

**图17（歧路）**

黑1继续长，白2长是错误下法。黑3、5之后白对杀不利。正确下法应该如图20。可以看出这与右下角的棋子关系密切，后续对杀如下图。

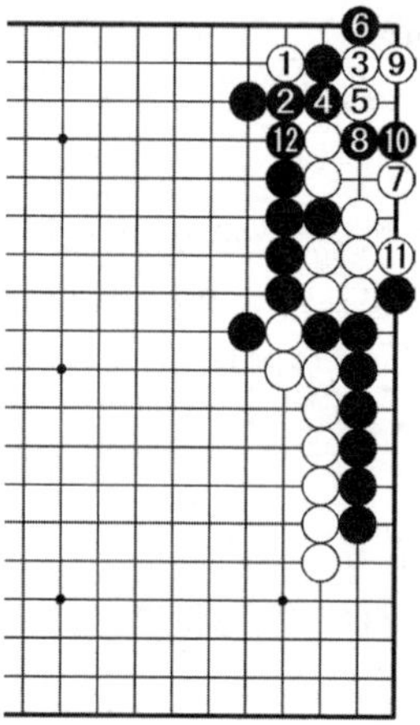

**图18（验证1）**

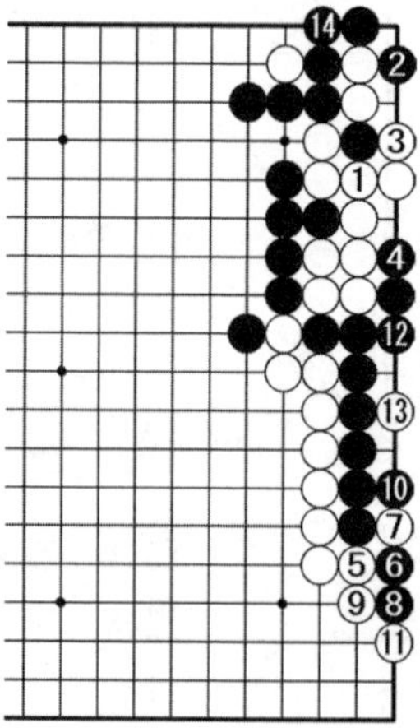

以下是验证图。白1以下想要就地做活，但并不能如愿。白9、11气紧，黑12打吃接不归。

**图19（验证2）**

上图白9若下在本图1位对杀，黑6扳、8长是长气的好手。进行至黑14，对杀黑胜。黑6、8的长气手段请各位读者一定要记牢。

结局——

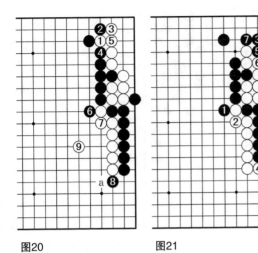

图20　　　　图21

### 图20（两分）

图17中黑爬之后，白必须马上在本图1位尖顶做活。接下来是两分的局面。白9也可以下在a位。

### 图21（突袭）

黑1打吃，白2粘，黑3进角破眼。

白4拐，黑5以下收气，对杀4气对5气，仍然是白棋失利。

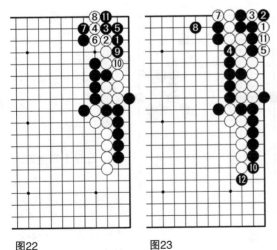

图22　　　　图23

### 图22（对杀）

白棋必须想办法长气。黑棋也不能有丝毫放松，黑9、11紧气。此时白棋面临选择。

### 图23（黑可战）

白1目的是打劫。黑2扑，形成劫争。

但是黑10爬继续长气，白没有继续打劫的可能。白11消劫，黑可以10、12在外面连走两手，本图还是黑可战。

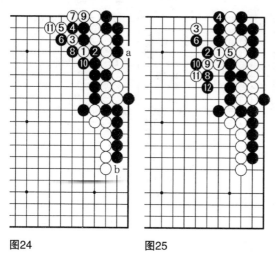

图24

图25

**图24（继续对杀）**

如果不能接受打劫，白1扳继续长气。黑2断恶手。白3以下长气，白a与b见合。

**图25（征子关系）**

白1扳，黑2反扳好手。结论是与下图征子有关。如果征子不利，白棋只能妥协。

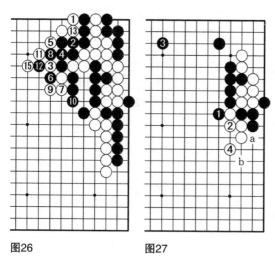

图26

图27

**图26（征子）**

白1以下至白15，形成征子。

关键就是下图的征子情况，如果征子白棋有利，黑崩。

**图27（其他方法）**

回到最初，黑1可以选择1、3打吃、拆边。

接下来黑a还是一个巨大隐患，白4或者b补强有必要。

黑获得先手可以脱先他投，此时是两分局面。

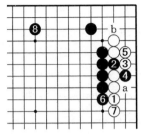

图28

### 图28（黑稍好）

回到最初的局面。此时白1长，黑2、4冲断时机绝佳。

白5粘，黑6压先手。白5若在a位打吃，则黑b先手立。

虽然差别不大，但本图是黑棋稍好的局面。

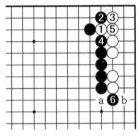

图29

### 图29（黑稍好）

黑压，白1尖顶守角也是一种选择。

但是黑2、4先手交换之后黑6扳好点。本图也是黑好。

白a断，黑b立的战斗仍然是黑棋有利。

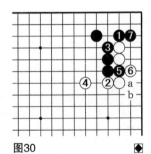

图30

### 图30（两分）

黑1托。目的不是获取外势，而且将取得角地就地做活放在第一位。

白2压，黑3连回，5、7整形。黑7若在a位断，白b打吃交换可以获得先手。

本图白棋形也可以满意，两分。

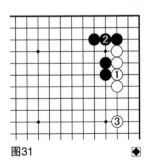

图31

### 图31（定形）

上图白2也可以直接如本图白1粘。

黑2粘，白3拆二告一段落。

黑棋得到角地，白棋获得边空，双方各有所得。

两分。

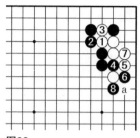

图32

**图32（黑好）**

此时白1、3冲断，黑棋已经有了合适对策。

黑4、6反冲。白7粘，黑8若征子有利明显黑好。白7如果在a位打吃，则黑7位断吃，角上四子被吃。

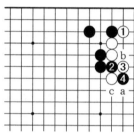

图33

**图33（黑好）**

白1扳是恶手。

此时黑2、4冲断，白棋无力应对。

白a扳，则黑b断吃二子。白b粘，黑c征子。此时白棋的正确应对应该是图30的压和图31的粘。

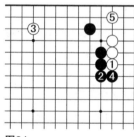

图34

**图34（场合下法）**

白1爬为了获取先手。黑2长，白3脱先他投。

但是黑4拐是先手，黑棋外势厚实可以满意。

白1是场合下法。

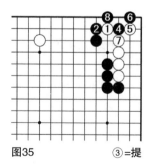

图35　③=提

**图35（白薄）**

上图白5，也可以在本图1位小飞。黑2挡，白再度脱先。

黑2也可以脱先，但自身价值不容小觑。而且后续黑4以下的手段可以让白无法净活。

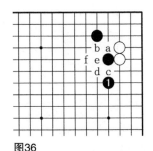

图36

图36（定形）

此时黑1跳，行棋速度较快。

白想要出头需要做出一定努力，但同时也会给黑棋外势提供帮手。

白a，黑b，白c是俗手。黑d，白e，黑f，黑好。

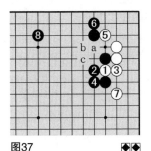

图37　◆◆

图37（定式）

白1、3挖粘之后7位跳出头。

在此之前白5尖顶交换是关键次序。黑6立，白7跳。

黑8拆边告一段落，两分。

后续白有a，黑b，白c的余味可以利用。

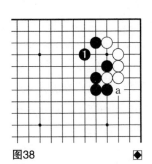

图38　◆

图38（两分）

如果不想自身棋形留有余味，上图黑6可以在本图1位小尖。

但是这样一来白角没有危险，可能选择脱先他投。

黑a价值极大，本图也是两分。

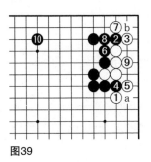

图39

图39（白不好）

图37中白5如果直接在本图1位跳出，则黑2马上就会抢占角地。

白3扳，黑4、6好手。为了防止a、b两个断点，白9只能低位补断。

白3若在6位拐吃，则黑8位粘，仍是黑好。

## 2.拆边

目外占角，向边上拆边速度很快。白小目挂角，黑可以直接拆边。黑1拆三，或者拆四甚至拆五都可以。白棋如果打入，小目一子有被利之嫌。

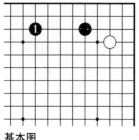

基本图

### 图1（白棋的后续手段）

白棋在此处继续落子，有两类选择。第一种是直接加强小目一子，比如a位小尖、b位小飞、c位拆二等。打入则会选择d位。

另外白棋挂角之后，防止黑棋占角的目的已经达成，还可以直接脱先他投。

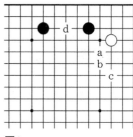

图1

### 图2（坚实）

白1小尖是坚实的下法。同时防止黑棋在同一位置的飞压好点。

白1小尖，黑棋大多会选择脱先。接下来如果白a打入，黑b靠压，就还原小目·小飞挂角·拆三的局面。

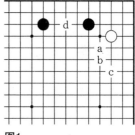

图2　　

### 图3（平稳）

白1小飞是平稳的下法。

白棋的目的是后续a位打入，此时黑棋也会选择脱先他投。

此时与上图相同，如果黑b守空，则黑▲一子的位置还是在c位或者d位效率更高。

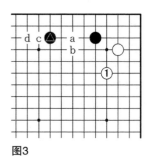

图3

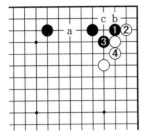

图4

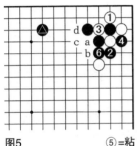

图5　　　　⑤=粘

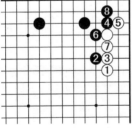

图6　　　　◆

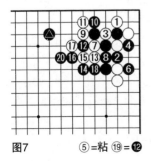

图7　　　　⑤=粘　⑲=⓬

### 图4（黑棋的后续手段）

如果为了防止白棋打入，黑1、3加强自身棋形是一种办法。虽然同时也让白棋得到加固，但白a打入的危险已经不足为惧。

白4之后，黑b立好形。也可以先手交换之后脱先他投。白b打吃，黑c做劫。

### 图5（白不好）

上图白4在本图1位打吃反击是常见的反击手段，但在此时的局面下却不是好选择。

黑4打吃，6粘，白若a位断，黑b，白c，黑d的战斗由于黑已经▲位有子，战斗明显白棋不利。所以白1只是特定场合的下法。

### 图6（定形）

白1拆二坚实。

黑棋当然可以直接脱先他投。如果继续在局部落子，黑2点之后4、6加强棋形是一种选择。

白7若在8位打吃不好，理由如下图。

### 图7（黑好）

白1打吃，黑2、4分断。黑6定形，白7断吃想要吃掉黑一子并不顺利。

黑棋征子不利，黑14不能直接在15位征吃。但即使如此，黑14之后封锁白棋，黑▲一子位置恰到好处，本图黑好。

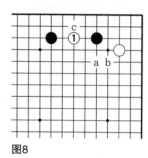

图8

### 图8（打入）

黑棋拆三，白马上1位打入。白棋的目的并不是对黑棋发起严厉攻击，而是希望黑棋在后续的变化中帮助自身整形。

黑棋的应手有a位跳、b位飞压。c位托可以联络，但有些消极。

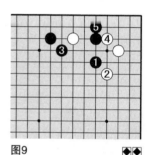

图9　◆◆

### 图9（走形）

黑1跳，白2小飞。黑3小尖封锁白打入一子，白4尖顶先手利。

被封锁的白子还有利用空间，同时白棋已经先手整形。

同时黑棋也无不满，本图是基本定式。

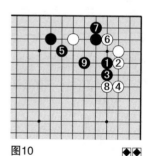

图10　◆◆

### 图10（定形）

黑也可以1位飞压。白2、4应对，黑5小尖封锁白一子。

本图与上图相似，结果也是两分。

白6、8虽是先手利，但同时也让黑棋形得到加强。所以白棋大都会变化，以待其他可能。

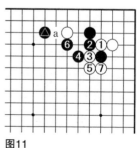

图11

### 图11（白稍好）

此时白棋可以1、3冲断反击。黑4打吃、6位虎，双方各吃一子。

黑▲若在a位，与小目·一间夹定式局面相同。黑▲棋形稍有不满，本图白稍好。

黑4若在7位长，变化复杂。

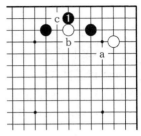

图12

### 图12（消极）

如之前所述，黑1托略显消极。

三线棋子与二线棋子交换，明显占据有利位置。白棋可以直接脱先他投。或者白a位小尖，黑b夹吃一子，白无不满。

根据具体局面，白也可以直接c位扳断。

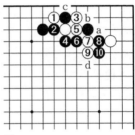

图13

### 图13（征子关系）

白1扳必须考虑到征子关系。

白1以下至黑6，白7断如果不成立，则白必然亏损。关键是黑10是否可以直接冲出。后续白a，黑b，白c，黑d是否征子有利。

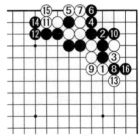

图14

### 图14（黑好）

如果白棋征子不利，白选择1位扳选择避开征子。

黑2～6先手交换之后8、10分断白二子。

白15只能委屈两眼做活，进行至黑16，明显黑好。

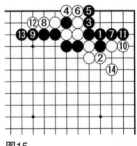

图15

### 图15（白好）

如果征子是黑棋不利，图13中的黑10只能如本图黑1粘。黑若2位冲出，白1断吃，黑崩。

白2拐头，局面与上图相差甚远。角上黑棋留有双活的官子手段，本图白好。

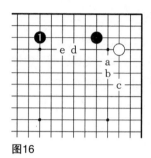

图16

### 图16（拆四）

黑1拆四。看似距离过远，但因为可以对白小目一子有各种攻击手段，所以即使面对白棋打入也可以应付自如。

白棋的应手有a、b、c守角和d、e打入。守角的下法请参考拆三的相关变化。

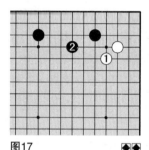

图17

### 图17（定型）

白1小尖，将棋子走到高位，同时积蓄力量准备打入。

黑也可以脱先他投。如果要继续在局部落子，黑2小飞棋形厚实。双方棋形完整，两分。

◆◆

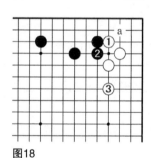

图18

### 图18（白棋的后续手段）

接下来白1、3获取角地价值巨大。

如果轮到黑棋先落子，可以a位小飞进角。一来一往价值差别有20目以上。

白1与黑2交换之后，白3守角是本手。

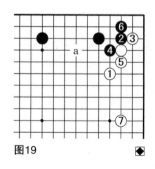

图19

### 图19（两分）

白1小飞稳健，同样瞄准了打入。

此时黑也可以a位小飞。黑2以下的交换可以间接牵制白打入的手段。

进行至黑6，黑棋形完整，不用担心白棋打入。

◆

336

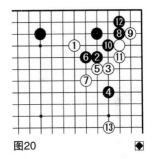

图20

图20（定形）

白棋当然也可以直接打入。与拆三的情况相同，白棋打入都是在寻求强化右边的行棋步调。

黑4夹击同样是凑调的好手。进行至白13定形。

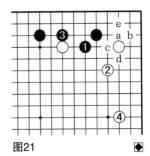

图21

图21（定形）

黑1小尖棋形坚实。

白2小飞，黑3托过。白4拆边棋形完整。

黑3也可以选择a以下至e的变化。

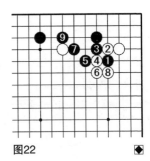

图22

图22（两分）

黑1飞压，通过压迫白小目一子寻求在上边的行棋步调。

白2、4冲断，进行至黑9，成功整形。

白吃掉黑一子，同样可以满意。

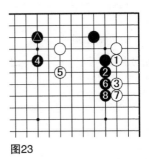

图23

图23（战斗）

白1、3冷静应对。

但是黑在△位有子，相当于是小目、二间高夹的棋形白棋已经少了一手棋。

黑4跳，白5跳，黑6、8压继续攻击。

战斗就此开始。

## 3. 一间夹

对目外进行小目挂角，可以理解为小目、小飞挂角之后脱先。当然黑棋可以考虑马上夹击，其中黑1一间夹是最严厉的下法。

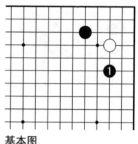

基本图

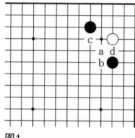

图1

### 图1（白棋应手）

因为一间夹非常严厉，所以白棋的应对方法有限。

白有a小尖、b靠、c压、d顶等下法，其他变化皆是趣向。

白棋如果脱先他投，黑a小尖严厉，在实战中基本不会出现。

### ①小尖

### 图2（基本形）

白1小尖，坚实出头。黑2、4压在右边扩张势力。白5长，黑6拆二。

这是基本型，后续根据白棋的下法会出现各种变化。

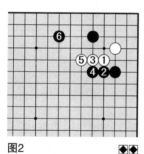

图2　◆◆

### 图3（两分）

白1小尖意在角上确保眼位。

黑4是此时的手筋。白5~9交换，白11、13吃掉黑一子。同时黑棋上边和右边得以兼顾。

两分。

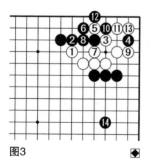

图3　◆

338

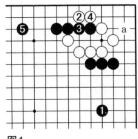

图4

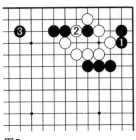

图5

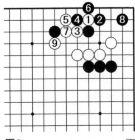

图6 ◆

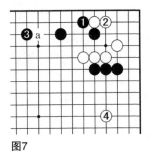

图7

### 图4（白好）

上图黑4直接如本图黑1拆，白2点好手。

黑3粘，白4连回。与上图相比白棋角地明显大了许多。

同时上边黑棋还尚未安定，本图白好。

### 图5（白稍好）

图3中的黑6直接如本图黑1渡过价值也很大。

但是白2吃掉黑一子棋形变得非常厚实。与上图相同的是黑3拆二之后与图3对比可以看出，棋形的厚薄差距明显。

黑1只能在特定场合下做出选择。

### 图6（两分）

图2基本图之后，本图白1是此时的经典手筋。

黑2扳，白3反扳，进行至白7，白棋将黑一子分断。

此时形成转换，黑棋获得实地、白棋取得外势，结果两分。

### 图7（黑不好）

此时黑1扳是消极的下法。

白2长获取实地的同时棋形也得到了安定，白无不满。

黑3拆二，白4夹击。黑3若在4位拆边，白a严厉。这都是黑1导致的问题。

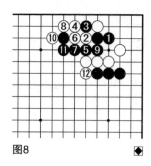

图8

### 图8（战斗）

黑1直接长是此时的强手。

白2扳，黑3断。进行至黑11，黑棋确保拆二之间的联络。

上边白棋已经安定，白12拐，后续双方会在中腹展开战斗。

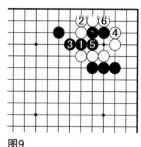

图9

### 图0（白好）

上图黑3若选择本图黑1挖，白3位打，黑可以2位断吃。

但是白2粘是此时的强手。黑3长至白6渡过，黑棋无法两边兼顾，必然有一边受到攻击。白好。

黑5只能忍耐，如果6位拐，白5断，对杀黑不利。

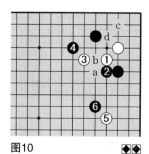

图10

### 图10（定形）

白1小尖、3跳出头。接下来若黑a、白b还原图2基本形。但是此时黑a长白棋有其他应对手段（参考图14）。

黑4小飞出头，白5夹击。如果在角上落子，黑可以c位小飞进角。轮到白棋先走d位尖顶可以获取根据地。

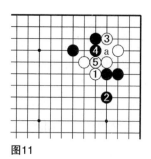

图11

### 图11（白愚形）

白1看似棋形坚实，但黑2跳之后白棋并不能满意。而且在角上白棋也没有好的后续手段。

比如白3尖顶，黑4长，白5粘，白棋已经变成愚形。黑还有a位挤的后续手段。

白1是俗手。

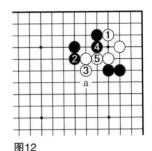

图12

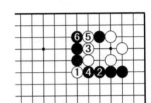

图13

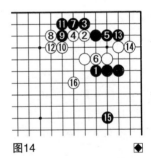

图14　◆

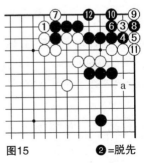

图15　❷=脱先

### 图12（五十步笑百步）

白1直接尖顶。黑如果直接4位长，白5粘是好形。黑若在2位压，白可以a位跳。

但是黑2、4是此时的绝好次序。白棋仍然是愚形，与上图相比几乎没有差别。白棋不好。

### 图13（战斗）

上图白3是俗手。此时本图白1扳几乎是只此一手。

黑2是棋形急所，白3、5可以顺调吃掉黑一子。

黑6挡虽然是好点，但被白1占据了棋形急所，后续会围绕白1展开战斗。

### 图14（两分）

黑1长，白2靠是一种选择。

黑3扳、5并是棋形急所。白6粘，黑7以下在上边做活。

进行至黑15，黑棋两边兼顾，白16小飞棋形厚实。黑15也可以下在16位。

### 图15（白挡）

白1挡价值极大，但黑棋脱先局部仍然是活棋。

白3跳，黑4以下进行至黑12是活棋的证明。

但是黑棋的活棋需要付出一定代价，白11粘先手，白棋有了a位的后续手段，不容忽视。

341

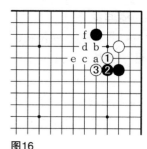

图16

### 图16（扳）

黑2压，白也可以3位扳反击。

白棋必然准备了针对黑a断的应对手段。黑a，白b，黑c，白d，黑e，白f拐。角上实地可观，白可以满意。

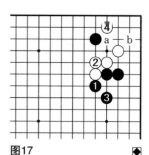

图17

### 图17（两分）

所以黑棋选择1位扳。白2粘，把选择权给了黑棋。如果重视右边，黑3虎，白4守角，两分。

白4若在a位尖顶，黑有b位的手筋。白4小飞是本手。

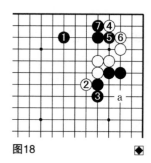

图18

### 图18（两分）

上图黑3也可以如本图黑1，在上边拆二。

白2扳，黑3长交换。接下来保留了a位点的好手。但是这样一来白4小飞，黑会5、7交换，白角上并没有净活。

双方棋形都有不确定因素，本图也是两分。

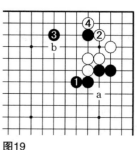

图19

### 图19（战斗局面）

图17中的黑3虎，选择本图黑1直接长，这是为了扩张右边的下法。

白2、4补角棋形坚实，后续还有a位的好点。

白2也可以在b夹击，将会形成战斗局面。

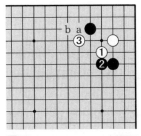

图20

**图20（定形）**

白1小尖、3飞压。这是为了在黑棋动出一子的同时，顺调出头。

若被白a挡，黑明显不满。黑接下来会选择a位爬或者b位跳。

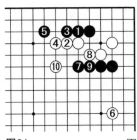

图21

**图21（两分）**

黑1棋形略重。白2长，黑必须再爬才能黑5跳出头。

白6夹击黑二子。黑7跳急所，白8长之后10跳。后续双方将围绕黑四子展开战斗。

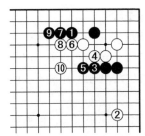

图22

**图22（两分）**

黑1跳，白2夹击。

黑3长，白4只能忍耐。黑5长，白6压出头，棋形与上图相似。

黑棋与上图各有好坏，仍是两分局面。

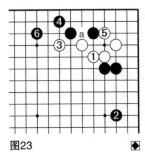

图23

**图23（两分）**

白1直接补强，棋形厚实。这样一来图21中的黑7、图22中的黑3的手段都不复存在。

黑2拆三，白3跳封继续压迫上边黑二子。黑4小尖，白5尖顶获取角上根据地。

黑2也可以在a位粘，这样白会在2位一带夹击。

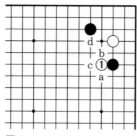

图24

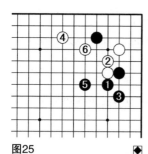

图25

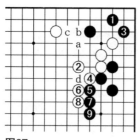

图26

图27

### ②靠

#### 图24（严厉）

白1靠是比之前小尖出头更严厉的下法。根据黑棋的应对，可以瞄准黑上边一子进行攻击。

此时黑a位扳最常见。接下来白可以b位退、c位长、d位压应对。

#### 图25（定形）

黑1、3扳虎棋形完整，这是重视右边的下法。白4夹击在上边挽回右边的损失。

黑5跳是黑棋的后续手段，白6飞压上边棋形完整，但黑一子尚有余味。

#### 图26（后续手段）

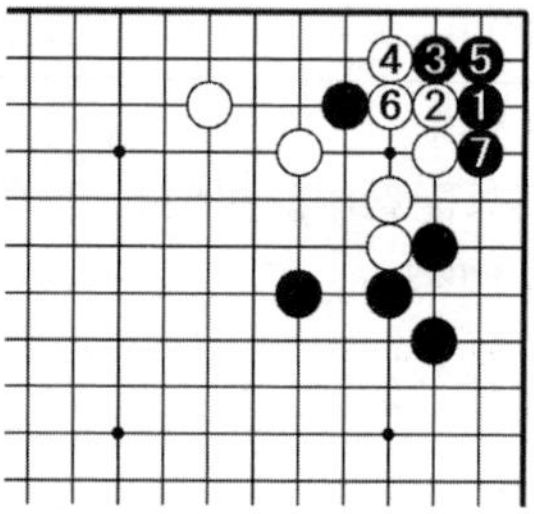

黑有1位点的手筋。

白2挡，黑3以下至黑7可以破掉白棋角地。白2若在7位挡，则黑3小尖可以做活。

图25中的白地看起来很大，但如果了解黑1手筋，就不会过度担心了。

#### 图27（白可战）

图25中的黑5，若如本图黑1小飞可以确保黑一子活棋。

但是白2至白8棋形厚实，可以满意。

黑3小尖也可以下在4位长，但白a，黑b，白c，黑3交换之后，白还是可以抢占d位的好点。

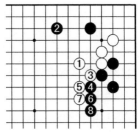

图28

### 图28（白稍不满）

图25中的白4如本图1跳，棋形坚实。

但是这样黑2可以轻松拆二，白3以下虽然可以先手利但仍然是白棋稍有不满的局面。

与上图比较就可以看出问题所在。

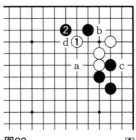

图29

### 图29（定形）

白1飞压，黑2跳出头。本图是以白棋准备脱先他投为目的。

白棋可以脱先的原因是有各种后续手段可以选择，比如a位跳整形、b位尖顶获取角地、c位夹等。不用担心有被攻击的风险。

比如黑d，则白b。

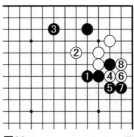

图30

### 图30（长）

黑1长，相对来说更重视自身外势的形成。

白4断吃一子可以做活。在此之前白2，黑3的交换是不想让黑棋在2位封锁。

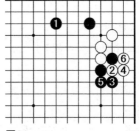

图31

### 图31（两分）

如果已经做好了被切断的准备，黑1可以直接拆二。

但是这样一来白2断，黑3、5先手利之后外势的厚度不如上图。

在实战中黑棋可以根据右边、下边的棋子配置，选择具体下法。

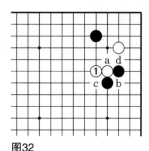

图32

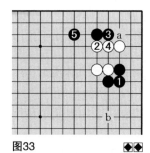

图33　◆◆

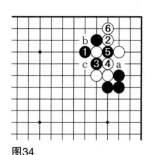

图34

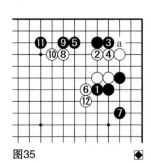

图35　◆

**图32（压长）**

白1长出头。比在a位行棋速度更快。

白棋虽然看起来连接显得薄弱，但黑棋并没有可以立即分断的合适手段。

黑棋无法接受被白b位分断，所以接下来的应手会在b、c、d中选择。

**图33（定形）**

黑1粘，白2压是棋形急所。

黑3长先手利、5跳，是基本形。

后续白a拐是角上要点，白大概率会下在b位夹击需要机会占据a位。

**图34（白好）**

上图黑3选择本图1位扳过分。

白2虎，黑打吃至白6，黑棋没有了好的下一手。若a位断，白提劫即可。初棋无劫，黑棋找不到合适的劫材。消劫让白a位粘，明显是黑不利的局面。

黑3若在b位粘，白c位虎好形。

**图35（两分）**

黑1压是非常有利的下法。

白2、4整形、6位扳头。黑7小飞、白8肩冲缓解断点压力。

黑棋得以上边、右边兼顾，白棋棋形厚实，双方可下。

白6下在a位不好，黑6长价值极大。

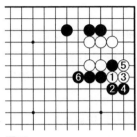

图36

### 图36（两分）

上图白6也可以如本图白1直接断吃黑一子。

但是黑2、4先手交换之后，黑6长是绝好点，黑无不满。

本图白棋获得实地，黑棋取得外势，两分。

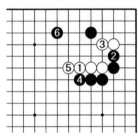

图37

### 图37（黑好）

此时白1长气势不足，有被利之感。

黑2顶好点，接下来白棋出现了断点。黑4压先手、6拆二好点。

本图明显黑棋有利。

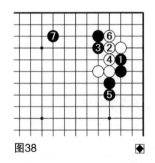

图38

### 图38（两分）

此时黑可以1位顶。白2长，黑3先手交换之后5位补断点。

白6守角确保眼位，黑7拆三。

白6在7位一带夹击也是一种选择。

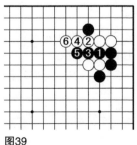

图39

### 图39（白好）

本图黑1冲是恶手。

与星位定式相同，白2、4长是简明好手。

进行至黑5，即使分断白二子，但白实地所得可观明显有利。

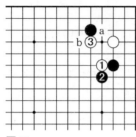

图40

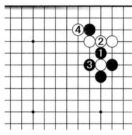

图41

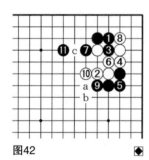

图42 ◆

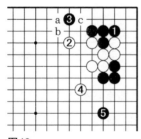

图43

### 图40（定型）

白1靠，黑2扳，白3压，形成了经典定式。

白棋形轻灵，根据黑棋的应对决定后续下法。

黑可以a位长或者b位扳。

### 图41（白好）

先来看一下黑1打吃的变化。

黑1打吃，白2粘即可。黑3提，白4扳，角上白棋实地明显更大。黑3若在4位长，白3长即可。

黑1若在3位打吃，白1位长，黑棋仍不好应对。

### 图42（定式）

黑1长简明，同时棋形坚实。白2长是棋形好点。

黑3冲寻求整形步调。黑7打吃，白8获得角地的同时确保了眼位。

白10长出头，若在a位扳，黑b扳，白c的变化比较复杂。

### 图43（白可战）

上图黑7如本图黑1拐进角，是在占据实地的同时不让白棋获取眼位。

但是有过分之嫌。白2、4可以轻松整形。

接下来白a靠，黑如果b位扳，白c夹严厉。

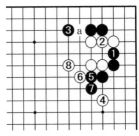

图44

**图44（白有利）**

黑1顶不好。白2粘之后白4和a位扳两点见合。

黑3跳、白4夹击急所。黑5、7出头，白8虎棋形厚实，本图战斗明显白棋有利。

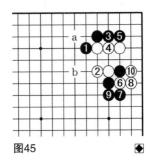

图45

**图45（两分）**

黑1扳。白2长，黑3、5获取角地。

白6断吃一子安定，两分。

黑5若在6位补断点，则白5拐，黑a，白b，白无不满。

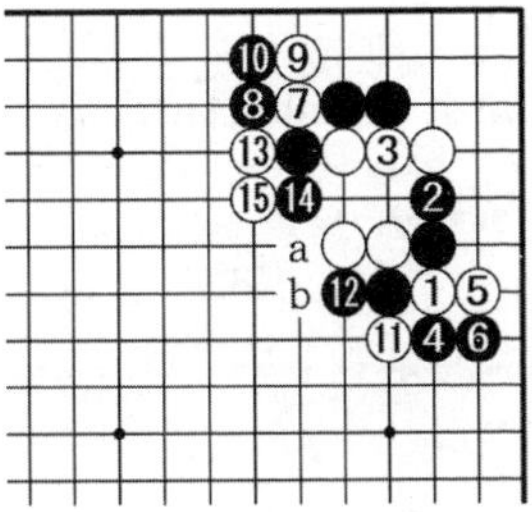

**图46（大型变化）**

上图白4如果直接在本图1位断可以吃掉黑一子当然是好手，但黑2反击严厉。

白3粘不得已，黑4打，白5立，黑6挡，黑7断寻求行棋步调。白15贴，黑若a位出头，白b断吃。

图46

**图47（两分）**

黑1打吃补强。白2可以吃掉黑二子，黑3、5联络。

白6扳，黑7提、9小飞进角做活。白先手在上边筑起厚势。

通过转换，本图双方皆可满意。

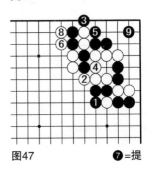

图47　　　❼=提

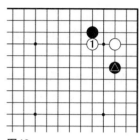

图48

③压

### 图48（目的）

白1压。压会让对手的棋形得到加固。白1的目的是让上边白棋加固之后可以攻击黑△一子。

黑可以选择让白棋实现目标，也可以发起反击。

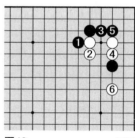

图49

### 图49（定式）

黑1扳，白2长，黑3长定形。

白4顶只此一手。接下来黑棋面临选择，是黑5进角还是如下图反击。

黑5实地大，白6夹击告一段落。黑一子还有利用的可能，双方两分。

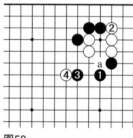

图50

### 图50（旧形）

若是黑要动出一子，可以1位小尖。如果选择a位长棋形过重。

白2挡获取角上实地，黑3跳。白4是此时的手筋，以往是定式下法。

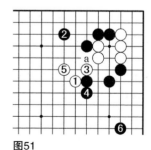

图51

### 图51（平稳）

接下来若黑3位长，白a冲严厉。

黑2小飞补强上边，白3、5向中腹出头，黑6拆边告一段落。

本图是两分，双方都是平稳应对。但要注意黑棋严厉的反击手段。

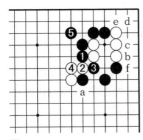

图52

### 图52（奇袭）

此时黑1冲断发动奇袭是好时机。

白a位扳确实是好点，但角上白棋还有死活问题。一旦黑棋获得先手，b位扳至f，白棋无法净活。所以现在图50的白4已经几乎不再出现。

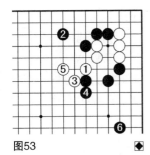

图53 ◆

### 图53（改良）

为了防止上图的变化，白1尖顶棋形坚实。这是经过改良之后的下法。

黑2小飞补断点，白3扳以下还原图51的局面。

但是面对白1，黑也有其他选择。

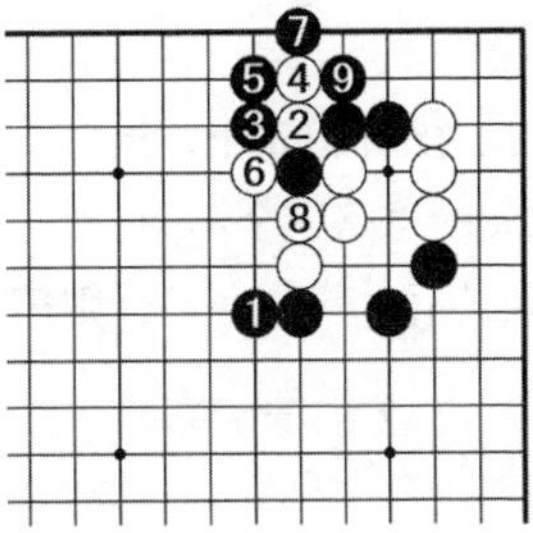

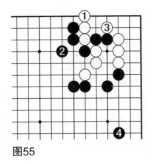

图54

### 图54（变化）

上图黑2可以如本图黑1长。

白2断，黑3打吃、5挡，白6吃掉黑一子，黑7、9渡过。

黑虽然棋子处于低位，但抢占到黑1，棋形厚实。

图55

### 图55（封锁）

上图白6如果选择白1立，黑2虎，白3扳可以吃掉黑二子。

但是黑棋外围厚实。

图53的定式是一种选择，作为白棋也需要想到本图和上图的变化。

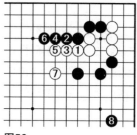

图56

### 图56（黑好）

不管是图50的白4和图53的白1，黑棋都有反击的可能。

但若是如此，白棋就选择1位挂是不对的。白1是明显的问题手。黑2长，白3、5为了出头只能继续压，黑4、6在四线上获得实地。

白1、3是明显的俗手。

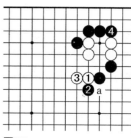

图57

### 图57（场合下法）

此时白1、3放弃角地选择出头，这是不想让黑棋下到一间跳的好点。

黑4进角，白可能会a位切断。如果不想被断，黑a位补，白4位挡获得角地。

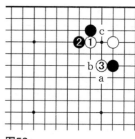

图58

### 图58（靠压）

白1，黑2交换之后白3靠压，虽然下法相似，但与图40的思路完全不同。

白3靠压，黑若a位扳，白b长，则还原图45。

下图的次序是代表定式。

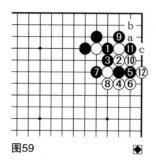

图59

### 图59（两分）

黑1挖吃、3位断。

白4吃掉黑一子，黑5立是手筋，"多长一子方可弃"。白6挡，黑7打吃，9、11都是先手利，结果两分。

白a打吃，黑b，白c交换之后黑棋可以脱先他投。

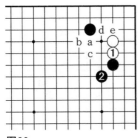

图60

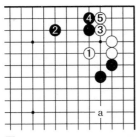

图61

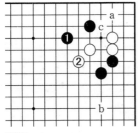

图62

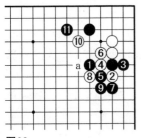

图63

④顶

**图60（调子）**

白1顶，目的是将左右两边黑棋分割的同时寻求出头的步调。

黑2是正确棋形。

接下来白a，黑b，白c，黑d，白e，会还原图50的变化，但是白并不准备这样做。

**图61（一型）**

本图的情况下，白1跳简明，棋形轻灵。

黑2拆二，白3尖顶、5挡获取角地。

白3也可以在a位一带夹击，局面将马上进入战斗模式。

**图62（其他下法）**

黑1小飞虽然也可以，但总有一种给白2顺调出头的感觉。

白2小尖，后续可以对左右两边黑棋发起攻击。

黑若在a位小飞，白b夹击；黑棋在右边拆边，白c位尖顶棋形坚实。

**图63（轻妙）**

黑1跳轻灵，不给白棋顺调的机会。

白2夹，黑3立抵抗，白4挖，黑5、7吃掉白一子。

白10飞压，黑11跳。根据具体局面也可以选择a位长出头。

## 4.二间夹

黑1二间夹。虽然对白小目一子压力降低，但相对来自白棋反击的强度也会降低。后续不论是将发展重心放在上边也好、右边也罢，棋子配置不是难事。

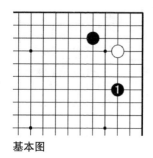

**基本图**

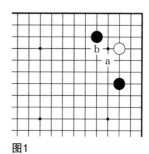

图1

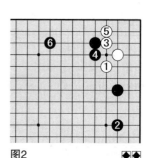

图2　◆◆

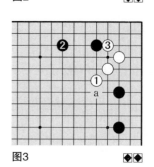

图3　◆◆

### 图1（白棋应于）

白棋首先要决定后续的行棋方针，是就地做活还是出头。

因为黑a飞封非常严厉，白棋还是应该先出头，与此同时可以分断黑棋。

白棋主要的下法有a位小尖、b位压两种。

### 图2（定式）

白1小尖棋形坚实，出头的同时准备对黑左右两边的棋子发起攻击。

黑棋要看更重视哪一边，黑2是重视上边的下法。

白3、5确保角地。

黑6拆三告一段落。

### 图3（定式）

上图白1小尖之后，白继续如本图1位小尖。白棋这样下的原因是不想让黑棋下到1位飞压或a位跳的好点。

黑2拆二，白3尖顶。上图白棋获得先手，本图白棋落了后手。但是棋形更加厚实，两分。

354

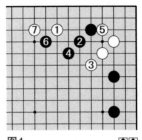

图4

◆◆

### 图4（定式）

图2中的白3可以直接如本图1位夹击。根据黑棋的应对决定后续下法。

若黑2动出，白3、5夺取黑棋根据地发动攻击。

黑6飞压棋形可以满意，本图两分。

图5

◆

### 图5（两分）

上图黑2小尖，选择本图1位小飞进角意在快速做活。

白2飞压封锁。黑3、5就地做活，白6小飞好点。

如果白6脱先，黑6位跳是好点。

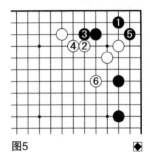

图6

### 图6（白稍不满）

白1飞压虽然是好点，但在如今的局面下则稍有不满。

黑2爬至黑6，冷静应对即可。

虽然白棋筑起厚势，但黑△二子可以限制白棋厚实的发挥空间，白稍有不满。

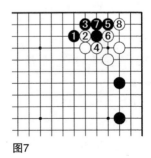

图7

### 图7（场合下法）

黑1跳棋形轻灵。但是白2、4整形之后6、8获取角地，白棋明显可下。

白棋已经确定眼位，黑棋仍然还有危险。

黑5可以考虑脱先，后续瞄着6位长。这样的话黑1跳是可以下的一个变化。

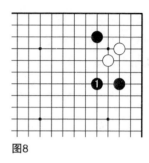

图8

**图8（跳）**

黑1跳与图2中的黑2一样，重视右边发展，而且非常积极。在右边有模样的情况下是有力的下法。

这样一来黑上边一子就不可避免的要被攻击，需要看轻处理。

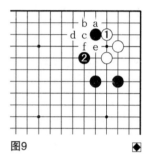

图9

**图9（定形）**

白需要先决定是就地做活还是出头。如果中腹价值不大，白选择1位尖顶做活。

黑2封锁，后续白若a位扳，黑b反扳弃掉一子。

两分。

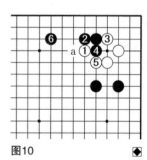

图10

**图10（定形）**

出头的话，可以白1飞压。

白3在a位长是常识下法，但在本图的局面下白3尖顶也是可选择的下法之一。

进行至黑6定形，白棋在出头的同时兼顾了角地。

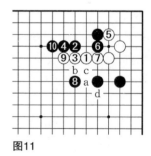

图11

**图11（黑好）**

白1出头，黑2小飞顺调好手。白3以下至黑10，黑棋上边和右边的棋形都非常完整，白明显不利。

白3若在5位尖顶，黑6，白7，黑3，黑b，白c，黑d，白不好。

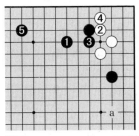

图12

◆◆

### 图12（定式）

黑若在上边落子，可以黑1小飞。

白2、4做活，黑5拆边告一段落，这是角部的代表定式。

后续右下角如果有棋子配置，白可以a位夹击。

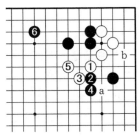

图13

### 图13（黑好）

白1小尖出头，后续6位一带夹击和a位飞压见合。

黑2、4是此时的严厉手段，白5虎补，黑6拆边。这样上下两边都得以兼顾。

后续黑还有b位小飞的急所，本图黑好。

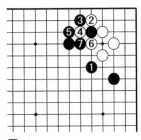

图14

### 图14（场合下法）

黑1也是可选择的下法，此时白棋想要冲破包围圈并不容易。

白2扳，黑3连扳手筋，进行至黑7成功将白棋封锁。虽然实地损失不小，但黑棋可以在外围筑起厚势。

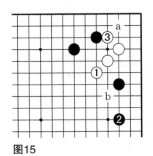

图15

### 图15（两分）

白棋不想被封锁，可以先在1位小尖出头。黑2拆二，白3尖顶。

但是黑2可能会在a位小飞进角。白b飞压必须有一手棋价值。

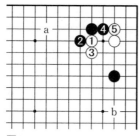

图16

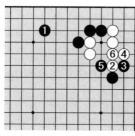

图17 ◆◆

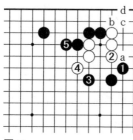

图18

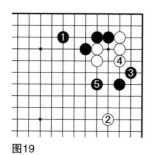

图19

### 图16（压）

白1、3压长出头。虽然会帮助对手加固棋形，但自身可以顺调出头的同时，棋形也得以完整。

黑4长，白5挡。

后续黑可以在a位或者b位拆边。那么白棋会攻击另一边黑棋。

### 图17（定式）

黑1拆边重视上边。

白2靠确保根据地完整。即使被黑3、5先手利，白2、4也非常有必要。否则会导致图18、图19的变化。

获得先手利的黑三子，暂时不着急处理。

### 图18（攻击）

上图白2以下如果有所松懈，黑1小尖好手。白2必须补断点，黑3跳严厉。

白a挡，黑还有b扳，白c，黑d的手段，局部是劫活。

### 图19（战斗）

黑1小飞补断点，棋形坚实。

此时考虑到和下边的棋子关系，白2夹击。

黑3小尖夺取白棋根据地，白4补断点，黑5跳出头，形成战斗局面。

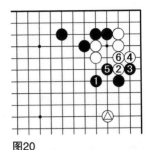

图20

### 图20（白无不满）

上图黑3如果直接在本图1位跳，白2马上补断点机敏。黑3、5先手利，但白已经完全净活。

白△与黑1的交换明显占优，黑棋还是上图的结果更好。

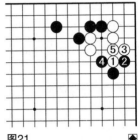

图21　◆

### 图21（坚实）

图19的战斗白如果觉得不满，2位的夹击还是应该选择本图白1补强。

黑2、4先手利。

进行至白5，与图17的局面所差无几，两分。白棋确保角地棋形坚实。

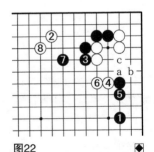

图22　◆

### 图22（两分）

黑1拆二重视右边发展。

这样白立即会在上边夹击，选择会在2位一带。

黑3压，白4靠是此时的手筋。黑4长、白6是出头的好手，同时继续保持对上边黑棋的攻击。接下来黑a或者b位、白c补断点。

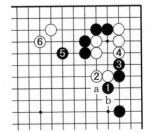

图23

### 图23（白稍好）

上图黑5如本图黑1扳。白2长，黑3长先手，结果与上图相似。

但是黑1给了白棋a或者b位的后续手段。

上图黑5的优点就是不给对手任何借用的可能。

## 5. 三间夹

黑1三间夹。这样的下法给了白棋a位拆一的空间，白棋想要获取根据地相对容易，所以黑1夹击的强度不大。一般来说是右下角有棋子配置的时候会选择三间夹。

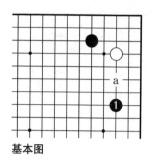

**基本图**

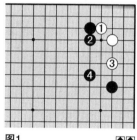

图1

### 图1（定式）

三间夹情况下特有的下法是白1尖顶、3位拆一，这样白棋获得实地的同时还能确保棋形的安定。

黑4飞封，白棋可以脱先他投。这是三间夹的代表定式。

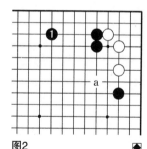

图2

### 图2（定式）

黑棋没有选择上图黑4封锁，也可以直接如本图黑1拆三。

在封锁价值不大时，或者白棋在1位一带有好手的情况下，黑棋会选直接拆边。

接下来黑a点是绝好点。

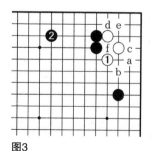

图3

### 图3（黑稍好）

白1小尖稍有不足。

黑2拆三好形，白1的问题是后续黑a、b都是好点。

黑a，白c，黑d，白e，黑f，白难办。

360

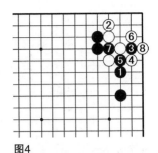

图4

### 图4（分断）

黑1跳冲击白棋形弱点。

白若5位团虽可确保安全，但棋形不佳。

白2立，黑3托，白4扳进行至黑7分断一子。白4若在6位扳，黑4位连回一子，白角尚未净活。

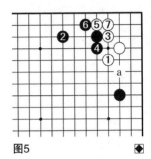

图5

### 图5（一型）

图3中的白1小尖可以先在本图白1小尖出头。

这样黑2拆二，白3再尖顶，黑4长。

白5、7扳粘告一段落。白5也可以在a位小尖。

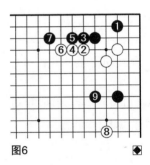

图6

### 图6（两分）

此时黑可以1位小飞进角。

白2飞压。黑3至黑7定形。白8夹击黑一子。

上边白棋还尚未安定，后续是战斗局面。

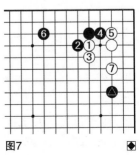

图7

### 图7（两分）

三间夹的局面下，白也可以1、3压长出头。进行至白5，黑6拆边，白7拆一补强。

与图1相比，上边黑棋好形，但没法封锁白棋。同时白棋保留了攻击黑▲一子的可能。

## 6. 二间高夹

黑1二间高夹，按照与目外的棋子位置来看，也可以称为大飞挂角。二间低夹重视右边、二间高夹是以上边发展为主要目的的下法。

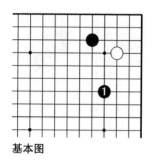

**基本图**

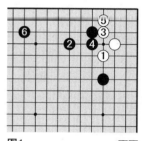

图1 ◆◆

### 图1（定式）

为了防止被黑棋封锁，白1小尖是好手。

黑2小飞，白3尖顶、5位立确保局部安定。而黑棋也与最初计划的那样，黑6在上边开拆。

这是二间高夹的代表定式。

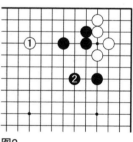

图2

### 图2（一型）

黑棋上图黑6拆边可以脱先他投。如果白1夹击，黑2跳可以将白棋简单封锁。

图1的黑6可以直接下在本图黑2位跳，如何选择要根据具体局面而定。

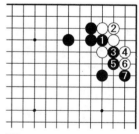

图3

### 图3（黑好）

图1中的白3既然选择了尖顶，白5立就绝不能省略。

如果脱先，黑1挤严厉。白2粘，黑3断，白棋无法应对。

白4、6弃掉一子可以保证角上安全，但黑断掉白一子外围厚实，黑好。

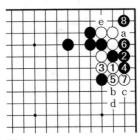

图4

### 图4（白无理）

上图白4如果选择本图白1、3反击无理。

黑4拐至黑8，角上白三子被吃。白7若在a位挡，黑7爬，白b，黑c，白d，黑e，对杀仍然白不利。

图1中白5是非常重要的一手。

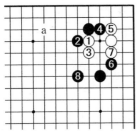

图5

### 图5（还原）

白1、3压长，黑4，白5定形。

接下来黑6小尖，白7顶，黑8跳与348页图50棋形相同。

黑6若在a位拆边，白6跳，黑脱先他投。

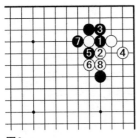

图6

### 图6（两分）

本图黑可以1位挖。白2挡，黑3之后白棋出现了两处断点。

白2不能在3位打吃，黑2长变成裂形。

白4下虎，黑5打吃，白6、8弃掉一子出头，双方可下。

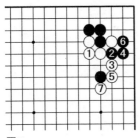

图7

### 图7（黑好）

上图白4如本图白1粘略亏。

黑2断必然，白一子被吃。

白5先手、7位扳基本制服外围黑子，但角上实地非常可观，本图黑可以满意。

## 7. 大斜·简明型

黑1一间高夹有一个非常响亮的名字叫做"大斜"。根据双方的后续应对，有可能会形成非常复杂的大斜定式。先来讲一下简明版的定式棋形。

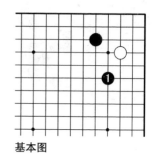

基本图

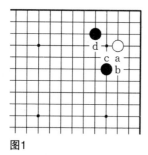

图1

### 图1（白棋应于）

黑棋大斜，白棋的应手主要有a位并、b位托、c位尖顶、d位压等4种。

白d压是大斜复杂定式的起点。其他3种下法相对简明。当然即使白选择d位压，也有可以避免复杂变化的下法。

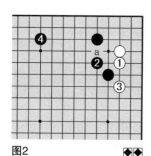

图2

◆◆

### ①并

### 图2（定式）

白1并，白a压和3位跳见合。黑2小尖，白3跳，这是非常简明的下法。

黑4在上边拆边告一段落。

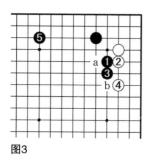

图3

### 图3（比较）

白棋小目挂角，黑1飞压至黑5是常见定式。与上图的不同就是黑1在a位。

现在将本图与上图进行对比，来探讨黑棋的优劣。

首先这个定式的要点是b位——

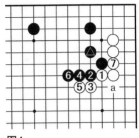

图4

### 图4（黑好形）

白1压，黑2、4扳长即可。白7粘补断点，黑△好点，黑棋形没有弱点（请参考322页图3）。

所以在此局面下白1会下在a位整形。

而且——

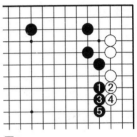

图5

### 图5（压迫）

此时黑1跳封可以继续压迫白棋。

图3的黑棋并没有跳封的选点，所以黑棋还是图2的棋形更好。

所以虽然图2的白棋棋形稍逊于图3，但是图2也是公认的定式图形。

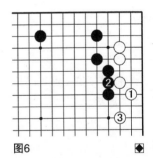

图6 ◆

### 图6（定形）

上图白2、4会帮助黑3、5助长黑棋的外势。

此时白1小尖，虽然棋子处在低位，但是黑2粘，白3可以小飞出逃。

图5中的黑1是扩张外势的好手。

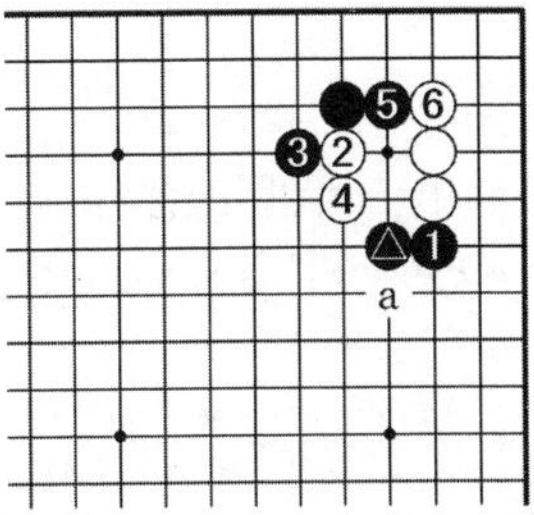

### 图7（白重）

此时黑1挡把棋形走重。白2、4压长出头，白6挡确保角地。

黑5和黑△被分断，棋形显得笨重。如一间夹变化中所示，△若在a位是好形。

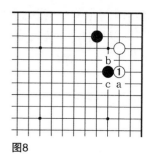

图8

②托

### 图8（回避复杂）

白1托，同样可以避开复杂定式。

黑棋的应手有a位扳或者联络二子。

若黑a位扳，白可以b位出头或者c位断。

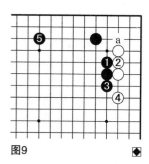

图9

### 图9（基本两分）

黑1连回。白2粘、黑3长、白4跳、黑5拆边告一段落。

与图3对比可以发现，白棋多在三线爬了一子。虽然会帮助黑棋外势加厚，但另一方面黑a的严厉程度有所降低。基本是两分局面。

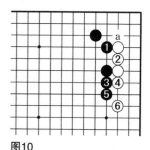

图10

### 图10（定型）

白托，黑也可以1位尖顶。

黑下一手有a位和4位扳的两个选择，白棋只有2位粘能够抵抗。黑3、5长形成比上图更完整的厚势。

不足之处是黑棋实地会有损失，与上图相比各有好坏。

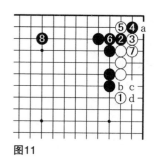

图11

### 图11（黑好）

上图白4不能如本图直接白1跳。

黑2、4连扳好手，白棋气紧的问题非常严重。进行至白7，黑可以随时吃掉白一子。

白7若在a位打吃，黑b冲，白c挡，黑d断，可以分断白棋外围一子。

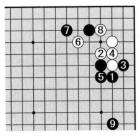

图12

### 图12（定式）

黑1扳是希望在右边有所发展。

白2虎分断黑棋联络。黑3打吃心情极佳。白6飞压，黑7跳轻灵处理。黑9拆三告一段落。

白8尖顶可以确保眼位。

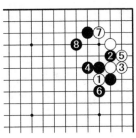

图13

### 图13（征子关系）

白1断必须要提前考虑征子的情况。

黑2、4是常用的手段。白5、7在角上做活，征子黑棋有利，黑6打吃棋形厚实。

本图白稍有不满。

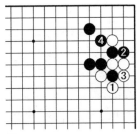

图14

### 图14（黑好）

为了不让黑棋征吃，白选1位吃掉黑外围一子。此时黑2冲即可。

白3提，黑4虎角地极大。本图黑棋明显优势。

即使上图黑棋征子不利，也有其他的选择。

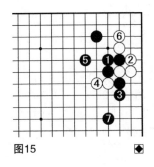

图15

### 图15（战斗）

此时可以黑1粘。黑若在3位打吃、白2冲与上图基本相同。

白2渡过，黑3长形成战斗局面。

白4长，黑5跳补。白6补角，黑7小飞，形成战斗局面。

③尖顶

**图16（实地与厚势）**

白1尖顶简明。黑2若在a位立，还原一间夹白出头的变化。

黑2扳，白a扳或者b挖应对。不论如何选择都会形成黑棋厚实、白棋实地的局面。

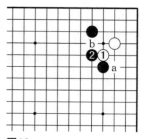

图16

**图17（定式）**

白1扳。黑2长，白3、5爬、7位跳出是非常重要的次序。

黑8拆边告一段落，这是基本定式。

后续变化中会进行讲解，此时进角价值巨大。

还是尽快抢占角地为好。

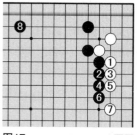

图17 ◆◆

**图18（白失败）**

上图黑5如果直接如本图1位跳，准备不够充分。

黑2打吃、4连扳。白7、9只能忍耐、黑10拆边明显优势。

白9若在a位打吃，黑b，白c，黑d可以分断白外围一子。

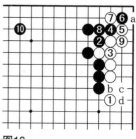

图18

**图19（定式之后）**

图17定式之后，在角上落子价值极大。

轮到黑棋先下，黑1打吃、3位虎扳、5立是很好的整形手段。与下图进行对比就可以看出区别，黑棋在减少白棋实地的同时，加强了自身棋形，外势变得非常厚实。

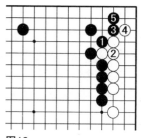

图19

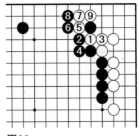

图20

### 图20（白棋的后续手段）

轮到白棋先下，白1挖是好手。黑2打吃、白3粘，黑棋出现了两处断点。

一般来说黑棋会在4位粘。那么白5断可以吃掉黑一子。

黑棋外势会变得非常厚实，但对于白棋来说角上实地也极为可观。

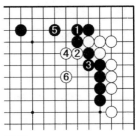

图21

### 图21（战斗）

黑1在下边粘，是重视实地的下法。白2断吃必然，后续形成战斗局面。

但是黑5跳棋子都处在低位，白三子与黑六子的棋子强度不分上下，黑棋的厚势被侵消，黑1粘是场合下法。

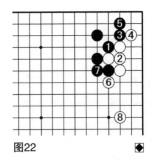

图22

### 图22（两分）

图17中的黑2长，可以如本图黑1打吃整形。

白2粘，黑3、5进角确保眼位。黑棋不想出现图20的局面，更为重视实地。

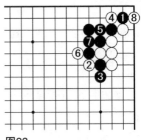

图23

### 图23（黑不利）

上图黑5，在本图黑1连扳也是局部选择之一。

但是白2打吃之后4、6都是先手利。黑棋变成愚型的同时，面对白2一子也没有好的攻击手段。

本图不推荐。

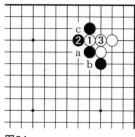

图24

## 图24（挖粘）

白1挖。黑2打吃，白3粘。白棋形虽然不佳，但这样一来黑棋出现了3个断点。白棋可以借此轻松成活。

黑棋的应手有a、b、c 3个粘住联络。

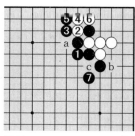

图25

## 图25（定式）

黑1粘，白2断。黑3、5获取外势，黑7虎补告一段落。两分。

白a断不成立，会被夹吃。

黑7若在b位立，会出现a、c两处断点，棋形略显薄弱。

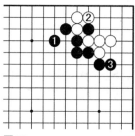

图26

## 图26（定式）

上图黑5可以直接如本图1位虎、3位立。

上图是黑棋在上边补强，本图则是右边棋形完整，上边留有空隙。

很明显，上图重视上边发展，本图更重视右边。

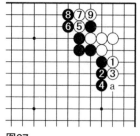

图27

## 图27（黑厚）

如果不想形成上图局面，白1、3也是一种变化。

黑4长，白5断。

但是这样一来黑棋的外势更加厚实，黑a拐价值很大。

本图并不能算是好选择。

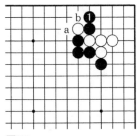

图28

### 图28（立）

图25中的黑3，也可以如本图黑1立。弃掉二子可以获得更多的先手利。

白棋当然不能允许黑棋吃掉白一子。白a长稍显无理，此时白b是比较常见的应对。

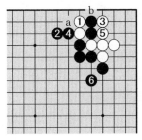

图29 ◆◆

### 图29（定式）

白1挡，黑2小飞是棋形好点。

白3夹吃简明。黑4先手，黑6告一段落。

后续黑a、白b交换是黑棋的先手利。与图25对比可以看出黑棋明显更加厚实。

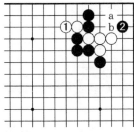

图30

### 图30（白无理）

白1长无理。黑2动出二子必然。

白棋并没有好的应对手段。

比如白a跳，黑b冲即可。白气紧对杀不利。

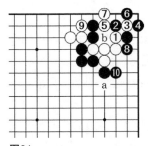

图31

### 图31（黑好）

接下来白1、3抵抗，进行至黑10明显是黑好的局面。

白1若下在10位扳，黑a长即可。角上白棋已经不可能全部行程实地。

白1若下在5位，黑b冲可以做活，同时还保持对上边白棋的攻击。

371

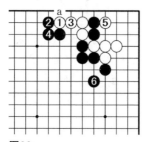

图32

### 图32（黑好）

黑棋小飞，白2托想要大吃黑角上二子。但这样下结果并不理想。

黑4粘，白5必须夹吃。黑6虎，外势更加厚实。

日后黑a扳，白棋所得实地与图29相同，白1得不偿失。

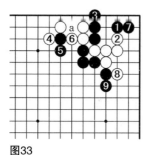

图33

### 图33（黑可战）

而且上图白1，也有可能招致本图黑1的反击。

白2顶，黑3立好手。白4若在7位扳，黑a位挖，白二子被吃。

白4、6出头，黑7进角做活。本图明显黑好。

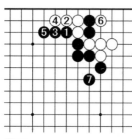

图34

### 图34（黑稍不满）

此时黑1、3的下法虽说简明，白6夹，黑7虎补之后外势可观。

但是与图29对比就可以发现，黑棋上边棋形尚不完整，黑1还是在3位小飞是正形。

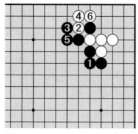

图35

### 图35（定式）

黑1粘。本图后续几乎没有任何变化，非常简明。

白2断，黑3打吃、5粘告一段落。两分。

本图虽然上边和下边的棋形都不完整，但黑棋先手在握，可以满意。

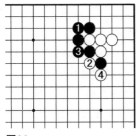

图36

### 图36（第三个粘）

黑1粘，白2断吃、4位打吃掉黑一子。

黑1是重视上边的下法，但也不能让下边一子简单被吃。必须通过弃子来获得一定利益才行。

接下来——

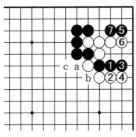

图37

### 图37（定形）

黑1立。多长一子方可弃。

白2、4封住黑棋。黑5点是黑棋的既定手段。

白6挡，黑7连回。虽然黑棋是后手，但是实地所得极大。

黑a保留，这样还有b位的后续手段。若白先在a位出头、黑c扳即可。

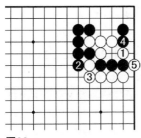

图38

### 图38（白不好）

上图白6如果在本图1位尖顶不好。

黑2打吃先手，上图b位先手消失，黑4挤，黑棋获得先手。

虽然这样白棋形没有余味，但一手之差明显更为重要。

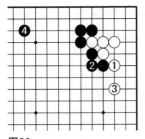

图39

### 图39（黑好）

此时白1扳稍缓。

黑2粘，白3跳，黑4拆边棋形明显更为舒展。

白1应该在2位断吃，形成图36的局面。

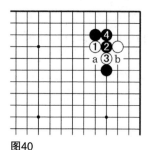

图40

④压

**图40（复杂局面）**

白1压。黑2、4挖粘给白棋留下了两个断点。本图会形成复杂的局面。

白棋有a、b两种选择。白a简明；白b也有可以避免复杂变化的下法。

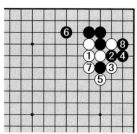

图41 ◆◆

**图41（定式）**

白1粘前提是白5打吃征子有利。

黑2断，白3打吃，黑4立，白5征吃。

黑6跳，白7提先手告一段落。这是避免复杂局面的代表定式。

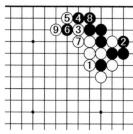

图42

**图42（白好）**

上图黑6跳不可省略。

否则如本图白1先手提，黑2拐吃，白3、5连扳严厉。

黑6打吃，白7粘，黑8粘，白9打吃，外势极厚。

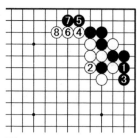

图43

**图43（黑过于重视实地）**

图41中的黑6，如果在本图直接1位打吃过于重视实地。白2提必然。黑1、3都在二线落子，子效明显不佳。

白4扳、6长，黑7爬，白8继续长。白棋虽然落了后手，但外势厚实明显可以满意。

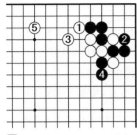

图44

### 图44（黑满足）

图41中的白5，如本图1位扳，不让黑棋在上边落子。显然这是重视上边的下法。

但是黑2拐吃，白3虎，黑4长。黑棋形完整可以满意。

白1是场合下法。

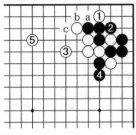

图45

### 图45（黑满足）

上图白3先在本图1位交换是手筋下法。

黑若a位拐，则白b挡是先手。黑2直接提即可避免被利。白5拆边告一段落，本图仍然是黑好。

黑b、白c交换之后，还有a位断的后续手段，这是白1手筋留下的官子。

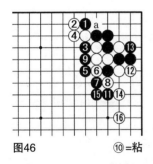

图46　　　　⑩=粘

### 图46（白可战）

图44中的黑2如果在本图直接1位扳有些过分。白2连扳严厉。

黑3、5可以滚打，但是白14、16出头，棋形安全。同时白a断吃还是先手，黑棋得不偿失。

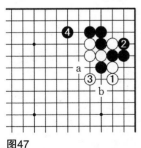

图47

### 图47（白不利）

如果征子不利，图41的白5只能如本图1位长。

黑2、4整形，后续还有a、b刺的先手利。

白如果征子不利，选图41的白1还是需要谨慎。

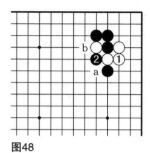

图48

### 图48（下边粘）

图40的基本图之后，白1在下边粘。黑2断吃之后可以向复杂棋形发展。当然白棋也有简明处理的方法。

白棋的下一手有a位断吃和b位长。白b位长的变化复杂繁多，选择a位断吃可以简单定形。

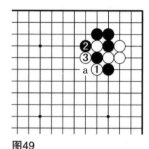

图49

### 图49（打吃）

白1断吃。黑2提，白3打吃必然。

此时若黑若下在a位开劫，就会变成天下大劫。但是因为白先提劫，黑棋一旦找不到合适劫材，白棋消劫之后局部优势极大。

所以白棋并不用担心黑在a位开劫。

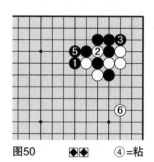

图50　◆◆　　④＝粘

### 图50（定式）

此时黑棋的下法有本图和下图两种。

首先是黑1打吃。白2提，黑3拐获得角地。白4粘，黑5粘，白6拆边告一段落。

本图结果两分。

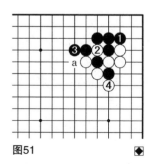

图51　　　　◆

### 图51（两分）

上图黑1也可以直接入本图1位拐。

白2提，黑3长。黑a拐是后手，白4打吃局部告一段落。

上图与本图各有优劣，都是两分局面。

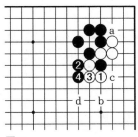

图52

### 图52（黑好）

如果不想打劫，图49中的白3可以直接入本图白1打吃。

黑2打吃、4压棋形厚实。

后续白若a位进角，黑b，白c，黑d，结果与图55相近。但是能够吃掉白一子，明显本图黑棋形更加厚实。

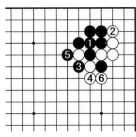

图53

### 图53（白好）

面对白棋打吃，黑1粘明显被利。

白2进角，黑3、5吃掉一子，白6打吃。黑1明显是浪费了一手棋。

黑1应该选图50或者图51的变化。

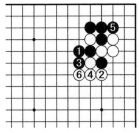

图54

### 图54（两分）

图49中的黑2提，改为本图黑1长。

白2打吃，黑3打吃，白4粘。

后续5和6见合。黑若5位进角，白6拐。黑5实地很大，白6对外围厚势发展有较大帮助。

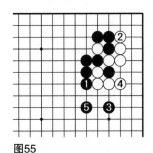

图55

### 图55（两分）

黑棋如果想要在上边形成厚势，可以选择1位压。

白2进角，黑3是棋形急所。黑4扳好点，白4立是本手。黑5跳告一段落。

本图两分。

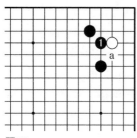

图56

### 图56（脱先）

如果在棋盘其他地方有急需处理的问题，面对大斜白棋也可以选择脱先他投。当然在这个局部结果肯定是亏损的。

白棋如果脱先，黑会选择1位尖顶或者a位尖顶。

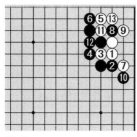

图57 ◆◆

### 图57（定式）

面对黑棋尖顶，白若是想动出一子，可以选择1位长。如果直接8位进角，黑1虎，白明显不利。

黑2挡，白3冲制造断点，白5小飞做活。黑6挡，白7以下确保眼形。

黑8如果直接在10位挡，会稍有不满。后续会介绍原因。

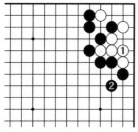

图58

### 图58（其他下法）

上图白11如果直接在本图1位粘也可以做活。

黑2虎，白可以脱先他投。上图进行至白13，白落后手。

但是如果就这样脱先，白棋只能忍耐下图的变化。

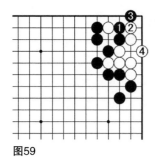

图59

### 图59（黑棋的权利）

黑1、3先手吃掉白一子。白只能2、4委屈地两眼做活。

所以只要不是在棋盘上有非常重要的急所，即使落了后手，白棋也应该选择图57的变化。

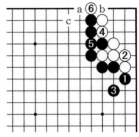

图60

### 图60（旧型）

图57中的黑8，如本图黑1扳，曾经是定式下法。

白2粘先手，接下来4、6做活。若黑a，白b，黑c，白先手做活。

因为对本图略有不满，经过改良之后就有了图57的新定式出现。

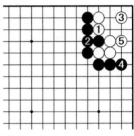

图61

### 图61（白不满）

图57中的白7，如果直接在本图1位打吃、3位跳可以做活。这是为了不让黑棋下到图57中的黑8扳。

但是这样一来黑4立就是先手，白5必须补活。白稍有不满。

此时图57是最常见的下法。

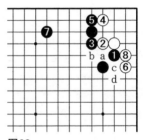

图62

### 图62（白可战）

面对白棋脱先，黑也可以1位尖顶。白2长，黑3压。

白4跳先手利，白6是此时的好手。如果直接在8位扳，则黑6，白a，黑b，白c，黑d打劫。

黑7拆边，白8补强。

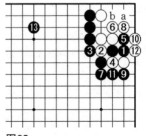

图63

### 图63（强袭）

上图黑7如果直接在本图1位分断，白2挤是既定手段。

但是黑可以3位挡。

白8紧气，可以防止黑8，白a，黑b的劫争。但是这样一来黑9、11在外边先手紧气，外势厚实。

如果周围有棋子配置，黑3也可以4位粘、白3拐出头，形成战斗局面。

## 8.大斜·难解型

黑棋大斜，白1压，黑2以下是一本道。白5粘，黑6断吃，白7长形成了名为"大斜千变"的定式局面。大斜千变与雪崩起名，是围棋定式中的经典复杂定式。

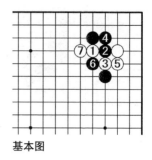

**基本图**

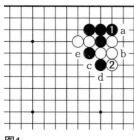

图1

### 图1（要点）

白若逃出一子，黑1拐是此时的好点。

白2拐，后续a、b可以确保眼位。

此时黑可以选择的下法有c、d、e等。大斜定式的变化分支较多，后续会慢慢展开。

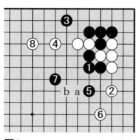

图2

### 图2（代表定式）

黑1粘。白2跳，黑3小飞出头。白4跳，黑5、7整形。战斗在所难免。

黑5也可以轻灵的在a或者b位出头。

本图是大斜的代表定式。

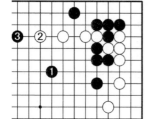

图3

### 图3（定形）

上图黑7也可以如本图黑1超大飞。虽然相比之下棋形略显薄弱，但行棋速度加快。

左上角如果有棋子配置，白2跳，黑3可以直接对白数子发起攻击，以下形成战斗局面。

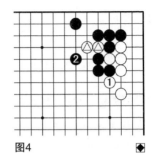

图4

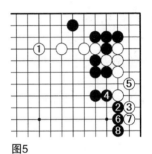

图5

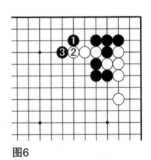

图6

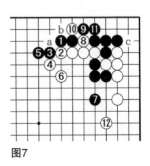

图7

### 图4（两分）

上图的进程中如果白棋△二子觉得负担过重，可以选择看轻二子的下法。

白1虎。

黑2跳封，白二子暂时无法动弹，但还保留了各种变化。黑棋形厚实，在上边有一定发展，白棋获得先手。

### 图5（场合下法）

图2中的白6，也可以直接在本图1位跳出。这样能够避免图3中的黑棋的攻击。

但是黑2靠可以将白棋都限制在低位，自身棋形厚实，可以满意。

白1是场合下法。

### 图6（跳出）

图2中的黑3，还可以尝试其他各种下法。比如本图黑1跳。

白2压，黑3扳。这里包含着骗招，需要引起注意。

正确应对是白可下的局面。

### 图7（白稍好）

上图黑3，普通的下法是本图黑1长。白2会继续压。

黑3、5扳头，白6虎棋形厚实。接下来白8、10冲断试应手，黑11粘以后有a位断吃的后续手段；黑若在b位打，则白在角上c位扳先手。

本图白稍好。

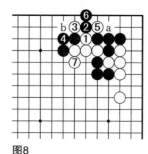

图8

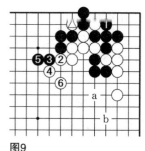

图9

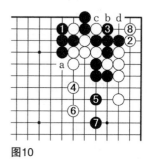

图10

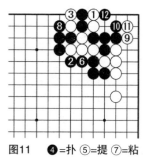

图11　❹=扑 ⑤=提 ⑦=粘

### 图8（白的应对）

接图6。

白1冲。黑2挡，白3打吃，黑4粘，白5打吃。

黑6立是此时的关键一手。白7必须出头，如果吃掉黑二子就会落入圈套。

黑应该下在a位还是b位呢。

### 图9（白好）

黑若在1位打吃，白2拐是棋形急所。白△一子尚有活力，黑3、5扳长加强自身棋形。

白6虎补，中腹明显是白棋更厚实。

接下来黑a跳，白b小飞，黑棋形笨重，后续战斗会处于不利地位。

### 图10（白好）

黑选择本图1位打吃，白a位拐的价值变小。但与此同时白2扳变成先手。

白4、6攻击黑棋，白8进角极大。接下来白b、黑c、白d是白棋的先手权利。

本图白有利。

### 图11（白中计）

图8中的白7，绝对不能想着下在1位吃掉黑二子。

黑2打吃，4、6是常用手筋。黑8封锁，对杀白不利。白棋明显中计。

图8中的白7是关键的一手。

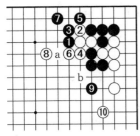

图12

### 图12（白好）

黑1鼻顶。白2拐，黑3挡，这是会引起复杂变化的下法。

白4出头好手。黑5以下进行至白10，与图2对比可知白无不满。

黑7若在a位扳，白b是好点。

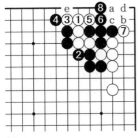

图13

### 图13（白中计）

上图白4若在本图1位立，黑2封锁。

白7扳，黑8是早已准备好的手筋。白棋被吃。白a，黑b；白c，黑b，白d试图直接劫争，但黑可以e位紧气，白仍然被吃。

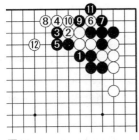

图14

### 图14（白稍好）

黑1直接封锁，是比图12的黑3温和的下法。但是白棋也不能放松警惕。

白2拐。黑3扳，白4、6先手交换后白8出头。黑9、11做活，白12小飞出头，本图白稍好。

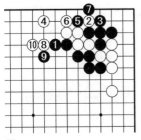

图15

### 图15（白好）

黑1长。

简明的下法是白2扳、4位小飞。黑5、7吃掉白一子，白8、10出头，本图明显白可以满意。

白4若在5位粘也是白可战的局面，具体变化省略。

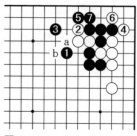

图16

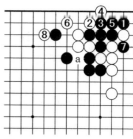

图17

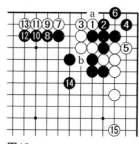

图18

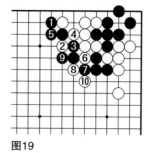

图19

### 图16（白好）

黑1跳，白2拐，黑3飞封。

此时白4扳简明。黑5扳，白6扳获取角地的同时可以脱先他投，白可以满意。

白2若在a位长，黑b扳棋形重。

### 图17（白好）

上图黑5，如果选择本图黑1扳，白2、4先手交换之后6位虎。

黑7吃掉一子，白8碰是此时的手筋。白还有a位冲断的后续手段，不用担心死活问题。

本图白好。

### 图18（定形）

图16的白4，也可以选择本图1、3扳粘。黑4、6可以局部做活，但后续白a是先手利。

进行至白15，本图基本上是双方两分的结果。

白13也可以考虑直接b位冲断作战。

### 图19（黑无理）

上图黑8直接在1位扳无理。

白2夹整形简明易懂。

黑3冲，白4以下一本道。进行至白10，黑四子已经无法动弹。棋筋被吃，黑大亏。

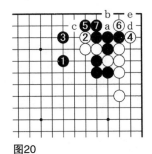

图20

### 图20（白好）

黑1跳夹、3位跳封锁。白棋的思路与上图一样，都是要想办法腾挪。

首先是白4扳、6扳先手获取角地。

黑7若下在a位是问题手。白b，黑7之后白棋还有c位扳的后续手段。黑d，白e可以做劫。

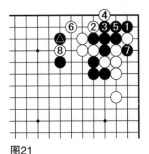

图21

### 图21（白好）

上图黑5若在1位扳，白2扳至白6的下图与图17相同。

黑7打吃，白8挖是此时的手筋。

黑▲一子无法起到作用，本图白好。

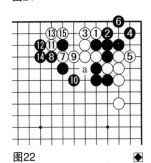

图22 ◆

### 图22（定形）

白1、3扳粘在本图中是有效的效法。

黑4做活，白5立是先手。白7挖是此时的手筋。

黑8、10应对，白11断吃黑一子做活。

黑8若在9位打吃，白可以a位拐出头。

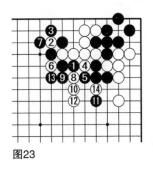

图23

### 图23（黑无理）

上图黑10如果选择本图1、3紧气的下法无理。如果白棋征子有利，白4可以直接在7位长。本图白4以下的变化也非常简明明了。

黑5挡，白6断吃之后是一本道。黑11跳，白12先手，黑13拐吃，白14挖黑四子被吃。

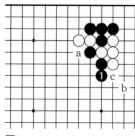

图24

### 图24（长）

图1基本图中，黑棋的第二个选点是黑1长。

白是保留a位还会先做交换呢。如果打吃之后继续面临选择，是b位小飞还是c位爬比较好。

不管如何后续都会发展成大型定式。

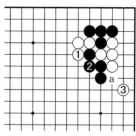

图25

### 图25（定型）

白1打吃，黑2必须粘。这样使得黑棋变成愚形，白心情不错。

但此时黑棋虽然棋形不佳，却颇有弹性。

白3小飞出头，等待黑棋出招。白3之后的下法如下图。除此之外，白还可以a位爬紧气。

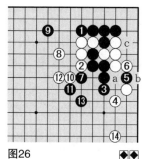

图26    ◆◆

### 图26（定式）

黑1爬紧气，促使白三子必须马上动出。

白2压，黑3长是棋形好点。进行至白14告一段落。

接下来黑a，白b，黑c价值极大。

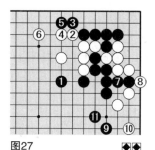

图27    ◆◆

### 图27（定式）

上图黑9，在重视中腹的情况下可以如本图黑1跳。

那么白2扳、4长。可以理解为上图白8跳之后，10、12和本图的2、4见合。

白棋子都处于低位，黑无不满。

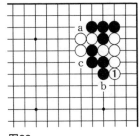

图28

### 图28（爬）

为了紧黑四子气，白选1位爬。这样一来黑棋就不能选择上图a位应对。

黑棋的下法有两种，在b位长或者c位拐。

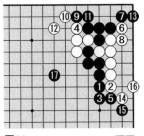

图29

### 图29（定式）

黑1长，白2爬、4位拐。

黑5拐，白6、8扳粘与黑9、11扳粘交换，双方都就地做活。两分。

黑17是此时的棋形要点，双方都可满意。

◆◆

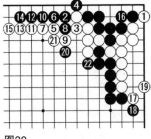

图30

### 图30（黑稍好）

上图白12如本图白1扳，不让黑棋轻易做活。但结果并不能令人满意。

黑2夹好手。虽然棋子处于低位，但黑棋只要做活就可以下到20、22位的好点加强外围厚势，本图黑棋稍好。

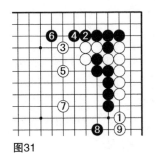

图31

### 图31（其他下法）

图29的白4，也可以如本图白1跳出头。

这样黑2至黑6在上边出头，白7跳，黑8小飞，双方会在中腹战斗，本图也是双方两分。

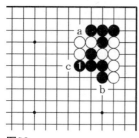

图32

**图32（拐）**

白棋爬的目的是让黑四子气紧，那么黑1拐就是也让白棋三子气紧。

后续白棋可以a位拐。如果b位扳，则黑1长，白棋不好应对。

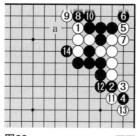

图33　◆◆

**图33（定式）**

白1拐，黑2、4连扳。接下来白5、7先手扳粘，白11、13可以吃掉黑一子。

黑14扳告一段落。后续白五子如何动出是非常重要的问题。如果黑棋觉得图35的局面不利，可以找时机下到a位补强。

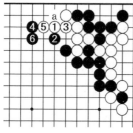

图34

**图34（白无理）**

白棋直接动出无理。

白1虎，黑2、白3交换之后黑4飞封是手筋。白5顶，黑6长，此处对杀白棋没有胜算。

白1如果在3位粘仍然会陷入苦战。黑1位靠，白a拐，黑5长即可。

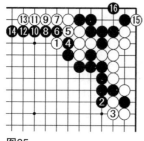

图35

**图35（目的）**

如果要动出白五子，白1跳是此时的手筋。但是一定要在上边有白棋子配置的情况下才可以选择本图。现在的局面下，白1时机不佳。

黑棋不仅外势极厚，白15扳，黑16虎，黑角仍然粘性十足。

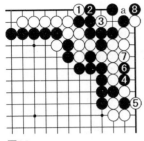

图36

### 图36（打劫）

白1、3破眼，黑4打吃、8位扑仍然可以形成劫活。

白1若在5位提，黑3位团，白a仍然是劫活。

但是角上的黑棋也不是净活这一点需要引起注意。

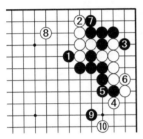

图37

### 图37（两分）

图33中的黑4连扳，也可以选择本图黑1扳。后续的变化可能会比较复杂。

此时白2立好手，对黑角施加压力的同时，有了8位拆二的下一手。

白4、6稳健应对，黑7角上做活。白8、10两边出头。

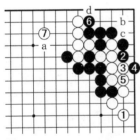

图38

### 图38（白稍好）

上图白6可以直接1位虎补。黑2、4先手利，但白棋已经确保了右边棋形的安定。

黑6补活，白7拆二告一段落。

黑6若在a位飞，白b，黑c，白d，黑棋可以弃掉角上获取外势。

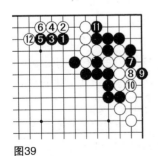

图39

### 图39（白稍好）

上图黑2可以选择本图1位小飞先发制人。白2托寻求眼形。

白6爬，黑不能继续跟着长了。黑7至11在角上做活，白12扳出头。本图白无不满。

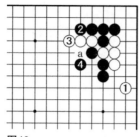

图40

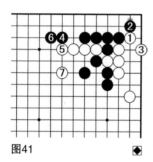

图41 ◆

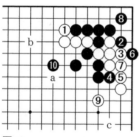

图42

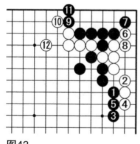

图43

### 图40（小飞）

白1直接小飞出头。

黑可以在2位爬或者a位压。如果在a位压，白3长，棋形与图44相同，请移步下页阅读。

面对黑2爬，白可以选择3位长或者a位打吃。若白a位打吃，黑粘，则还原图25。

白3长，黑4虎补。

### 图41（两分）

接下来白1、3扳虎，先确定边上活棋。

黑4跳，白5压、7位跳在中腹形成互攻局面。

双方棋子强弱程度相近，两分。

### 图42（黑稍好）

上图白1拐稍有过分之嫌。

黑2以下先确保角上做活。白9小飞出头。与上图不同的是，此时白棋还没有做活。

黑10或者a位出头，接下来黑b和c位见合，白两边不好兼顾。

### 图43（两分）

上图黑2选择本图1位尖顶，意在走厚外势，但这样的下法稍有疑问。

白2以下右边局部净活，进行至白12，上边也已经整形完成。

与上图相比，虽然黑棋中腹厚实，但也失去了攻击白棋的可能性。

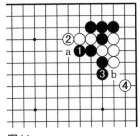

图44

### 图44（压）

黑1压。这是基本图所示的黑棋3种下法之一。黑棋直接3位长，白可以1位打吃。所以黑1是拒绝白棋打吃的下法。

黑3长也可以继续a位压，白4也可以b位爬。

本图白棋做出选择的情况下，必须思考征子情况。

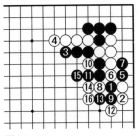

图45

### 图45（征子关系）

本图讲解征子关系。

黑1尖顶，白2长。如果白棋征子不利，黑3压，白4长交换之后，黑5扳严厉，白崩。

白8断至白16打吃，必须征子有利。这也是上图白4可以小飞出头的前提。

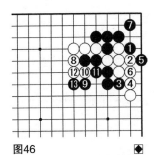

图46

### 图46（战斗）

白小飞，黑1位扳。白2挡，黑3至7寻求角上安定。白棋获得先手。

白8拐，黑9跳一下进行至黑13形成战斗局面。

黑1若先在3位冲，白4，黑1，白5跳好手。

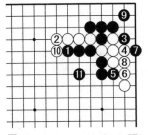

图47

### 图47（战斗）

上图黑1扳意在做活。黑棋也可以选择本图黑1压。黑2长必然，后续黑3至黑9补强角上。

白10拐，黑11跳方是棋形好点。

本图与上图相比优劣难辨，需要根据具体局面做出选择。

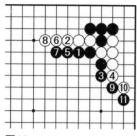

图48

### 图48（连扳）

黑1压、3位长。如果图45的征子白棋不利，白棋只能4位爬。

这样黑5、7压之后7、9连扳严厉。后续变化明显黑棋更加有力。白棋征子不利的话，需要在开始选择定式的时候就考虑到这个问题。

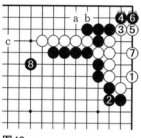

图49

### 图49（黑稍好）

白1妥协做活是简明的下法。

但是这样一来白棋后手做活，黑8小飞好点。

后续白a跳先手，然后c位拆二出头。但是黑外势厚实，本图黑好。

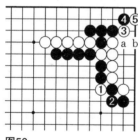

图50

### 图50（打劫）

白1打吃，白3、5角上连扳。

黑a打吃，白b做劫。白1断吃意在创造劫材。

黑棋的应对一旦出现失误将会造成严重后果。

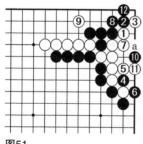

图51

### 图51（黑好）

如果没有交换上图的白1、黑2，而是选择本图1、3，黑4、6吃掉一子，白崩。

进行至黑12，形成白棋不利的缓一气劫。

白7若在8位打吃，黑7位断，白a开劫。轮到黑棋提劫，白棋没有合适的劫材。

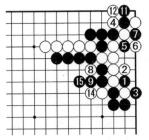

图52　⑩ ⑬=⑦ ⑩、⑭/⑯=提

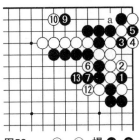

图53　⑧、⑭=提　⑪=⑤

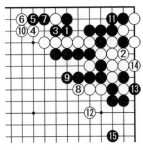

图54

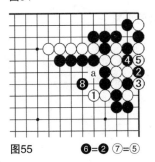

图55　⑥=❷　⑦=⑤

### 图52（白好）

接图50，黑1、3断吃一子就会中了白棋的圈套。

白4断吃，黑5、白6做劫。黑7提劫，白8是准备好的劫材。黑11是唯一一枚本身劫，但白棋14打吃之后16提劫，黑棋已经找不到合适的劫材。

### 图53（正确次序）

黑1正确，但是白2打吃的时候，黑不能立即吃掉白一子，而应该选择黑3断吃。白不能下在a位，黑角的处理会更加从容。

白棋6~12都是劫材，黑9也同样可以作为劫材使用。白14提劫之后——

### 图54（黑稍好）

黑1顶。白如果继续跟着应，黑提劫之后白棋将无劫可找。

白2消劫。以下进行至黑15，是黑棋稍好的局面。只要白选择图48的白4爬，白棋就只能委屈选择图49或者本图定形。

### 图55（白崩）

图53中的白6，如果直接1位长是恶手。

黑2绝妙，白3提，黑4打吃之后消劫。白棋根本没有机会在a位断吃。

黑2是此时的隐藏妙手。

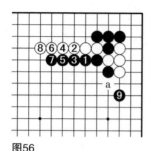

图56

### 图56（压）

黑1压，3～7继续压加强自身棋形。

白8长跟着应对，黑9夹击是黑棋的目的所在。

白a打吃看似可以出头，但问题并没有这么简单。如果不知道正确的应对方法，很可能遭致惨败。

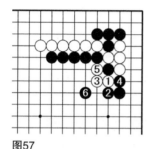

图57

### 图57（封锁）

接下来将白棋的下法进行详细讲解，并将正确的应对在后续变化图中进行展示。

白1打吃，黑2压，白3长，黑4断先手、6夹。这是黑棋的既定手筋，白棋已经陷入困境。

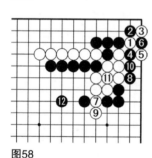

图58

### 图58（黑好）

白棋此时已经没有好的出头方法，只能采用非常手段。白1、3做劫。

白7冲，黑8消劫。

白9出头，黑棋两边棋形都十分完整，黑有利。

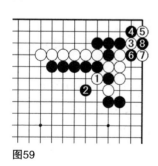

图59

### 图59（大同小异）

图57中的白3，如本图白1直接提。寻求与上图白7、9不同的劫材手段。

但是本图的结果与上图大同小异，仍然是白棋不利。

白3扳开劫——

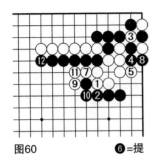

图60　　　　　　　　⑥=提

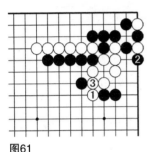

图61

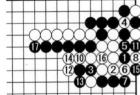
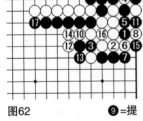

图62　　　　　　　　⑨=提

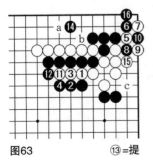

图63　　　　　　　　⑬=提

### 图60（黑可战）

黑棋提劫，白1是劫材。此时若黑8消劫，白2出头结果与下图相同，白可以接受。

但是黑棋还有一个本身劫。黑4长是劫材。

以下进行至黑12，本图黑棋可以满意。

### 图61（白满意）

上图白1，也可以选择本图白1扳。

此时黑2消劫稍显轻率。白3粘，虽然黑棋也可以接受，但相较之下还是白棋更好掌握局面。

与图58比较可以发现，本图黑右边二子尚未联络，日后有被攻击的危险。

### 图62（黑好）

上图黑2，如本图黑1托是棋形手筋。

白棋如果3位粘，与图58的结果基本相同。白2团抵抗，黑3断，白4提，黑5粘变成劫争。

进行至黑17，白棋明显落于下风。

### 图63（黑好）

此时白棋1、3冲交换之后，再回到角上5、7开劫。这样白11冲可以作为劫材使用。

黑14小飞做活之后棋形完整。即使白a位靠与黑b先手交换得利，但由于白必须c位后手做活，所以本图仍然是黑好。

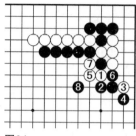

图64

### 图64（白棋的计谋）

白棋解决问题的关键是白3托。与黑4交换之后，白5长出。

黑还是6位断、8位跳封。这个时候可以发现白3与黑4的交换让白棋不用打劫，局部可以净活。

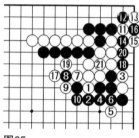

图65

### 图65（白可战）

接下来白1冲、3爬。黑4粘补断点，白5刺先手利、7位出头给黑棋制造断点。

黑8扳头，白9断吃之后白11扳做劫。

通过打劫，白19中腹提掉一子，本图白好。

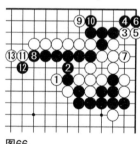

图66

### 图66（基本两分）

上图白11如本图1位打吃之后，3、5扳立是此局面下的第二种选择。白7局部做活。

黑8压，白9跳先手利，白11、13扳长整形。

黑棋外势极厚，但白二子还有动出的可能性，本图基本是两分的局面。

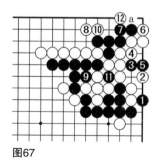

图67

### 图67（白胜）

上图黑6如果选本图黑1扳，则白棋局部无法净活。

但是白6拐角之后，黑棋同样没有眼形。这样一来形成了对局的局面。进行至白12，最终结果白棋五子被吃，角上对杀白气获胜。白优势。

白10若在11位粘，黑a立，对杀白失败。

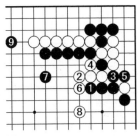

图68

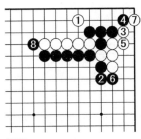

图69

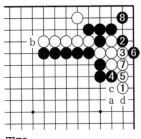

图70

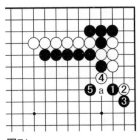

图71

### 图68（黑可战）

图64中的黑6，也可以继续1位压。这是让白棋出头的态度。

白2长，黑3断、5拐吃一子。

白6、8出头，黑9夹击。本图是黑满意的局面。

### 图69（黑厚）

回到图56的局面。白8长变成本图白1跳，想要获得先手利，但白并不能如愿。

黑2长棋形厚实。白3、5扳粘，黑6拐弃子。黑棋可以走到6位和8位扳两个好点，可以满意。

### 图70（黑好）

上图白3，如果在本图1位小飞出头，黑2以下至黑8在角上做活。

后续黑a跳封和b位扳见合，黑好。

白1若4位爬，黑c位扳，白1位扳，黑d连扳即可。

### 图71（前后次序）

图64中的白1、3的行棋次序非常重要。

黑1之后，若白先在2位托，黑3扳，白5打吃、黑可以不下a位而是直接在5位跳封。

接下来白棋必须想办法做活，这个过程会让黑棋的外围变得更加厚实。行棋次序一定要注意。

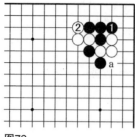

图72

### 图72（有陷阱）

黑1拐，白a拐是基本形（参考380页图1）。

此时白2是挑起战斗的下法。

白2近似骗招，但只要黑棋正确应对，白棋无法获得优势。

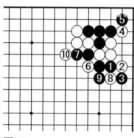

图73

### 图73（黑中计）

先展示一下黑棋中计的局面。

黑1挡，白2扳，黑3扳，白4扳，黑5挡，看似可以将白棋封锁，但其实自身棋形问题严重。白6至白10，黑棋被征吃。

一般来说，既然是白棋挑起的战斗，都会是白棋征子有利的局面。

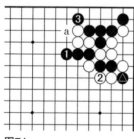

图74

### 图74（白好）

上图黑9，选择本图黑1长为了避免上图的惨状。白2提，黑3扳转换。

但是黑▲一子明显亏损，白三子还有a位动出的可能。

本图黑棋明显不满。

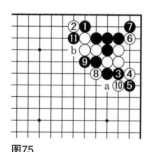

图75

### 图75（破解）

想要破解白棋的骗招，黑1扳是很早就有的下法。与白2挡交换之后，黑3挡。

这样一来，白10打吃的时候，黑11断吃即可。

接下来白a、黑b各自提子，本图明显黑好。

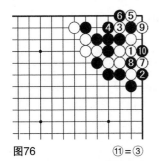

图76　　　⑪＝③

### 图76（黑好）

事情还没解决。上图白8，可以选择本图白1粘在角上成劫。

白7、9是非常重要的次序。黑10提，白11提。这样一来黑棋没有本身劫，需要在其他地方找劫材。当然即使如此，黑棋在别的地方可以连下两手，也可以满意。

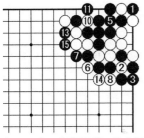

图77　　④＝❶旁提　⑨＝②上提

### 图77（白可战）

上图黑10选择消劫。本图黑1提继续打劫，会将局面继续引入纷争中来。

白2提，此处黑棋打劫很难获胜。

进行至黑15形成转换，本图白好。

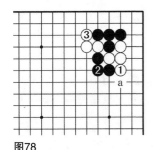

图78

### 图78（必然打劫）

白1拐基本形。黑2粘，白3拐。

黑a扳是绝好点，按道理白棋应该不好应对。但如果不知道后续的正确下法，黑棋也会陷入困境之中。

本形与上一个图例一样，无法避免劫争。

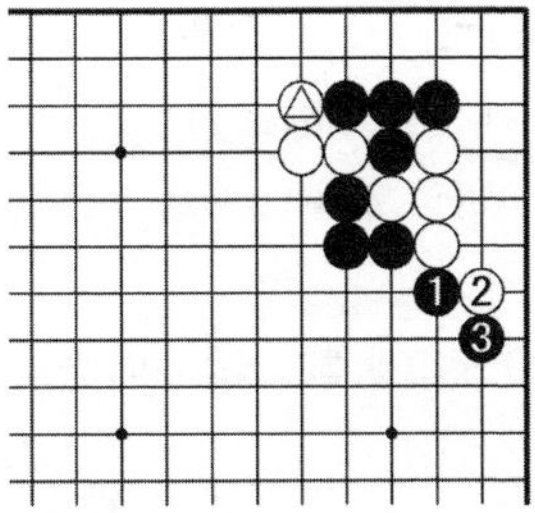

图79

### 图79（连扳）

黑1、3连扳几乎是必然的下法。此处黑棋必须选择严厉的下法，否则无法对抗白△拐。

后续白无法无条件净活，但是如果白棋的目的是做活，必然遭致不利结果。

399

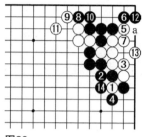

图80

**图80（黑好）**

白选择1位打吃一下的变化。

白3粘，5、7扳粘之后可以做活。

但是进行至白13，白棋只能两目做活，黑14在外围提子外势极厚。本图黑棋优势。黑12也可下在a位。

图81　⑨=提

**图81（打劫）**

白棋并不准备如上图一般做活。

白1、3连扳，黑4打吃，白5做劫是计划中的手段。

白7打吃是绝对的劫材，此时黑棋虽然没有合适的劫材——

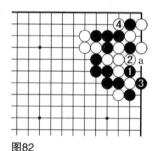

图82

**图82（留有劫争）**

接上图，黑1、3吃掉白一子，黑棋可以满意。

白4打吃，黑还留有a位开劫的手段。虽然立即开劫黑棋还没有合适的劫材，但白棋早晚都要在局部花一手棋消劫，黑棋在子效上明显有利，黑好。

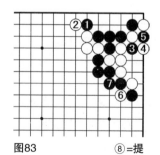

图83　⑧=提

**图83（其他下法）**

黑棋还有一种变化可以选择。

图81中的黑4可以先在1位扳，白2挡交换之后黑3打吃。

黑1的目的应该很明显，就是创造劫材。

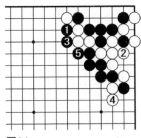

图84

### 图84（白不好）

接下来黑1断就可以作为劫材使用。

白2消劫，黑3打吃，白4长，黑5提掉三子。

本图明显黑好，所以白棋应该——

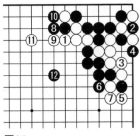

图85

### 图85（黑可战）

上图白2如果本图白1要救出三子，那么劫争就将继续。

但是黑2提劫，白没有劫材。白只能3粘、5打吃放弃打劫。

黑8长出，以下战斗明显黑棋有利。

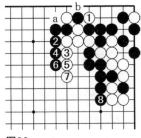

图86

### 图86（战斗）

上图白9也可以考虑本图白1断吃。

但是角上黑棋已经净活，黑2拐好点，可以对白棋整体进行攻击。

黑4下在a，白b，黑7也是一种变化。

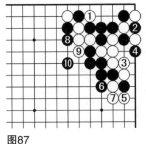

图87

### 图87（黑好）

面对图84黑1断，白棋如果选择本图白1打吃是恶手。

黑2提劫，白没有劫材只能3、5放弃劫争。

黑8、10夹击之后上边白棋虽然不至于被吃，但在攻击过程中黑棋外围极为厚实。

# 高目挂

## 1. 小飞守角

面对目外，白棋高目挂。黑1小飞确保角地。除此之外黑棋还可以选择a位尖顶、b位压、c位三三等下法。

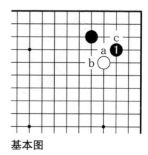

**基本图**

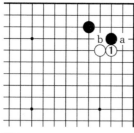

图1

### 图1（双方的后续手段）

面对黑棋小飞守角，白1挡是绝对的一手。如果此时脱先，黑1位爬价值极大，同时白棋挂角一子变成恶手。

白1是绝对的一手，黑棋的选择也不多。有黑a立或者b位贴两种。

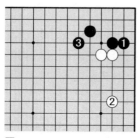

图2　

### 图2（定式）

黑1立，保护角上实地。

这样一来白棋有脱先的可能。后续根据周围局势决定下法。如果继续落子可以白2拆边。

黑3小尖是棋形厚实的本手。对白棋施加压力的同时在上边发展模样。

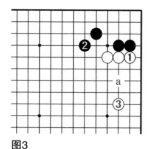

图3

### 图3（一手之差）

白1挡并不是急所。即使没有白1，黑a打入也并不严厉。

白1挡，黑2小尖必然。后续白3拆三，与上图有了一手之差，优劣明显。

402

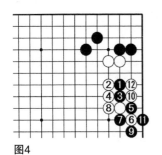

图4

## 图4（白无不满）

黑1打入，白2压住即可。

黑3顶、5扳，白6连扳应对。

黑7、9吃点白一子，白10、12吃掉黑二子，白无不满。

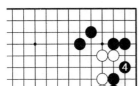
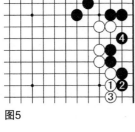

图5

## 图5（其他下法）

白棋如果不愿意如上图被黑吃掉一子，可以直接在本图1位长。

黑2爬，白3长，黑4小尖渡过。

白再次获得局部先手，同时白3棋形厚实，黑棋得不偿失。

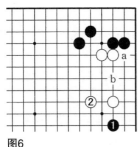

图6

## 图6（黑棋的后续手段）

黑棋接下来要落子，与其选择图4打入，更多的还是如本图1位逼住或则a位拐的可能性更大。

此时黑b打入变得严厉，白2跳补是本手。

黑a拐和白棋挡价值差别极大，如果黑a拐，白大概率会在b位跳补。

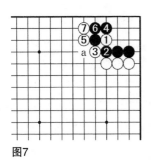

图7

## 图7（黑不利）

图3中的白1挡，黑2不能脱先。

如果脱先，白1靠断严厉。白7若在a位粘棋形厚实，但7位挡之后黑棋角上尚未净活。

黑4若在6位立，白a长也是白好的局面。

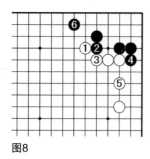

图8

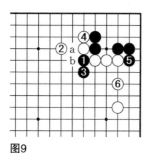

图9

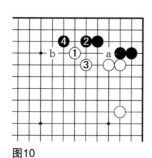

图10

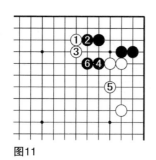

图11

**图8（黑脱先）**

图2中的黑3可以考虑脱先他投。但是一旦脱先就要做好局部白棋有利的准备。

轮到白棋落子，白1飞压是好点。黑2冲以下进行至黑6，白棋中腹形成厚势。

**图9（白有利）**

上图黑4若在本图1位断，则会形成战斗局面。

但是白2至白6之后，白无不满。两边的白棋都已经安定。

黑3若在a位打吃，白b位断，黑4位提，白3打，白棋的外势会更加厚实。

**图10（其他下法）**

白1大飞。白a是绝对先手，所以黑棋没有好的反击手段。

黑2并，白3小尖好形。黑4跳出告一段落。

白棋如果想在局部变得更加厚实，可以在b位跳封。

**图11（场合下法）**

如果不想让黑棋如图8、图10那样在上边出头，白可以1位逼住。

但是这样一来黑4、6可以分断白棋，局部来看白棋不满。

若是白棋在左上有棋子配置，白1可以考虑。

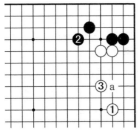

图12

### 图12（拆四）

白1拆四。这样下的前提一定是在下边白棋有良好的棋子配置。

黑2小尖，白3小飞补强。如果白3脱先，黑a位打入严厉。

但是与图2相比，本图白棋在右边多花了一手棋，稍有不满。

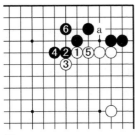

图13

### 图13（白棋扩张）

与上图白3小飞不同，本图白1压意在扩张自身的同时牵制黑棋的发展。

黑2扳，白3继续扳头是手筋。白5粘，接下来有a位靠断的后续手段，所以黑6位虎补。

这样的局面白棋还可以——

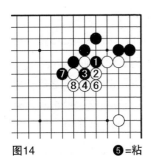

图14　　　❺=粘

### 图14（反击）

上图黑4，可以如本图黑1挖吃反击。

白2反打，黑3提，白4打吃是此时的手筋下法。进行至白8，外势得以加固。

但是另一方面黑棋的棋形也是绝对的好形，不管怎么看本图都是黑棋有利。

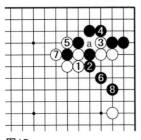

图15

### 图15（实地大）

上图白2如果直接在本图1位粘、白3拐准备伺机a位断。

所以白5断吃的时候，黑棋不能继续抵抗。

但是白5、7吃掉一子，黑6、8实地所得极大，黑满意。

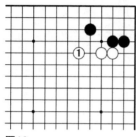

图16

### 图16（跳）

基本图2图中白2选择了拆三。此时白棋也可以如本图1位跳。

如果在右边拆边暂时无法得到较好的效果，或者说中腹发展势力更重要的局面下，白1是合适的选择。

白1与图2的拆三都是好点。

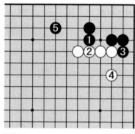

图17

### 图17（定式）

白棋跳，白1刺、3拐先手利，之后白4跳，黑5拆二，局面两分。

黑5可以脱先，但是因为如下的理由，黑1、3的交换不可省。

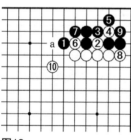

图18

### 图18（白厚实）

上图黑3如果直接如本图1位跳，白2、4冲断时机绝好，黑棋非常难受。

黑5打吃，白6、8先手交换之后，白10小飞扩张。与上图相比，白棋右边棋形完整，还有a位夹的后续手段。

黑不满。

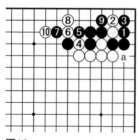

图19

### 图19（黑不利）

面对白棋冲断，黑1、3应对是为了不让白棋a位挡变成先手。

但是此时白2立之后，4、6冲断变得严厉。

黑7、9抵抗，白10夹好手，战斗白明显有利。

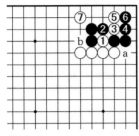

图20

### 图20（封锁）

图17中的黑3同样不可脱先。

否则白1、3冲断。如果黑5打吃，白a挡先手。

黑4打吃、6挡，白a拐好点。黑棋很难出头。

更何况此时白还有7位点的手筋。

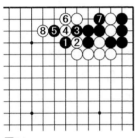

图21

### 图21（白可战）

接下来黑1跳，白2、4冲断。

黑5打吃，白6粘，黑7打吃。白8夹是此时的手筋，白三子可以轻松出头，战斗明显是白棋有利。

所以图17的黑3拐绝不可省。

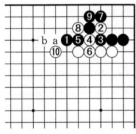

图22

### 图22（白好）

图17中的黑1直接如本图1位小飞，也是欠缺准备的一手。

白2立即跨断好手。黑3冲至黑7可以吃掉白一子，但白8断吃先手、10跳封好点。白棋外势极厚，接下来黑棋若在a位爬，白b位强硬。

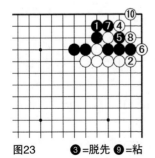

图23　❸=脱先 ❾=粘

### 图23（白好）

上图黑7如果在本图1位立，是不想让白棋形成8、10的棋形。

此时白2挡价值极大。黑棋如果脱先他投，白留有4位小尖至白10破坏黑棋角地的手段。

导致上图和本图的原因都是图17中的黑1并没有即使交换的缘故。

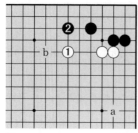

图24

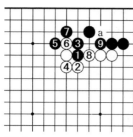

图25

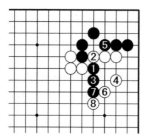

图26

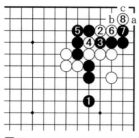

图27

### 图24（定式）

白1二间跳棋形略显薄弱，但是进入中腹速度较快。

黑2拆一本手，积蓄力量准备冲击白棋形弱点。

后续白会根据具体局面选择a位拆边或者b位继续发展中腹势力。

### 图25（定形）

白二间跳，黑1可以直接靠。

黑1靠的主要目的是通过交换加强角地和顺利出头。代价就是在这个过程中白棋形也得到了加强。

进行至黑9，双方两分。黑9不可省，否则白a位跨断严厉。

### 图26（白可战）

上图黑5跳，如果选择本图黑1直接扳断稍显无理。

白2断，黑3长，白4拆一，黑5必须回补。在战斗过程中落后一手，黑棋必然要陷入被动。

白6至白8，本图白可战。

### 图27（黑不好）

上图黑5如果直接在本图1位跳，白2、4跨断。黑5粘，白6、8紧气，对杀黑不利。

接下来黑a，白b，黑c，形成白棋先手劫。

上图白2可以理解为先手。

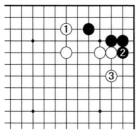

图28

### 图28（黑不利）

白棋二间跳，黑棋最好不要脱先。

否则此时白1跳价值极大。

黑2、白3交换之后，白棋外围形成厚势，明显优势。

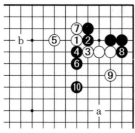

图29

### 图29（白稍显无理）

此时白1直接飞压稍显无理。

黑如果7位爬是缓手。此时黑2、4冲断战斗是正确选择。

白5跳，黑6长，白7挡，黑8拐、10跳好调。后续白a大飞，黑b夹击。

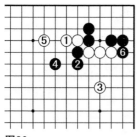

图30

### 图30（黑好）

上图白5如果直接本图1位长，黑2长即可。

白3拆二，黑4跳形成互攻局面，黑棋可战。

黑6拐要点。若被白6位挡，价值相差极大。黑6拐之后还可以继续保持对白棋的攻击态势。

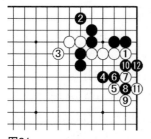

图31

### 图31（黑好）

上图白3如果直接本图1位挡，黑2小尖棋形坚实。

接下来黑3位跳封严厉，白3小尖补强。黑4小飞。

白5跳出头，黑6、8弃掉一子，可以吃掉白四子，明显黑棋有利。

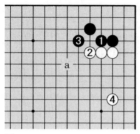

图32

## 图32（定式）

此时黑1贴厚实。是比黑棋立更坚实的棋形。

白2长基本是只此一手。

黑3小尖稳健，白4拆三告一段落。两分。

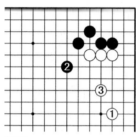

图33

## 图33（白不满）

白1拆四，黑2立即小飞好点。小飞对于双方来说都是必争的要点，不论哪方下到都可以快速扩张模样。

白3只能补棋。上图白4拆三，黑若a位小飞并没有先手味道。

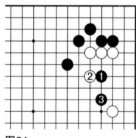

图34

## 图34（黑可战）

上图白3如果脱先他投，本图黑1打入严厉。

白2靠可以出头的同时分断黑棋。但黑3跳好形。

白棋上下两块孤棋明显难以兼顾。

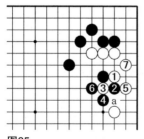

图35

## 图35（黑好）

面对黑棋打入，本图白1托是寻求快速做活的下法。

黑2扳，白3断，黑4打吃。

白5、7可以渡过，但是白棋子全部处于低位，而黑棋提子棋形厚实。白5若在6位长，黑a粘也是黑好的局面。

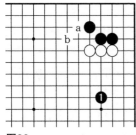

图36

**图36（夹击）**

此时黑1夹击。

但是选择黑1的前提大多是在下边有合适的棋子配置。

白棋的应手有a位靠、b位小飞。此处即使出现战斗也是白棋可下的局面。

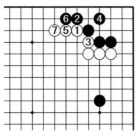

图37

**图37（白稍好）**

白1靠。

黑2下扳虽然稳健，但略有些委屈。

白3挤先手，5、7长即可。黑棋全部处于低位，白棋外势厚实。

本图白无不满。

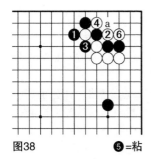

图38　　　　　❺=粘

**图38（实地大）**

上图黑4如果选本图1打吃，白2断吃必然。

黑3提，白4打吃、6吃掉黑角上二子，实地极大。白可以满意。

黑5如果在a位打吃开劫不合适，初棋无劫。

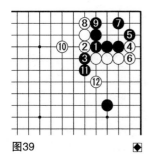

图39　　　　　◆

**图39（两分）**

面对白棋靠，黑1、3团断挑起战斗。

白4、6扳粘，8位立都是先手，棋形厚实。应该不担心后续的战斗。

黑9挡，白10跳，黑11长，白12跳。

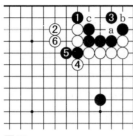

图40

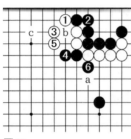

图41

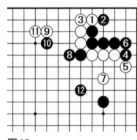

图42

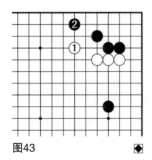

图43

### 图40（白好）

上图黑7若在本图黑1扳，白2跳是好手。

黑3虎补，白4打吃、6双，白棋好调。

黑3若在4位长，白a断是手筋，接下来白b和c两点见合。

### 图41（黑好）

上图白2在本图1位扳是随手。

白3虎补不可省，这样一来黑棋角上先手做活。黑4长先手，黑6扳封头，白棋瞬间陷入苦战。

白5若在a位跳，黑5位夹，白b位粘，黑c攻击上边白数子。

### 图42（黑好）

图39中的白4，如果选择本图白1、3扳粘方向错误。黑4、6扳粘可以确保角上净活。

白7是棋形好点，黑8、10先手利，12小飞封锁。虽然白棋活棋没有问题，但是在这个过程中也会让黑棋得到强大的外势。

### 图43（定形）

白1飞压，黑2小飞。

黑棋的攻击已经有所缓和，交换之后白棋可以考虑脱先。

但要注意的是黑2之后有了反击的强手。

412

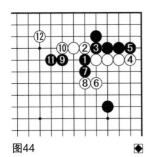

图44

◆

### 图44（战斗）

黑1严厉。但是前提必须征子有利，否则被白7征吃明显大亏。

白4立先手、6跳出头。黑7长、9出头形成战斗局面。

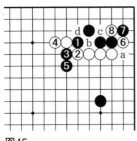

图45

### 图45（俗手）

黑1、3尖断是俗手，同时给白棋带来了一个绝佳手筋。

黑5长，白6、8扳断好手。

接下来黑a打吃，白b双打吃；黑c粘，则白d打吃，后续可以紧气滚打。

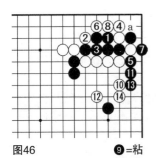

图46 ❾=粘

### 图46（白好）

想要同时保护尖断和角上黑子，只能黑1。

白2打吃、4位立，白6、8滚打紧气。

进行至白14，黑a虽然可以做活，但是棋子全在低位，明显亏损。

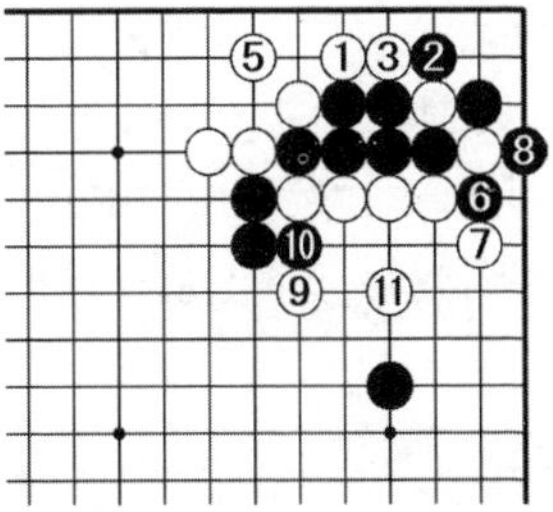

### 图47（延长战）

上图白4如果直接在本图1位打操之过急。

黑4粘，白5虎。黑棋可以直接做活。白9、11出头，战线明显拉长。

白棋还是选择上图更好。

图47 ❹=粘

## 2.尖顶

白棋高挂，黑1尖顶应对。白棋可选的应法有限，黑棋的应手同样不多，后续定形简明下法居多。

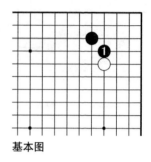

基本图

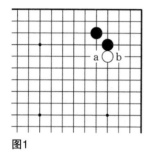

图1

### 图1（白棋应于）

面对黑棋尖顶，白棋不能选择跳或者扳应对。此时a位长、b位立是本手。

黑棋的下法也不多，如果白a位长，黑b扳；如果白b位立，黑a位虎扳是常识应对。

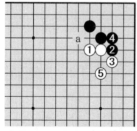
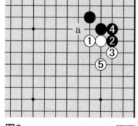
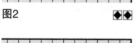

图2    ◆◆

### 图2（定式）

白1长。黑2、4扳粘，白5虎告一段落。黑棋获得实地，白棋取得外势，双方两分。

黑2若在4位立，白2位挡则与410页图32结果相同，这样的话黑棋尖顶就失去了意义。

接下来黑a是好点。

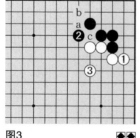

图3    ◆◆

### 图3（两分）

上图白5可以在本图1位立。

这样黑2小尖出头必然。白3跳告一段落。白1立实地有利，黑2也是好点，两分。

黑2如果脱先，白1位立之后a位靠好手，黑b扳，白c团。

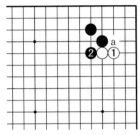

图4

**图4（立）**

白1立，黑2虎扳。

黑2若在a位挡，会还原410页图32。虽然同样是定式下法，但这样一来黑选择尖顶就失去了意义。既然黑棋尖顶，就是为了1和2两点必得其一。

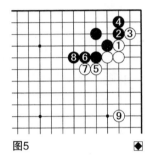

图5 ◆

**图5（定型）**

黑扳，白1拐是本手。

黑2、4确保眼形，白5扳、7压、9拆边。

上图黑棋是好形，白棋在右边同样形成模样，双方两分。

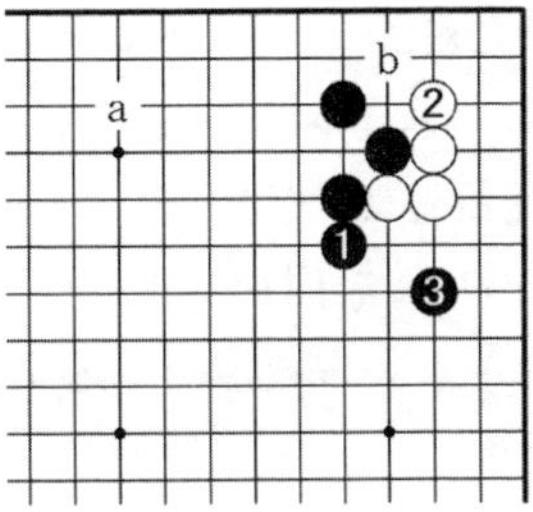

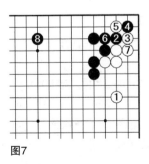

图6

**图6（其他下法）**

上图黑2也可以选择本图黑1长。这样下的目的是在上边或者右边发展模样。

白2获得实地，也可以满意。

黑3小飞意在发展右边。如果重视上边，黑3可以在a位拆边。

白2可以下在b位。

图7

**图7（场合下法）**

一般来说，白棋能够下到上图2位都可以满意。但如果白棋不想让黑棋下到上图3位，可以如本图白1拆二。

这样一来黑2、4连扳至白7，局部黑棋得利。黑8拆边棋形舒展，可以满意。

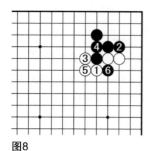

图8

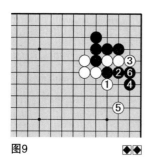

图9　◆◆

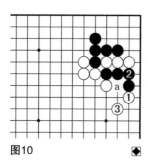

图10　◆

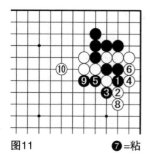

图11　❼=粘

### 图8（扳）

白棋重视右边发展，则会放弃图5的下法，而选本图1位扳应对。

这样黑2挡角是气合的一手。白3打吃先手，之后白有两处断点需要想好解决办法。

白5粘，黑6断。

### 图9（定形）

此时白棋会选择弃掉二子获取外势。

白1打吃，黑2打吃，白3立是常见手筋，"多长一子方可弃"。黑4小尖是避开紧气的好手，白5小飞先手告一段落，双方两分。

### 图10（一手之差）

上图白5也可以选择本图1位靠。黑2紧气，白3小尖保留a位紧气先手。

与上图相比明显本图白棋更为厚势，但是落了后手。大多数情况下还是应该选择上图定形。

### 图11（白好）

图9中的黑4小尖，如果选择本图黑1是恶手。

白2连扳，黑3打吃，白4、6滚打严厉。

黑棋形无根，进行至白10，战斗明显白棋有利。同时黑右上角棋形尚未完整，白棋还有进角的手段。

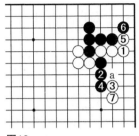

图12

## 图12（立）

图9中的白1打吃选择弃子，在本局面下，白也可以1位立。

黑2长，白3跳出。黑4压，白5拐先手交换之后7位长出头。

黑4若在5位挡，白a补，黑外围二子受损。

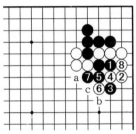

图13

## 图13（战斗）

上图黑2如果在本图1位紧气，白2跳是既定手段。

黑3跳是棋形要点，白4、6冲断之后8位粘补断点。

黑3一子暂时无法逃出，后续黑会在a位压或者黑b，白c，黑a形成战斗。

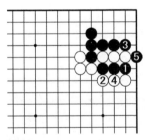

图14

## 图14（白充分）

上图黑3如果直接如本图黑1位冲，白2扳弃子即可。

黑3打吃，白4打吃紧气外势极厚，本图黑棋没有满意的道理。

黑棋会在图12和图13中做出选择，本图不在考虑范围。

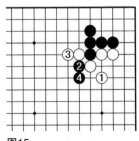

图15

## 图15（黑可战）

白1虎，黑2断必然。

弃掉一子价值太大，白棋不能接受。白3长，黑4长形成战斗。

但是黑4长棋形非常好，一般来说都是黑棋可战的局面，白棋需要周围有援军才行。

## 3. 压

白棋高挂，黑1压。高挂的目的是更
为重视中腹发展，黑1正是因为发现了白
棋的意图所以选择了正面反击。当然，
这样的话角上实地必然会有所损失。

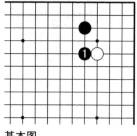

**基本图**

### 图1（白棋应于）

黑压，白棋的应手主要有a位扳和b
位挖两种。

白a扳，黑可以长或者断。白如果b
位挖，黑可以考虑上面打吃或者下边断
吃。

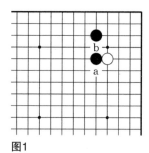

图1

### 图2（定形）

白1扳，黑2长，白3长是自然的下
法。

接下来黑a挡，就还原了小目·一间
高挂·黑靠压的定式。请翻阅上卷小目
类的变化图。此处主要讲解黑b断的相关
变化。

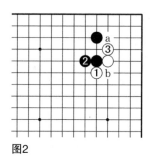

图2

### 图3（定式）

黑1断。白2打吃、4、6爬、8挡角。
白棋实地所得极大。

黑会选择9位拐或者下图应对。

黑9拐，白10点告一段落，这是基本
定式。

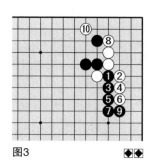

图3 ◆◆

418

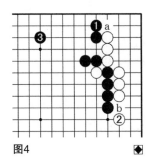

图4

### 图4（定形）

上图黑9重视右边发展。本图黑1是将上边作为未来发展的主战场。

白2跳，黑3拆边告一段落。

白2若在a位挡，交换获得先手以后黑b位拐。这样上图白10出头的手段被破坏。

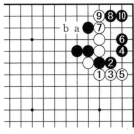

图5

### 图5（白无理）

本图讲解白1打吃后续变化。先讲结论，白1是无理手。

白3挡，黑4小尖，白5立，黑6并好手。白7进角，黑8小飞，10位做眼，白崩。

接下来白a位夹，黑b反夹即可。

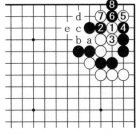

图6

### 图6（白被吃）

上图白7如果选择本图的1位小尖对杀，黑2挤、4位爬即可。

白5扳，黑6断、8位立是大头鬼的棋形，对杀黑胜。

白5若在6位立，黑5挡，白a，黑b，白c，黑d，白e，黑7，对杀仍然是黑胜。

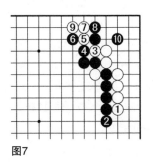

图7

### 图7（冲断）

图3定式之后，白继续如本图1位爬，接下来3、5冲断。

黑6打吃进行至黑10反击，如果弃掉一子，白棋角上实地太大，黑不满。

本图的后续战斗黑棋有利。

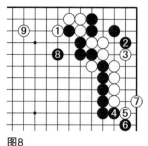

图8

**图8（黑稍好）**

接下来白1打吃，黑2小尖角上做活。白3虎补，黑4拐先手封锁。

白5、7扳虎确保眼位。

白棋在上边和右边的棋形都得到了安定，黑棋也获得了厚势，可以满意。

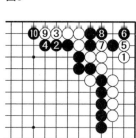

图9

**图9（对杀）**

上图白1，如果直接本图1位跳，黑2长形成对杀。黑2若在5位挡可以做活，但与上图相比稍有不满。

白3爬，5、7破眼，9位爬长气、黑10扳形成对杀局面。结果应该是黑胜。接下来——

图10

**图10（白崩）**

白1断，黑2、4抵抗。

白5扳、9先手打吃、11断继续挑起战斗，进行至黑24，黑棋全部应对正确。

本图白崩。

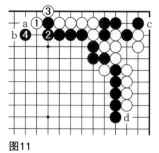

图11

**图11（黑好）**

为了对杀获胜，白只能1位夹。黑2粘、4位跳。

后续白a位爬，黑b长，白c扳，黑d拐。虽然角上对杀可能被吃，但黑棋的外势足够弥补角上损失。

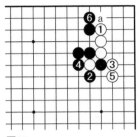

图12

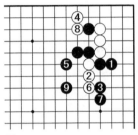

图13

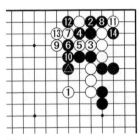

图14

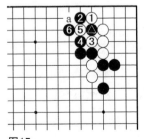

图15

### 图12（黑充分）

白1挡想要先手利，黑棋不会跟着应。

如果征子有利，黑2征吃简明。白3打吃，黑4提，外势厚实。

黑6立实地价值极大，白若a位挡则会被利。

### 图13（黑可战）

上图黑2也可以选择本图黑1立。

白2长挑起战斗，黑3跳应对即可。黑棋明显可战。

黑9跳好调。

### 图14（白崩）

在有了黑5小尖一子之后，上图白8补棋必然。

如果白1跳，黑2冲断。黑▲有子，白5冲，黑6可以挡住。进行至黑14，白崩。

### 图15（黑厚）

图13中的白4若如本图白1扳，更是会进入黑棋的步调。

黑2至黑6是常用手筋。后续白a位可以开劫，但这个劫争对于白棋来说压力巨大，白棋不敢轻易落子。

但是白棋一旦脱线，黑▲提是好点，白不好应对。

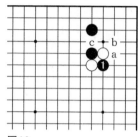

图16

### 图16（断）

此时黑1断是严厉的下法，但也可以想成简明定形的局面。

白棋应手有a位立、b位小尖、c位打吃等。

但是白b小尖的结果大都不会十分理想。

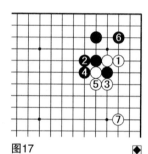

图17

### 图17（白充分）

白1立。

黑2长是简明的应对，但有被利之嫌，因为黑分断的一子被白3征吃。

黑4打吃先手、6位跳获取实地。白7拆边可以满意。

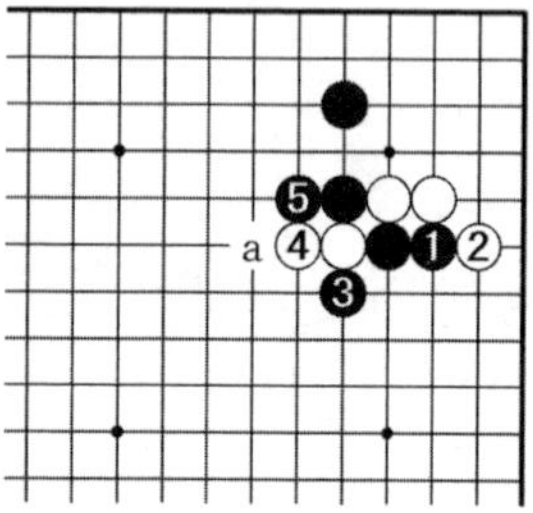

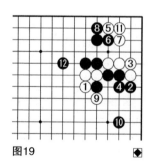

图18

### 图18（征子问题）

上图黑2应该如本图先在1位挡与白2交换之后，黑3打吃，白4长，黑5贴。

这样一来黑a征子是否有利变得非常重要。既然是黑棋选择了分断，那么一般情况下都是黑棋征子有利。

那么白棋需要先防征吃。

### 图19（定式）

白1拐正确。防止被征吃的同时还有9位打吃的后续手段。

黑2、4补强，让白棋在角上做活。白5是棋形好点。黑8拐，白9打吃先手利，白11做活。

黑12拆边告一段落，双方两分。

图19

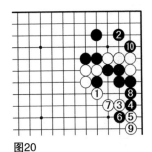

图20

### 图20（黑稍好）

上图白5，如果直接在本图1位打吃犯了次序错误。黑2跳，形成对杀。

白3以下进至黑10，对杀白棋不利。在这个过程中白棋获得外势，但从结果来看，还是黑棋稍好的局面。

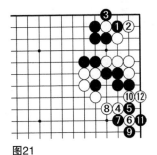

图21

### 图21（白有利）

图19中的黑10，如本图1、3吃掉白一子是过分手。

白4至白8封锁，黑如果10位粘和白棋角上杀棋明显不够气。

黑9打吃，白10、12吃掉黑五子，本图白有利。

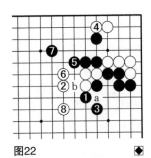

图22

### 图22（两分）

图19中的黑6，改成本图黑1扳。

白如果a位打吃，黑b滚打征吃好手。所以白2跳出头，黑3虎补，白4爬加强角上棋形。

本图与图19各有好坏，可以根据具体局面做出选择。

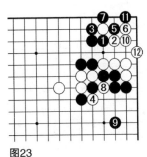

图23

### 图23（白充分）

黑1、3回到角上落子不是好选择。白如果在5位粘还好，但是此时白会4位打吃反击。

黑5、7吃掉一子，白8提先手，接下来白10、12角上做活。

白4至白8提掉一子外势厚实。

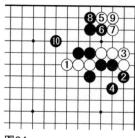

图24

### 图24（白缓）

白1长防止征子是缓手。这样下白棋没有图19中白9那样的"下一手"。

黑2扳、4虎棋形完整。白5做活，黑6以下在上边做活。

后续的战斗会围绕着白三子展开，明显是黑棋有利的局面。

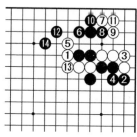

图25

### 图25（复杂）

白1扳也可以防止征子。但是这样一来白棋留有13位的断点。

黑2、4补强右边棋形。白5先手利，黑6双，白7补活。

白13粘是必须的一手，与上图相比变化更为复杂。

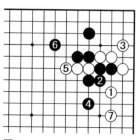

图26

### 图26（战斗）

如果白棋征子有利，可以选择的下法就会增加。因为不需要防备征吃的问题。

比如白1、3整形。黑4跳，白5长，后续黑6小飞，白7跳展开战斗。

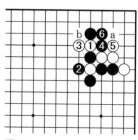

图27

### 图27（黑可战）

黑打吃白一子时，白如果1位打吃，被黑2提花亏损。

白3出头，黑4断，战斗黑棋有利。

后续白a进角，黑b爬，白b拐，黑a在角上做活。中腹拔花棋形厚实，白棋苦战。

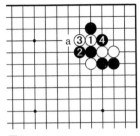

图28

### 图28（白无理）

白直接1、3打吃，出头同样无理。但是一旦黑棋应对失误会导致严重后果。

黑4断必然。接下来黑a征吃严厉，所以白下一手必然要防止征子。

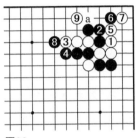

图29

### 图29（棋子）

白棋需要两边兼顾，1、3能够保证两边暂时安全，从棋形来看陷入苦战。

黑4压选择弃掉三子简明。白5挡、黑6扳交换、黑8扳头。

黑8若下在a位可以形成劫争，但弃子的结果黑棋也可以满意。

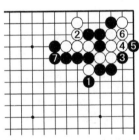

图30

### 图30（黑厚）

接下来黑1打吃。

白2紧气吃掉黑角上四子，黑3、5先手利，7位粘。形成了黑棋外势、白棋获得实地的转换。

虽然白棋有实地所得，但黑棋的厚势更为诱人。

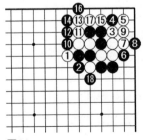

图31

### 图31（黑厚）

白1也是防止征吃的下法。但是黑2拐吃之后，白不能马上18位长出，还是不能满意。

白3进角、黑4之后的弃子下法与上图相同。

本图黑10～16都是先手利，黑18中腹拔花，黑满意。

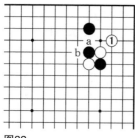

图32

### 图32（小尖）

面对黑棋断，白1小尖看起来不够强硬，最后结果也不能满意。

黑棋不能让白a位挖吃，所以下一手会在b位长。

白棋的选择同样不多。

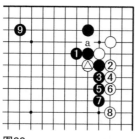

图33

### 图33（黑充分）

黑1长。白2打吃，4、6爬之后8位跳出。黑9拆边。

本图与368页图17展示的大斜定式相似，区别就是加了白△与黑1的交换。

这个交换导致白棋失去了a位挖的手段，黑棋有利。

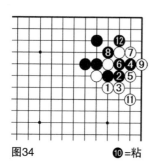

图34　　　⑩=粘

### 图34（黑好）

白1打吃，如果可以吃掉黑一子当然可以满意，但结果并不能如愿。

白3挡，黑4小尖是常见手筋，白棋的梦想破碎。

白7不得已，进行至白12，黑棋获得角地和厚势，明显有利。

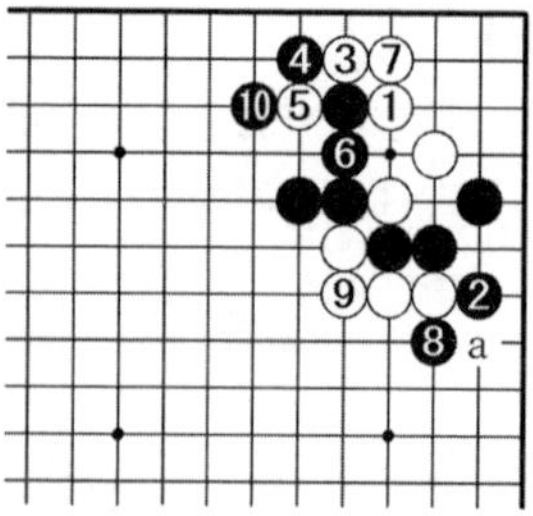

### 图35（黑好）

上图白5如果在本图1位尖顶，黑2虎。白不能a位扳封锁。

白3在上边做活，黑8扳出头，10抱吃白一子，两边皆有所得。

而角上白棋还尚未净活。

图35

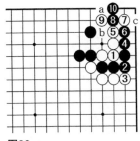

图36

### 图36（黑胜）

本图研究图34中的白5直接选择对杀的变化。

黑4爬，白5、7必然。黑8断好手。白9，黑10立，之后白a，黑b形成大头鬼，对杀黑棋快一气胜。白b粘，黑c局部净活，白棋无法收场。

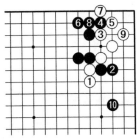

图37

### 图37（黑好）

白1长，黑2立。

白3尖顶补强角上。黑4、6扳虎先手，黑10拆二。

本图基本上都是黑好，但是考虑到周围棋子的配置，白棋也可以根据具体情况作出选择。

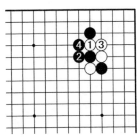

图38

### 图38（挖吃）

白1挖吃、3位粘，明显有俗手之嫌。黑4拐之后白三子气紧，明显陷入被动。

战斗的结果肯定是黑棋有利。但如果白棋不担心黑棋形成外势的情况下，也考虑本图。

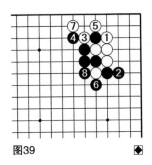

图39

### 图39（黑充分）

白1保证角上眼位。黑棋如果征子有利可以在2位立，白3、5吃掉黑一子，黑6征吃简明，黑可满意。

如果黑棋对于给了白棋角地表示不满，那么问题就出在最初黑压这手棋，可以考虑其他的变化。

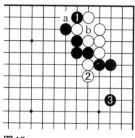

图40

### 图40（战斗）

上图黑6如果直接在本图1位打吃，白2长会将局面引向战斗。

此处有劫争。白虽然可以a位打劫，但劫争本身价值太大需要谨慎。

如果先保留，黑b提严厉。

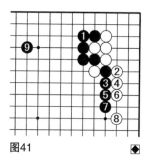

图41 ◆

### 图41（黑可战）

黑1简明。白2打吃，4、6爬，白8跳出头。

形成白棋实地、黑棋外势的局面。

选择目外占角意在重视边上发展，在白棋高挂时选择压的下法，这是非常自然的选择。

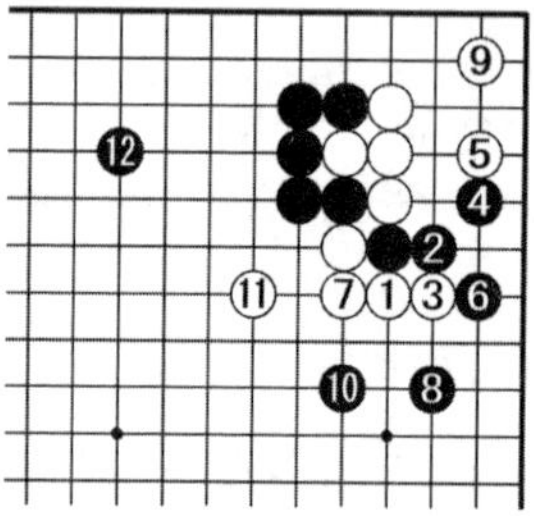

### 图42（黑有利）

上图白2，如果1位打吃，黑2立。白3挡，黑4小尖是常见手筋。白棋很难将黑吃掉。

白5靠活角。

黑8出头，进行至黑12，战斗黑有利。

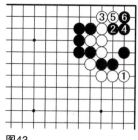

图42

### 图43（白无理）

上图白5想要吃掉黑三子，是无理手。

黑2夹是紧气好手。白3立，黑4长气冷静，对杀黑胜。

白5拐，黑6挡，白崩。

图43

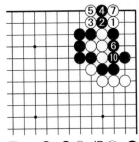

图44　⑧=❷　⑨=提　⑪=❷

### 图44（大头鬼）

上图白3如果1位扳，黑2断。

白3断吃，黑4立形成大头鬼的棋形。一般来说下出大头鬼的棋形黑棋已经获得胜利。

但要注意的是，本图在角上。需要当心白棋的后续变化。

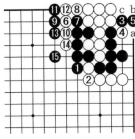

图45

### 图45（黑胜）

接下来黑1打吃、3扳。白4断，黑5立非常关键。白6跳，黑7以下白棋被净吃。

黑5如果下在a位，白5扑，黑b，白c。黑棋还是要小心被白棋抓住机会从净死变成劫争的局面。

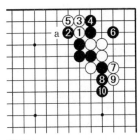

图46

### 图46（白无理）

白1断无理。

黑2打吃，白3立，黑4挡非常严厉。白5拐，黑6跳攻击白三子。

角上黑棋已经净活，后续黑a好点，白棋苦战。

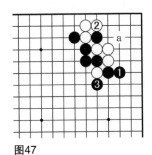

图47

### 图47（黑好）

如果觉得上图变化复杂，黑4也可以直接在本图1位立。

白2拐吃，黑3征吃。角上白棋还未完整，黑棋还有a位点三三的后续手段。

上图白1断过分。

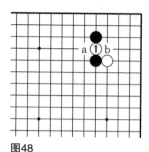

图48

### 图48（挖粘）

白1挖，目的是让黑棋形出现断点。

黑可以选择a位或者b位打吃。不论做何选择，都有简明定形的下法。当然根据双方后续变化也有发展出战斗局面的可能。

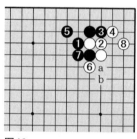

图49　　◆◆

### 图49（定式）

黑1外边打吃。白2粘，黑3进角。

白4扳，黑5虎补稳健。白6打吃、8位虎补告一段落。

白8有子，黑a断不成立。白b位打吃紧气即可。

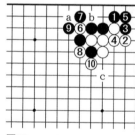

图50

### 图50（白好）

上图黑5如本图黑1扳，是重视角地的下法。但在此局面下并不是好选择。

白6断、10提子，白好。

白8也可以在9位长，黑8位粘，白a位断，黑b粘，白c跳形成战斗局面。

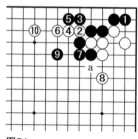

图51

### 图51（战斗）

上图黑3直接在本图1位进角。

白还是2位断。白4长，黑5爬、7位粘。黑5也可以直接7位粘。

白4也可以在7位打吃，黑4提，白a提形成转换。可以根据具体局面做出选择。

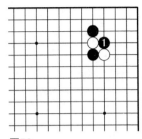

图52

### 图52（分断）

黑1断吃，利于获得角地，是重视实地的下法。

那么白棋就可能获得外势。黑棋要注意不让白棋的厚势有所发挥。

如果白棋不想黑棋顺利获得实地，也有可能形成战斗局面。

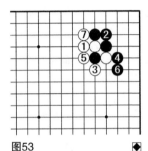

图53 ◆

### 图53（定式）

白1长只此一手。黑2粘是常识。

如果征子有利，白3打吃，黑4打吃、6位长获取角地。

白7拐棋形厚实，两分。

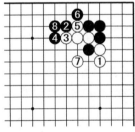

图54

### 图54（黑可战）

那么如果白棋征子不利结果会如何呢？

白1长棋形变重。黑2跳出头，白3压，黑4扳好手。

白5、7吃掉黑一子，黑8粘补断点，后续还有各种借用，本图黑可以满意。

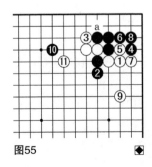

图55 ◆

### 图55（白可战）

白棋征子不利，或者即使征子有利也可以选择白1立。

黑2长必然。

白3拐，黑4跳，白5以下是白棋可战的局面。白a扳先手，黑棋被利。

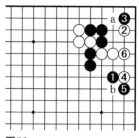

图56

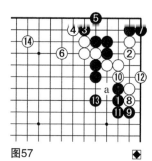

图57　◆

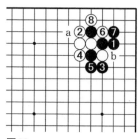

图58

图59

**图56（见合）**

上图黑4也可以考虑在本图的1位飞封。白2小飞，黑3靠。

但是面对白4托，黑5扳过分。白6立好手，接下来有a位扳和b位断两点见合。

黑5应该如下图。

**图67（两分）**

黑1长是本手。

白2以下至白12，双方都在局部做活，两分。

黑13本手。白10顶之后有了a位扳出的后续的手段，所以黑13跳补。黑13若在14位一带夹击，面对扳断会很难应对。

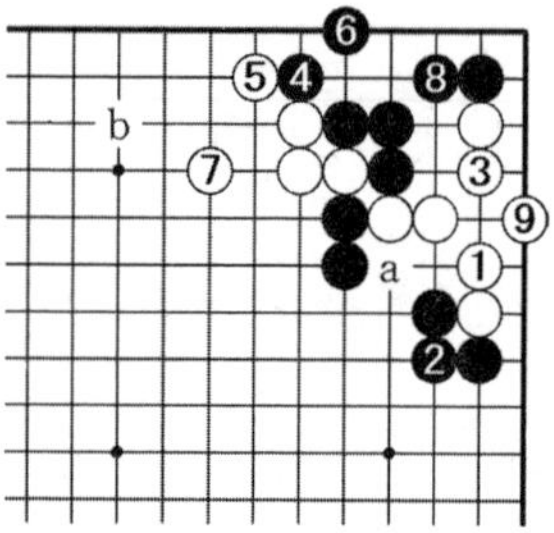

**图58（黑稍好）**

如果想不到图56中的白6立，就只能如本图白1退。

以下做活的棋形与上图相同，但白棋稍有不满。虽然还有a位的后续手段，但严厉程度与上图完全不同。本图接下来黑棋会在b位一带夹击。

**图59（中途半端）**

黑1立有中途半端的感觉。

白2拐，如果征子有利白棋也可以直接5位征吃。

白2以下至白8定形，明显是白棋有利。白2若在5位征吃，黑2爬，白4提，黑b拐，这样的变化白棋也可以满意。

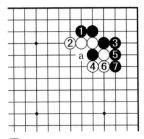

图60

### 图60（黑好）

黑1爬，其中有黑棋想要实现的目的。

白2长会让黑棋简单如愿。黑3至黑7获得实地，同时黑一子还有利用的可能。

白6如果直接a位提，那么黑1与白2的交换，白棋明显被利。

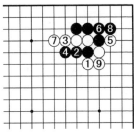

图61

### 图61（解决方法）

此时白1打吃是正解。黑2逃，白3长。白1与黑2的交换意在让黑棋走重。

黑4压，白5打吃交换之后白7长。黑8拐，白9粘。后续白棋将继续攻击黑三子，白可战。

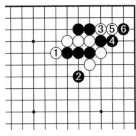

图62

### 图62（过分）

上图白5如果选择本图1位扳，是过分手。

黑2跳好手，白棋很难应对。

白3断吃、5进角，黑6扳是手筋，强制白棋做出选择。接下来——

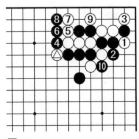

图63

### 图63（中计）

白1、3吃掉黑一子。

黑4断吃弃掉二子。

黑6、8先手利，黑10提将白完全封锁。白△虽然分断黑棋，但后续战斗明显不利。

## 4. 三三

面对白棋高目挂，黑1占据三三棋形厚实。黑a小飞所占实地更大，但也会给白棋b位挡加强自身棋形的机会。黑棋下在三三不会给白棋顺调整形的机会。

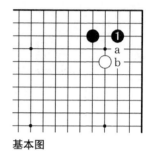

基本图

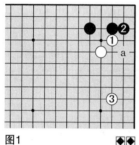

图1　　　◆◆

### 图1（定式）

黑占三三，白1尖顶，黑2立，白3拆边是基本形。

白1直接在3位拆边，黑可能在a位小飞。白1为了缓解a位的压力，所以先进行交换。

此时白棋也可以直接脱先他投。

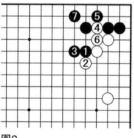

图2

### 图2（黑棋的后续手段）

基本形之后，如果黑棋先落子可以1、3压长。上边价值很大的情况下，这样下可以继续扩大模样。

白4挖粘，黑5、7补强，上边好形。

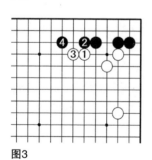

图3

### 图3（白棋的后续手段）

白棋继续落子可以1位飞压。

黑2爬、4跳。黑棋实地处于低位，白棋面向中腹发展，棋形厚实。

与上图比较就可以看出此处双方落子的巨大差别。

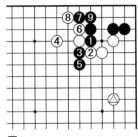

图4

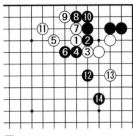

图5

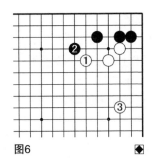

图6 ◆

图7

### 图4（战斗）

面对白棋飞压，黑1、3冲断，白4跳，黑5长形成战斗局面。

但是白△位已经有子，战斗白棋处于优势地位。

白6挡，黑7、9扳粘必然。轮到白棋考虑后续的行棋方向。

### 图5（白苦战）

图1中的白3如果直接飞压，黑若7位爬应对，白棋筑起厚势，右边可以有更大发展。

所以黑棋会2、4冲断发起战斗。白5跳，黑6长，黑8、10扳粘必然，白11补断点。黑12小飞好点，白陷入苦战。

### 图6（其他下法）

白1跳。

与黑2交换白棋略亏，但是这样一来黑棋没有机会下成图2的局面。

同样黑2小飞出头好形，白3拆边告一段落。

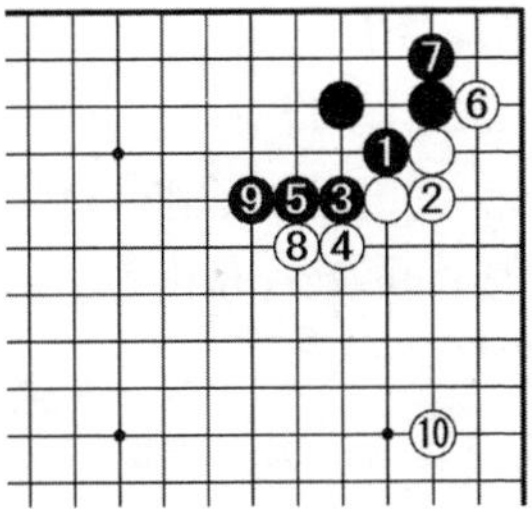

### 图7（还原）

面对白棋尖顶，黑1挤，白2粘。

进行至白10，棋形还原415页图5高挂·尖顶的定式。

选择三三，却让白棋棋形得以加固，前后意图稍显矛盾。

# 三三挂角

## 1. 飞压

除了小目挂角、高挂之外，出现频率较多的就是挂三三。黑棋的应手有1位飞压或者a位靠。

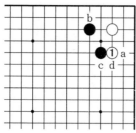

图1

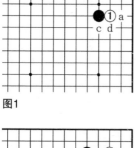

图2

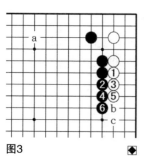

图3 ◆

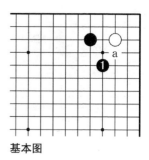

基本图

### 图1（白棋应于）

黑棋飞压，白棋基本上会选择1位托应对。

其他的下法还有a位小飞、b位托等。但是都有明显被利之嫌，都是特殊局面下的下法。

白1托黑棋可以c位长或者d位扳。

### 图2（长）

黑1长。堂堂正正地发展中腹。

与黑a位扳相比，黑1看似不够严厉。但也不会给白棋顺调整形的机会，从这个角度来说，黑1也是一步强手。

### 图3（实地与厚势）

白1、3爬，黑2、4长应对。

白5爬，黑6长，接下来黑a拆边和b位拐见合。白棋要选择是在b位出头还是在上边a位一带落子。

这是一方获得实地、另一方取得厚势的局面。两分。

436

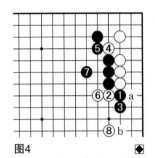

图4

## 图4（战斗）

上图黑4可以如本图黑1扳。

白如果a位扳有被利之感，白2断反击。

黑3长，白4虎，6长战斗。白8跳封，黑大概会在b位托应对。

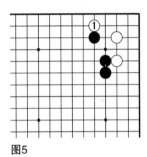

图5

## 图5（托）

如果对图3的结果不满，白可以1位在上边托。

这样下的目的是在角上快速做活，同时尽量不给黑棋加强厚势的机会。

后续图6和图7都是挂三三的代表定式。

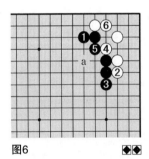

图6

## 图6（定式）

黑1长，不给白棋凑调整形的机会。同时继续发展中腹势力，贯彻目外的思路。

白2爬、4虎、6连回上边一子，告一段落。日后白有a位刺的好点。

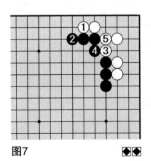

图7

## 图7（定式）

上图白4，还有如本图1位继续爬的选择。黑2长，白3、5整形。

与上图相比，白棋实地有所增加，但是黑棋外势也更加厚实。

两图各有优劣，两分。

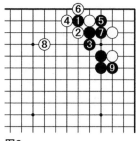

图8

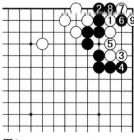

图9

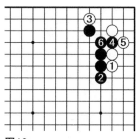

图10

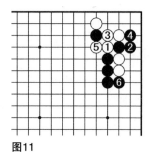

图11

**图8（白可战）**

图6中黑1长，若选本图黑1扳，白可以2位断腾挪。

黑3以下进行至黑9是一种变化。角上黑棋实地很大，但是白棋还有下图余味，基本是两分结果。

需要注意的是，目外的目的是要发展上边模样，本图和最初的思路相违背。

**图9（打劫）**

本图的前提是白3立，黑必须4位挡封锁。白1夹扩大眼位。

黑2立，白3、5做眼。进行至白9形成劫活。

白棋角上死活与劫材有关，但会成为黑棋的负担。

**图10（行棋次序）**

图5的白1托是正确次序。本图的1、3是问题手。

白3托，黑4挖时机绝好。白5打吃、黑6粘，白棋多了断点，下一手会陷入选择困难。

**图11（黑好）**

上图白5直接入本图1位打吃是气合的下法。

但是黑2立、4位拐、6位拐吃掉白二子，明显黑棋优势。

上图白1、3行棋次序错误。

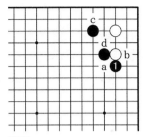

图12

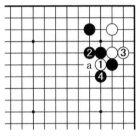

图13

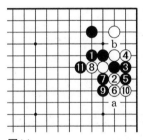

图14

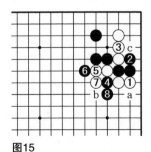

图15

### 图12（扳）

黑1扳是强手。

白棋在角上做活比较简单，可以选择简明定形。当然白棋也有反击的下法，后续会形成战斗局面。

白棋的应手有a位断，b位立，c位托，d位虎等。

### 图13（征子关系）

白1断在征子有利的局面下是合适的下法。

如果白棋征子不利，黑2长，白3立，黑4征吃。

后续黑棋会寻找合适时机a位提，外势厚实。

### 图14（白抵抗1）

面对黑1长，白棋有反抗的手段。

白2打吃、4位挡。黑5拐出头，白6长，黑7断吃，9压后续黑11征吃、a位打吃见合，白崩。

黑3如果直接在b位挖吃，白3提子棋形漂亮，黑不满。

### 图15（白抵抗2）

白1抵抗。

黑2打吃、4断吃。白5长，黑6、8应对，后续黑a、b两点见合。如果黑棋征子不利，白c紧气，黑崩。

439

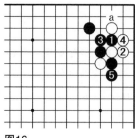

图16

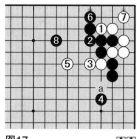

图17　

图18　⑫ = ❼

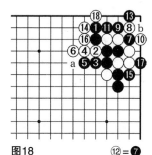

图19

**图16（战斗）**

如果征子不利，黑可以1、3应对。

白4拐，黑5长形成互攻局面。

白棋如果立即动出一子，黑a夹是先手利。

**图17（两分）**

白1挤试应手。

黑2粘棋形安全，白3长出头。

黑4小飞，防止白下到a位好点。白5跳，黑6立先手、8拆二。本图两分。

**图18（白好）**

上图黑2，如果选择本图1立过分。

白2分断严厉，黑瞄着7位断对杀的手段，但因为白a拐先手，所以可以14位靠紧气。

白18扳，黑b扑可以打劫。但是白棋先提劫，黑明显不利。

**图19（黑好）**

图16中白4如果直接1位吃掉黑一子，黑2分断获得角地，白不利。

黑棋不仅已经确保角上实地，还获得先手。

与后续图27进行比较就可以看出，本图白△浪费一手棋，差距明显。

440

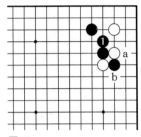

图20

### 图20（单长）

黑1单长。

若白a位立，与图16相比，黑棋没有撞气。这样黑b长，差距明显。

也因此白不会在a位立。

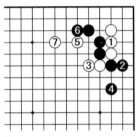

图21

### 图21（战斗）

白1粘。黑2立也是上图黑1的目的所在。

接下来白3、5、7对黑上边数子发起攻击，但白棋要注意角上三子尚未净活。

在特殊场合白棋也可能选择弃子。

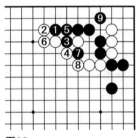

图22

### 图22（基本两分）

接下来黑3、5挖粘确保眼位，黑7、9将白角净吃。

但是黑棋为了吃掉白角，也付出了一定的代价。白2至白8在外围形成巨大厚势，还有下图的余味。本图好坏意见不一。

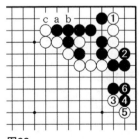

图23

### 图23（利用）

继上图，白1挡，黑2破眼。

后续比如白3碰，黑棋都不敢轻易的反击，只能黑4、6补活。

白3还有a、黑b、白c扳粘等先手利。

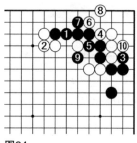

图24

**图24（其他下法）**

图22中的黑3，如本图黑1粘，目的
就不再是吃掉白角上三子。白2粘，黑3
拐让白棋做活。

白4以下做活，但需要白8、10两手。

黑9出头，后续瞄准对白上边和右边
棋子进行攻击。

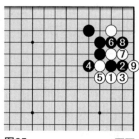

图25

◆◆

**图25（两分）**

白棋如果想要避战，可以选择本图
1、3的简明下法。

黑4打吃先手，6、8获得角地。

白棋吃掉黑二子棋形厚实。

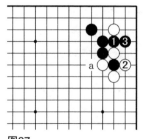

图26

**图26（过分）**

上图白3，若在本图1位挡是过分
手。因为黑棋有12、14的角上搜根手段。

黑2拐长气，准备工作完成之后黑12
开始在角上动手。

其中比如白7如果回到角上做活，黑
7扳棋形绝好。

图27

**图27（白好）**

图25中的黑2，直接1位冲是恶手。

本图白棋变成先手。黑a的先手利也
消失了，与图25相比高下立现。

图25的"多长一子方可弃"才是此
时的正解。

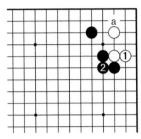

图28

### 图28（黑充分）

白1立避战。虽然简明但有明显被利之感。

黑2粘好形，后续还可以a位托。而白棋在局部已经没有好的手段可以选择。

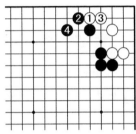

图29

### 图29（黑好）

若白1位托，黑2、4简单应对即可。

白虽然先手获得角地，但黑棋外势已经非常厚实。

本图黑好。

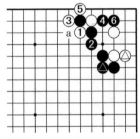

图30

### 图30（黑好）

根据具体局面，白可以在1位断。黑2至黑6，黑棋可以获得角地。白△与黑❹的交换明显黑棋占优。

白3若在4位连回，黑a打吃结果与上图大同小异。

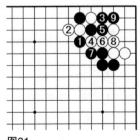

图31

### 图31（黑可战）

上图黑2还有更强的手段，就是本图黑1打吃。

白2长，黑3打吃。白4、6分断，黑7打吃先手。白8粘，黑9拐好点，后续战斗明显黑棋有利。

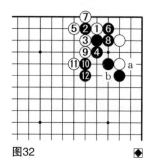

图32

### 图32（两分）

白1立即托。图28中的白1、黑2交换会导致白棋形变重（本图白a、黑b），这样一来白棋可以腾挪整形。

进行至黑12基本两分。角上还有图9所示的余味。

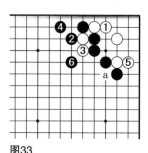

图33

### 图33（黑好）

白1退棋形重。黑2、4之后白5必须在角上补棋，黑6夹吃白二子。

与图29相比，虽然白有a位断的后续手段，但上边黑棋非常厚实，本图黑好。

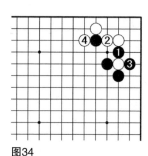

图34

### 图34（基本两分）

黑1挖吃一子。意在不让白实现图32腾挪的理想图。

白2顶，黑3提，白4打吃转换。

黑棋提子棋形厚实，白棋能够在上边发展，双方皆可满意。

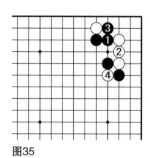

图35

### 图35（白好）

黑1顶希望白3爬，黑2挖吃。但是结果并不能如黑所愿。

白2粘反击。黑3拐，白4断严厉。

黑3若在4位粘，白3位爬回，黑仍然亏损。

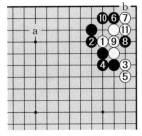

图36

◆◆

### 图36（定式）

白1看似俗手，但在此时是有力的下法。以下是老定式变化。

白3连扳是关键的一手。黑4粘，白5长。

黑6以下先手利。后续黑a位一带拆边普通。白11也可以在b位立。

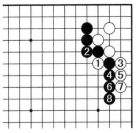

图37

### 图37（白不好）

上图白3如果在1位打吃，黑2粘，白3打吃，5、7爬是俗手。

与下图比较就可以发现问题，白1断吃与黑2粘交换让黑棋变成好形。

黑棋外势极厚，本图白棋不利。

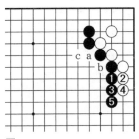

图38

### 图38（场合下法）

图36中的黑4粘是本手，有时也可以如本图黑1长。这是黑棋不想让白棋如图36白5出头而选择的下法。

白4爬之后可以脱先他投。后续白棋有a位断吃发起战斗的手段。接下来黑b粘，白c长。对比可知上图的白b明显方向错误。

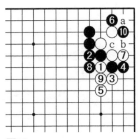

图39

### 图39（黑好）

图36中白3，如本图白1断吃，黑2粘，白3打吃可以吃掉黑一子。但结果白棋并不满意。

黑4以下至黑10，黑棋角上实地巨大。白7若在a位扳，黑b刺，白c，黑10断，白崩。

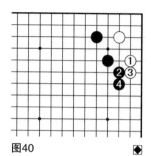

图40

### 图40（小飞）

白1小飞求稳。这是在思考过多种变化都不满意的情况下，不得已的忍耐下法。

白棋处于低位，黑棋怎么下都处于上风。

比如黑2小尖，白3爬，黑4长。黑棋简明优势。

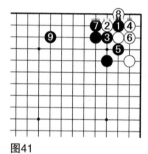

图41

### 图41（黑好）

黑1托整形。

白2扳，黑3断，白4打吃，黑5、7先手利。

本图从局部来看明显黑棋优势。白棋既然选择了上图白1小飞，对后续的变化就必须做好心理准备。

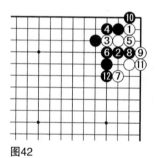

图42

### 图42（白不好）

上图白2在里面扳结果更差。

黑2尖顶整形，白3顶，黑4连回。

进行至黑12，白棋没有眼位，难受至极。

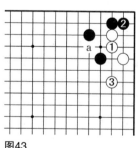

图43

### 图43（形）

此时白1是棋形要点。

黑2进角，白3可以快速出头。接下来还有a位跨断的后续手段。

黑棋如果对本图不满，可以选择图40。

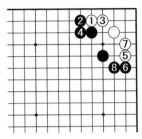

图44

### 图44（黑好）

白1托，在二线落子目的是要快速做活，黑棋不需要担心。

黑2、4应对即可。白5小飞，黑6靠严厉。白7退，黑8外势厚实。

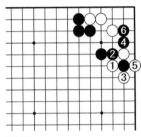

图45

### 图45（实地大）

上图白7如果在本图1位扳反击，黑2至黑6一本道。

角上白棋无法活棋，黑棋实地所得极大。

上图白1、3交换亏损。如果白棋先在5位小飞，那么黑6靠之后白棋可以选择转换。

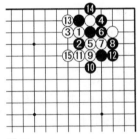

图46

### 图46（黑好）

白棋没有在12位托交换，直接白1断不成立。

白5、7，黑8打吃，进行至黑14，黑棋角地极大。

白5如果在12位托，黑可以5粘，白棋仍然不利。

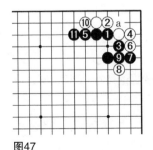

图47

### 图47（黑可战）

黑棋还可以1位顶。

白2连回，黑3虎先手、5位长。进行至白11，虽然白棋可以先手做活，但外围黑棋厚实，可以满意。

白4若在5位扳，黑a断吃角上一子，仍然是黑优势。

## 2. 外靠

　　黑1靠。意在将白棋压在低位。目的与飞压相同，但靠显得更为严厉。需要注意的是，这样一来白棋整形也更加容易。

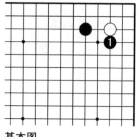

基本图

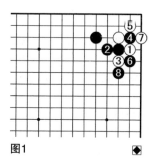

图1

### 图1（定式）

　　首先白棋1位扳。黑2退，白3扳，这样的下法与高目定式相同。接下来"断哪边吃哪边"是定式的基本原则。

　　黑4断是在黑8征子有利局面下的选择。进行至黑8，双方两分。

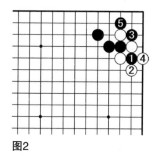

图2

### 图2（黑稍不满）

　　黑1在外边断，3、5获取角地。本图与高目定式相比棋形低了一路。

　　黑棋稍有不满。

　　上图中的征子如果不利，黑棋有回避的下法。比如图3或者图5。

### 图3（打劫）

　　上图黑3可以如本图黑1打吃。白2提，黑3打吃。

　　白不能接受黑继续在4位长，所以白4打吃反击。

　　黑5粘，留下了一个劫争。白棋如果抓住机会可以在a位虎补。

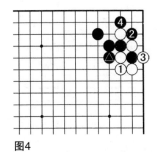

图4

### 图4（白不满）

黑棋打吃，白如果1位粘，黑2、4吃掉角上白一子。

与图2相比可以看出，黑▲与白1的交换白棋完全被利。

白棋必须选择上图2位提。

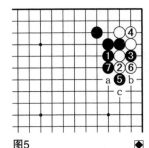

图5

### 图5（其他下法）

图2中的黑1可以如本图黑1拐，白2长，黑3断。

白4若在6位打吃，则还原上图。所以白4粘必然。

黑5鼻顶是此时的手筋好手，白6拐吃、黑7挡住。接下来白棋瞄着a位断。白如果b位拐黑c长，黑棋可以满意。

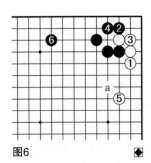

图6

### 图6（定形）

白1长，是不想形成图1的局面。即使自身处在低位也不想让黑棋变成好形。

黑2先手利，黑4退，白5大飞，黑6拆边。

如果黑棋志在发展中腹，黑4可以在a位大跳。

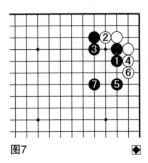

图7

### 图7（定形）

黑1长，想让白棋在二线继续爬。

但是白2顶先手利。黑3长，白4爬，黑5长、7跳整形告一段落。

后续会在上边占据大场。

## 3. 夹

白棋在三三挂角，黑1夹击。黑1虽也是局部可选下法之一，但因为白a小尖出头黑棋立即被分裂，上下两块都需要处理，一般在周围有棋子配置的情况下选择。

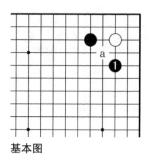

**基本图**

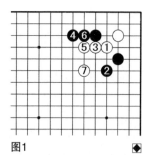

图1

### 图1（定形）

白1小尖出头几乎是必然的一手。

黑2小尖继续保持攻击。白可以3位压出头、图5中的挤等下法应对。

黑4长，白5、7出头准备黑棋面对黑4跳，白5、7出头继续瞄着对左右两边黑棋的攻击。

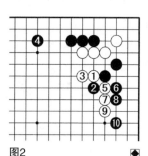

图2

### 图2（定形）

上图白7跳，如果选择本图1、3靠压棋形厚实。

黑4拆边，白5断在中腹形成势力。黑棋虽然两边得以兼顾，但白棋外势厚实可以满意。

黑4若在5位粘，白在4位一带夹击。

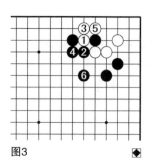

图3

### 图3（两分）

图1中的白5如果选择本图白1挖，黑2上边断吃。弃掉一子进行至黑6，黑棋成功整形并且将白棋封锁。

黑棋获得好形，同时白棋也得到了角上实地。

本图两分。

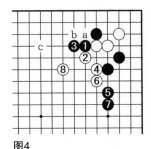

图4

### 图4（白好形）

黑1扳，白如果在a位断，黑b打吃，还原上图。

接下来白2扳，黑3长，白4虎好形。这样也是一种选择。

接下来黑在c位一带拆边，告一段落。

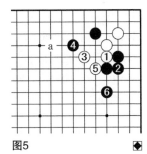

图5

### 图5（定形）

白1挤。黑2粘，白3跳出头。黑4小飞，白5虎好形。

黑6跳，白a一带夹击形成战斗局面。

黑2若在5位长，白2位断吃一子可以就地做活。

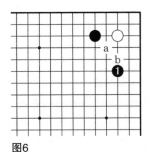

图6

### 图6（二间夹）

黑1二间夹是比较温和的下法。

虽然对白棋的压力降低，但同样的，白棋反抗的力度也会变小。

白棋还是会将出头作为后续目标。比如a位小尖、b位碰都是常识下法。

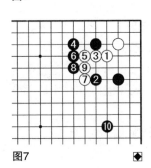

图7

### 图7（两分）

白1小尖坚实。与上图不同，此时黑可以2位跳继续攻击白棋。

白3压，进行至黑10暂告段落。黑8有帮对手补断的感觉，但如果直接10位拆边，白8虎是绝对好形，黑棋不能接受。

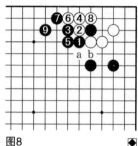

图8

◆

**图8（定形）**

此时黑棋可以1位扳。

白2断、黑弃掉一子整形，进行至黑9，局面与图3相似。

白2若在a位扳，黑b断，黑可战。

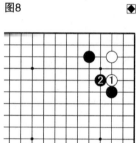

图9

**图9（还原）**

二间夹的情况下，白可以1位碰。

黑2扳是常识应对。这样的局面和白挂三三·黑小飞·白托的局面相同，请参考439页图12以下的变化图。

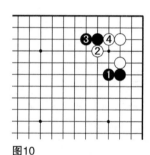

图10

**图10（双方可下）**

黑1长，白2靠出头。

黑3长，白4顶确保根据地。接下来可以对黑棋两边发起攻击。

后续黑棋会在上边或者右边拆边。

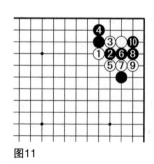

图11

**图11（白无理）**

白1直接靠无理，黑2扳断严厉。

白3断，黑4立，白5打吃。进行至黑10，白棋角上二子被吃，黑棋实地所得较大。

白棋需要按照上图次序落子。

# 第三章

# 高目

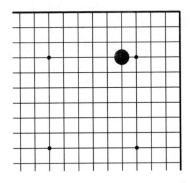

　　星位旁边、目外上边一路的选点"4·五"就是高目。与目外一样，高目重视的是边空，与此同时希望获取厚势寄希望于未来发展。带有厚势、模样等特点，相比之下对实地控制不足。挂角的方法有小目、三三等。

# 小目挂角

## 1. 内靠

白在小目挂角，黑1靠。除此之外黑棋还有a位外靠、b位飞压等下法。黑1内靠是重视角地的下法。

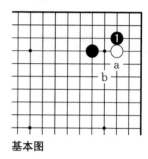

**基本图**

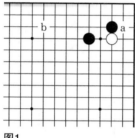

图1

### 图1（白棋应手）

黑1内靠，白棋可以直接a位扳。

在b位一带拆边也是一种选择，但需要在左上角一带有棋子配置。是场合下法。

此时白棋脱先也可。

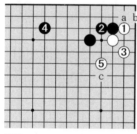

图2

### 图2（定式）

白1扳，黑2退只此一手。

白3虎好形，黑a扳，白可以利用角部特殊性b位扳反击。

黑4拆边，白5小飞告一段落。白5可以c位大飞或者脱先。

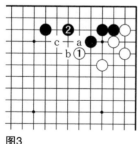

图3

### 图3（定式以后）

上图白5之后，有了本图白1飞压的后续手段。为了右边模样有所发展，放弃了未来打入的可能性。

黑2小飞补强。黑棋还可以a位爬，白b，黑c定形。本图是定式后的定形下法。

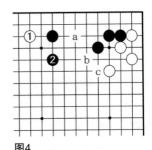

图4

### 图4（其他下法）

如果重视左上角，可以白1逼住。

如果黑棋脱先，白a打入严厉。

黑2跳补强。除了黑2，黑还可以在b位小尖、c位压等加强自身棋形。

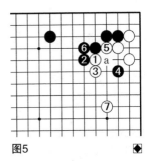

图5　◆

### 图5（定形）

图2中的白5，可以选择本图白1靠。虽然给黑棋加固了棋形，但是右边得以发展。

白3长，黑4点是手筋，强调后续a位断的手段，同时凑调黑6粘。

白7间接补掉黑a断，局部告一段落。双方两分。

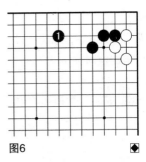

图6　◆

### 图6（坚实）

图2中的黑4，如本图1位拆边棋形坚实。这样下的目的是不让白棋如图3、图4那样有先手利。

虽然实地减少，但不给白棋借用，是坚实的下法。

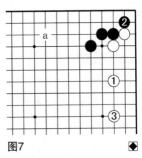

图7　◆

### 图7（定式）

图2中的白3，如本图白1拆二是新手。

黑2扳，白3拆二步调快速。

黑2获得实地可以满意。黑2也可以直接在a位拆边。

455

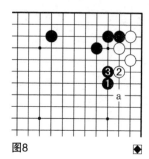

图8

### 图8（定形）

如果图2中的白5脱先，轮到黑棋先落子，黑1飞压是好点。

白2小尖，黑3挡，在中腹形成厚势。

接下来白棋脱先也已经净活，如果要在局部继续落子可以a位跳出头。

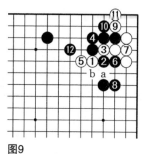

图9

### 图9（战斗）

白1靠反击。黑2扳断，白3断，黑4粘。

此时白如果a位打吃，黑b挤打，白不利。此时白5长必然，黑6以下形成互攻局面。

从局部战斗来看白棋陷入苦战，在实战中要根据周围局面而定。

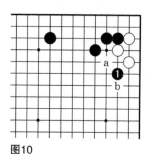

图10

### 图10（急所）

图2中白5脱先，黑棋也可以选择1位点攻击。根据白棋的应对在上边顺调筑起厚势。

白a小尖是常识下法。其他还有b位靠腾挪等选择。

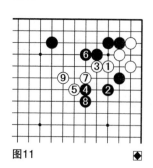

图11

### 图11（定形）

白1小尖出头、黑2小尖应对。白3压、黑4跳意在右边扩张模样。

白5靠是此时的手筋，黑6冷静，进行至白9白棋出头，黑棋也实现了最初的目的。

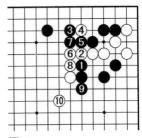

图12

### 图12（白好）

上图黑6是本手，本图黑1长不好。

白2顺势出头，白4靠是此时的手筋。白6先手出头，进行至白10，本图明显白有利。

上图和本图虽然都是白棋落后手，但白10小飞出头是绝好点，具有一手棋的价值。

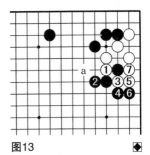

图13

### 图13（定形）

图11中的白3压，选择本图白1挤、3断意在快速做活。棋形坚实，变化简单。

黑2长，白3断吃一子净活。

黑棋获得先手的同时在外围形成厚势，两分。

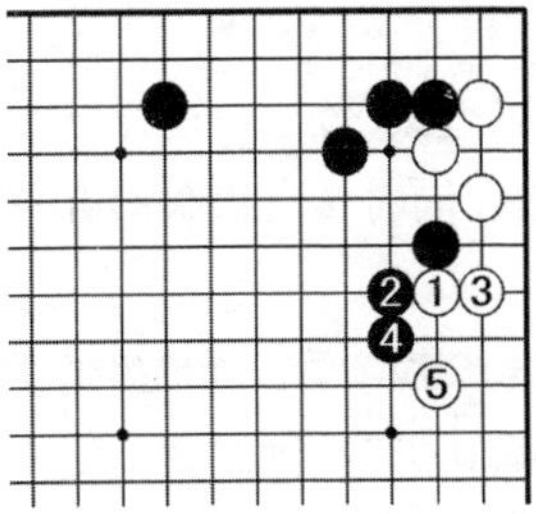

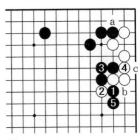

图14

### 图14（黑稍好）

白1靠腾挪。白棋如果不喜欢图11和图13的变化，可以选择本图。

但是黑2扳，白3立，黑4长，白5跳，黑棋外势厚实，而白棋都处于低位。本图是场合下法。

图15

### 图15（战斗）

上图黑4，选择本图黑1扳严厉。白2断，黑3粘、5位长出头。角上白棋a位扳可以做活，但后续的战斗局面黑棋应该并不担心。

白4若在5位打吃，黑4，白b，黑c立白角上三子被吃。

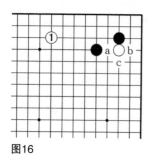

图16

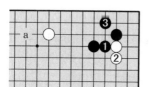

图17

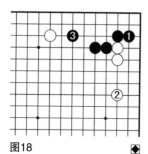

图18

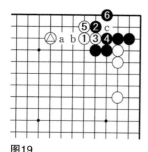

图19

### 图16（夹）

此时白1夹，是在左上角一带有棋子配置的情况下选择的下法。

黑棋主要的应手有a位顶、b位扳、c位夹等3种。

以下讲述的下法在白1脱先的情况下同样适用。

### 图17（定式）

黑1顶确保棋形安全。白2长，黑3虎坚实。白4拆边告一段落。

黑3虎保证角上黑棋活棋的同时，后续还有a为何b位夹击的手段。

白2如果脱先，黑2位打吃价值极大。

### 图18（别法）

上图黑3可以直接1位立。这样下能够获取更多实地，同时对白棋眼形有一定威胁。

但是白2、黑3交换之后，局部黑棋落了后手。与上图相比虽然实地增加，但一手棋的差距不可忽视。优劣差距微妙。

### 图19（黑棋被利）

上图黑3如果脱先，就要做好被白1拆二先手利的心理准备。进行至黑6，黑棋被利。

白△若在a位或者b位，白1还可能下到2位更深入搜根。黑c，白3，黑4，黑棋甚至尚未活净。

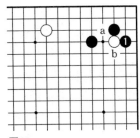

图20

### 图20（扳）

黑1扳，虽然棋子处于低位，但是搜根的好手。

白的选择有a位扳和b位长两种。从棋形来说类似，但最后的结果来看存在微妙的差别。

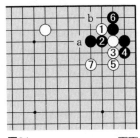

图21

### 图21（定式）

白1扳，黑2打吃，白棋顺调整形。

黑4爬，白5长，黑6立，白7跳告一段落。

后续白棋有a位靠，b位小尖的后续手段，本图黑棋实地也有所得，双方两分。

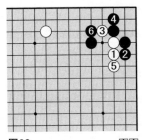

图22

### 图22（两分）

白1长，黑2若在3位联络，白2拐，黑不满。

白3扳，黑4立考验白棋的应法。白5长，黑6夹结果与上图相似，但是本图白棋后续的利用手段已经消失。

白5也有脱先他投的可能。

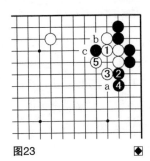

图23

### 图23（其他下法）

上图白5还有一种选择就是本图1位粘。黑2、4出头，白5虎。黑4也有a位连扳的选择。

黑一子尚有b位或者c位动出的可能。

白棋是选择本图还是上图，需要根据具体局面而定。

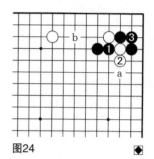

图24

### 图24（粘）

黑1断吃，白2长，黑3粘。接下来黑a鼻顶和b位小飞见合。

选择权掌握在白棋手中。白棋可以根据后续局面变化决定具体下法。

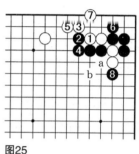

图25

### 图25（白棋的后续手段）

如果要救回上边一子，白1爬。

黑2、4交换之后6位立先手，黑8鼻顶吃掉白二子。白a拐，黑b夹。

虽然上边让白棋渡过，但黑棋形厚实可以满意。白棋联络的时机非常关键。

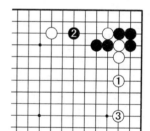

图26

### 图26（重视右边）

如果白棋重视右下角和右边的发展，会在白1一带救出白二子。

黑2是绝对的一手，白3拆边。

本图黑棋可以满意，这同样是个选择时机的问题。

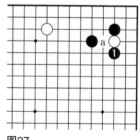

图27

### 图27（夹）

黑1夹。白棋如果动出一子，黑棋可以顺调整形。

白棋局部的下法只有a位一手。后续下法基本上是一本道，形成黑棋实地、白棋外势的局面。

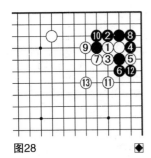

图28

### 图28（定型）

白1顶，黑2挡。

黑2若在3位挡，白2位拐，黑棋角地被破多少有些不满。

白3拐，黑4渡过。白5断吃，黑6长，白7拐是关键一手。以下至白13告一段落。

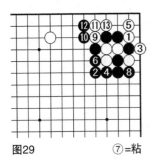

图29　　　⑦=粘

### 图29（黑好）

上图白7如果直接1位打吃，黑2夹严厉。

白9虽然可以吃掉黑二子，但棋子大都处于二线低位，而且在局部落了后手，明显不利。

上图白7拐是只此一手。

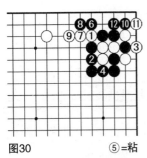

图30　　　⑤=粘

### 图30（白无理）

上图白3如果直接在本图1位断，目的也是吃掉黑二子，但结果并不能如愿。

黑2、4打吃紧气，黑6打吃抵抗。白7长，黑8爬，10、12扳粘形成对杀。

接下来——

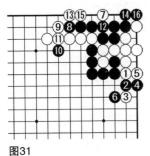

图31

### 图31（黑好）

白1～5创造眼位形成对杀，进行至黑16，本图的结果是黑先劫。

如果在棋盘其他地方有合适劫材白棋还有一战的可能，但一般来说这个劫争白棋压力极大，明显落于下风。

上图白1断不成立。

461

## 2.外靠

黑1外靠。目的虽是扩张外势，但后续下法灵活，根据白棋的应对也可能做出调整，转为获取实地。

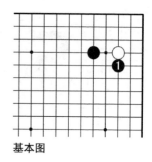

**基本图**

### 图1（白棋应手）

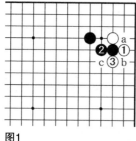

图1

黑棋外靠，绝大多数情况下白棋的应手只有白1扳一种。其他下法基本上都是黑棋有利。

黑2退，白3扳是手筋。

黑棋的应对有a、b断、c位拐等。

### 图2（定式）

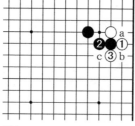

图2 ◆◆

上图白3扳，目的是"断哪边吃哪边"。

本图黑1断，3、5吃掉外边白子。选择本图的关键是黑棋必须征子有利。进行至黑5，双方两分。

即使现在征子有利，黑棋找到合适时机在a位提也十分有必要。

### 图3（白棋的后续手段）

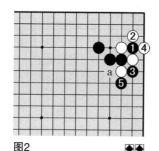

图3 ◆

接上图，白1价值很大，防止了下图黑1的手段。

白1大飞，黑2提是本手。如果脱先，白可以选择引征。

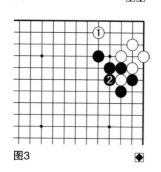

462

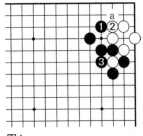

图4

### 图4（黑棋的后续手段）

上图白1如果脱先，那么本图黑1小尖是先手利。白2团，黑3提。

白2必须补活，否则黑a小尖白棋角上不活。

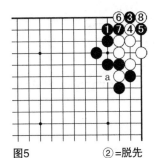

图5 　　　　②=脱先

### 图5（过分）

上图黑1先手交换之后继续如本图1位立多少有些过分之嫌。

大多数情况下白棋会脱先他投。黑3小飞进行至白8，局部是打劫活。

白还有a位余味，黑不好。

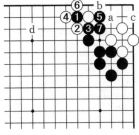

图6

### 图6（定式后）

图3之后，黑1靠意在封锁，但白棋并不会简单的让黑棋如愿。

白2以下反击必然。黑7之后白a，黑b，白c可以在角上做活。即使白棋在d位拆边，角地给黑棋也可以满意。

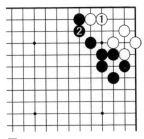

图7

### 图7（黑稍好）

白1退回，黑2封锁。本图白稍有不满。

但有一点需要注意，上图白棋落了后手，而本图白棋先手定形可以脱先他投。如果棋盘上有更重要的急所，本图也可以是备选变化。

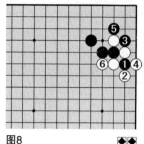

图8

◆◆

## 图8（定式）

回到图1原形，黑1在外边断。白棋遵循"断哪边吃哪边"的原则，白2打吃。

黑3、5获取角地，白6压取得外势。

白6也可以脱先他投，但此时白6好形，有一手棋价值。

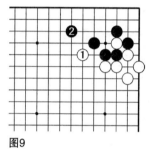

图9

## 图9（白棋的后续手段）

上图白6第一个优势就是本图白1飞压。

黑2小飞应对，白棋右边的厚势更加可观。

如果黑棋对本图不满——

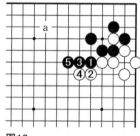

图10

## 图10（黑棋的后续手段）

黑1扳。

白2扳、4压、黑5长告一段落。

黑1至黑5在上边形成好形。

但是一旦后续白棋在a位一带有子，白棋在角上会有余味。

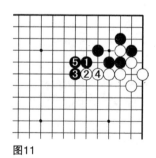

图11

## 图11（其他下法）

上图黑1也可以如本图1位小尖，意在不给白棋顺调整形的机会。

此时白棋大多选择脱先他投。如果继续局部落子可以2位靠压。黑3扳，白4粘，黑5粘。

两分。

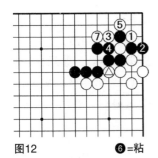

图12　　　　　❻=粘

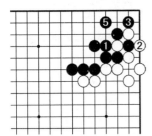

图13　　　　　④=提劫

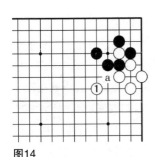

图14

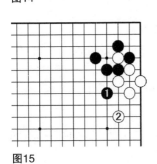

图15

### 图12（白棋目的）

图10或者图11的棋形，白都有本图1位的后续手段。

黑2立阻渡，白3夹是准备好的既定手段。黑不能5位立，否则白4打吃，黑崩。这就是有了白△一子的意义。

黑必须对此引起重视。

### 图13（妥协）

黑棋可以妥协。面对上图白1，黑直接如本图黑1提。

白2打吃破坏黑棋角地，但黑3、5可以确保棋形厚实。

黑5是否要虎补取决于劫材情况。

### 图14（场合下法）

白1小飞比白a行棋速度要快，而且棋子位置更偏向右边。

但是a位无子就没有图12的变化图。两者各有优劣，实战中白a出现概率更高。

### 图15（黑棋的后续手段）

图8的白6如果选择脱先他投，轮到黑棋先落子可以在1位跳。

白2小飞应对，这个交换黑棋明显得利。

接下来黑棋可以脱先做好弃掉黑1的准备。

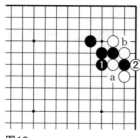

图16

### 图16（打吃）

此时黑1上边打吃，放弃角地。

此时白2提只此一手。如果白a位粘，黑b断吃。与图8定式相比，黑1与白a的交换白棋明显被利。

接下来——

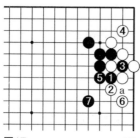

图17

### 图17（两分）

黑1打吃。白若3位粘，黑2长，白棋明显亏损。白2打吃反击。

黑3提，白4守角。黑5先手、黑7小飞扩张，两分。

黑5如果在a位开劫无理，初棋无劫，白棋提劫之后黑棋无法找到合适劫材。

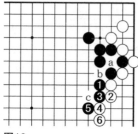

图18

### 图18（俗手）

上图黑5是手筋下法。如果黑棋下在本图1位扳，白2长即可。

黑3压，白4、6扳头，棋子处在四线可以满意。后续白a与黑b交换任何时候都是先手，所以一定要先保留。因为白棋还有可能在c位断在中腹发起战斗。

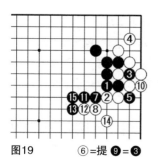

图19　　⑥=提 ❾=❸

### 图19（两分）

图17的黑3也可以直接入本图1位粘。

白2贴，黑3提劫、5打吃。黑7扳至黑15告一段落。

黑5一子仍然有利用的可能，与图17各有优点。

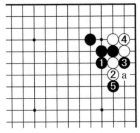

图20

### 图20（拐）

先保留3、4的断点，黑棋先在1位拐。白2长，黑3断。

白4粘只此一手。此时如果在a位打吃，黑4打吃，白角上一子被吃。同样是黑1与白2的交换明显被利。

黑5鼻顶是手筋。

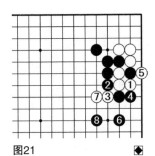

图21

### 图21（战斗）

接下来白1拐吃稳健，黑2挡告一段落。白棋如果没有脱先他投，会选择3位断，黑4打吃、6位跳出战斗。

白3也可以先脱先他投，未来根据具体局面找准时机再落子。

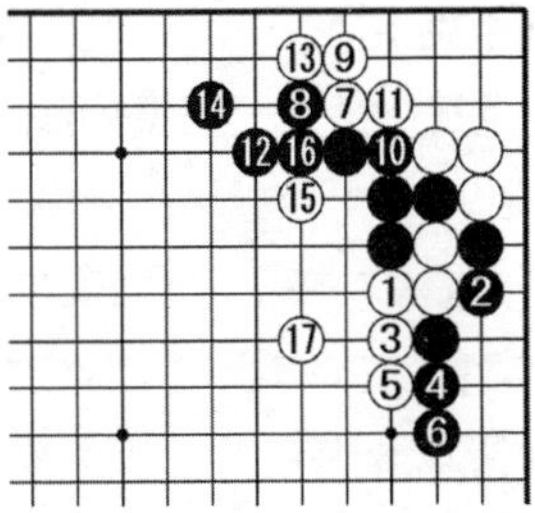

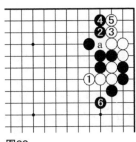

图22

### 图22（战斗）

如果白1拐出头，黑2渡过，战斗马上开始。

白3、5先手利，白7在角上做活。黑12补断点，白13、15先手，17跳整形。

后续战斗是局面的焦点。

### 图23（黑可战）

上图白3直接选本图1位长，虽是正形，但略缓。

黑2、4严厉。白5挡，虽然接下来有a位挤的后续手段，但是一旦黑外围补强，角上白棋仍有死活问题。白苦战。

图23

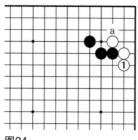

图24

**图24（场合下法）**

白1长，不想下成图2的定式局面。

但是棋子处于二线位置过低，一般来说本图白棋稍有不满，是场合手段。

黑a夹整形。

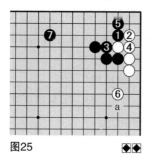

图25 ◆◆

**图25（定形）**

黑1夹继续将白棋子压制在低位。

白2虎扳，黑3打吃、5立，黑棋获得实地的同时确定了自身棋形安全。

白6小飞，黑7拆边告一段落。白6也可以在a位大飞。

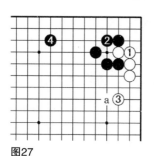

图26 ◆

**图26（重视中央）**

黑棋如果更重视中央，上图黑5可以如本图黑1二间跳。

白2打吃告一段落，接下来黑a跳也是好点。

本图黑棋在实地亏损较大，在实战中还是上图黑5出现的频率更高。

**图27（白略不满）**

白1单粘，为了避免黑棋选择上图。这样一来黑如果还下在a位，白可以2位扳获取更大角地。

但是黑2退，白3，黑4之后，白棋的眼形不如图25，略有不满。

图27

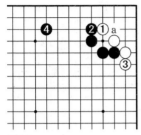

图28

### 图28（目的）

此时白1小尖是白棋预想的下法。

如果黑2挡，白3长。这样黑棋就没有图25中黑1的手段，白棋更主动。

后续黑棋也有a位挤的可能性，但现在还不成立。

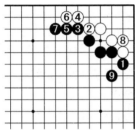

图29

### 图29（黑厚）

上图黑2可以考虑在本图1位扳。

白2爬获取角地，黑3至黑7外势厚实。

白8粘实地价值大，同时也加强了黑棋的厚势。黑无不满。

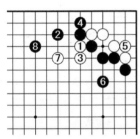

图30

### 图30（黑有利）

上图白4若在本图1位断，有无理之嫌。为了活角白总要5位粘，与黑6交换才行。

黑2跳、4立保持战斗状态。白5粘，黑6整形，黑棋上下两边得以兼顾，战斗处于有利地位。

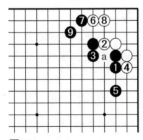

图31

### 图31（长）

黑1长意在获取外势，必然要忍受实地上的亏损。

白2顶是此时的棋形要点，同时获取角地。

后续白有a位冲断的后续手段，本图白稍好。

469

## 3. 飞压

白小目挂角，黑1飞压。获得外势是高目占角的主要目的，黑1就是贯彻意图的下法。接下来黑棋会由上边向中腹发展筑起厚势。

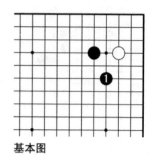

**基本图**

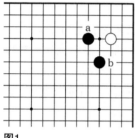

图1

### 图1（白棋应手）

面对黑棋飞压，白棋的应手主要有a、b两种。

白b必须考虑到征子情况，最好是在白棋征子有利的情况下选择。

此时白棋脱先也是一法。

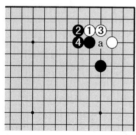

图2

### 图2（代表定式）

白1托角。黑2扳，白3退，黑4粘告一段落。

白棋获得实地，黑棋取得外势。这是高目的代表定式。

黑2还有a位顶、3位扳等选择。

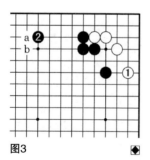

图3

### 图3（定式后续）

如果继续在局部落子，可以选择白1小飞。此时白棋脱先他投，黑棋有下图的定型方法。

黑2拆边在上边筑起模样。根据上边棋子的搭配，黑也可以在a位拆边或者b位高位拆边等。

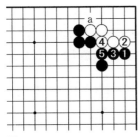

图4

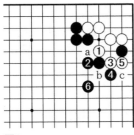

图5

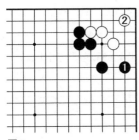

图6

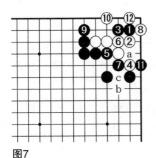

图7

### 图4（黑棋的后续手段）

上图白1脱先他投，黑1小飞封锁。白2挡必然。

接下来黑3、5价值极大。后续黑a扳是先手。

白1与黑2交换之后，黑棋可以暂时脱先在他处落子。

### 图5（定形）

上图黑3、5如果脱先，白有1位尖顶至白5吃掉黑一子的手段。

同时保留了a位冲断的后续手段。

黑棋如果不担心b位的断点，黑6可以在c位挡。

### 图6（被利）

图4中的黑1小飞，如果调整成本图黑1跳棋形更完整。

但是黑1跳对白棋威胁不大，白棋有脱先他投的可能性。实战中白棋大部分情况下都会脱先他投。

所以白2有被利之感。

### 图7（评价）

上图白2脱先，黑可以本图1位点定形。

黑a提先手，黑棋外势非常厚实。但需要考虑的提子的时机，因为白棋有可能二次脱先。

白6之前是否在b位刺与黑c交换是个比较微妙的问题。而且白b刺黑可能在6位断反击。

471

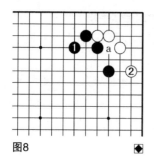

图8

### 图8（两分）

黑1虎，比粘更侧重上边发展。

但是白a变成先手，角上白棋得到加强。各有优劣。

白2可以脱先。

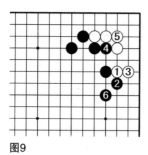

图9

### 图9（黑厚）

上图白2小飞如果选择本图1位托，意在获得局部先手。

但是黑6虎定形之后，黑棋明显比上图更加厚实。

本图帮助黑棋加固外势，并不算好选择。

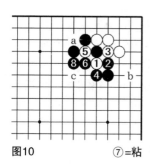

图10　　　　⑦＝粘

### 图10（黑充分）

此时白1直接反击不好。

白3打吃，黑4反打是既定手段。进行至黑8黑棋厚实。

黑8若在a位粘，白b小飞，黑c虎补也是黑好下的局面。

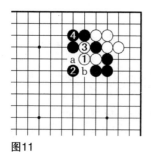

图11

### 图11（白大恶）

上图白5如果在本图1位长，黑2枷。白3提、黑4粘。本图黑棋比上图更加厚实。

黑虽然有a、b两处空隙，但白棋冲断战斗都处于下风。

白大恶。

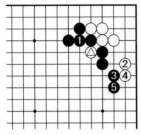

图12

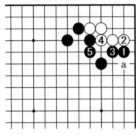

图13

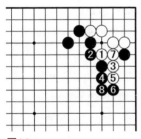

图14

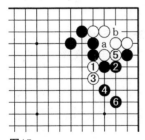

图15

**图12（棋形重）**

黑1粘，不让白△一子联络。但是△一子仍然还有逃出的可能性。

白2小飞，黑3、5必须封锁，这就等于图8中的白2变成了先手，黑棋得不偿失。

**图13（黑棋的后续手段）**

图8中的白2如果脱先，黑1可以小飞封锁。

黑3、5继续加强外势，也可以脱先他投。

黑1如果在a位跳，白4粘是先手利，所以效果不明显。此时黑1基本上是必然的一手。

**图14（白棋的后续手段）**

上图黑3、5如果脱先，本图白1尖顶。

但是这样一来黑2挡，白3扳，进行至黑8，黑棋外势变厚。

黑棋可以满意，白棋选择本图必须要考虑时机。

**图15（战斗）**

上图白3，如果直接在本图1位断会挑起战斗。

但是黑2立，白3长先手交换之后，白5必须补棋。否则黑a，白5，黑b断严厉。

所以白棋选择本图一定要根据周围棋子配置决定。

473

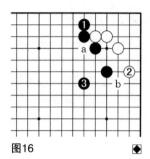

图16

### 图16（定式）

黑1立意在搜根，比较严厉。此时a位断点，黑棋的对策在后期变化图中会有所展示。

白2小飞稳健。黑3小飞发展中腹的同时补断点。

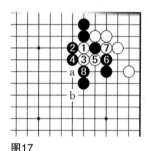

图17

### 图17（落空）

上图黑3飞补之后，白1断已经不成立。

黑2打吃、4挡，进行至黑8，白切断落空。

后续白a断，即使征子不利黑棋b位小尖也是黑棋可战的局面。

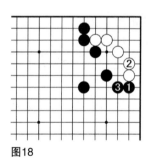

图18

### 图18（黑棋的后续手段）

图16之后，如果局部黑棋先落子，可以1位靠。

白2若在3位扳，变化会在下图中展示。此时白2退、黑3加强外势。

但是此时白棋角上已经做活，黑棋落了后手。

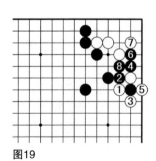

图19

### 图19（过分）

白1扳，黑2断以下将白棋分断。

白5提，黑6爬强手，这样一来白棋角上非常危险。

即使白棋角上做活，必然会让黑棋外围厚实有所加强，可以获得先手对白四子进行攻击。

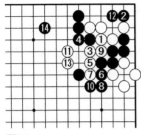

图20

### 图20（白苦战）

接上图。白1如果是先手，白12位可以做活。但要想到黑有2位点的严厉手段。

白3以下可以出头，但是棋形没有眼位。同时白右边四子棋子薄弱。

本图明显白苦战。

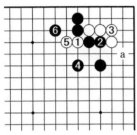

图21

### 图21（黑有利）

如果白1断，后续战斗白棋很难占据优势。

黑2挤先手利，黑4、6两边整形，后续黑a小飞先手。

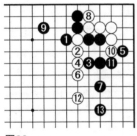

图22

### 图22（黑有利）

上图黑4也可以如本图黑1、3整形。

白4压，黑5小飞，白6长，黑7跳补。白8必须在角上回补。

过程中黑棋在上边、右边棋形都得到完善，本图黑棋有利。

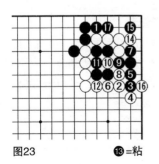

图23　　　❸=粘

### 图23（白可战）

上图黑7，想要吃掉白角会选择本图黑1。虽然黑棋可以吃掉白角，但是从结果来看并不如意。

白2点严厉。黑3以下长气对杀可以获胜，但是进行至白16，白棋外势极厚。

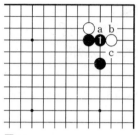

图24

**图24（顶）**

白托，黑1顶。目的仍然是筑起外势，贯彻黑棋高目占角的目的。

黑1顶，白a应对必然。接下来黑可以b位断和c虎。

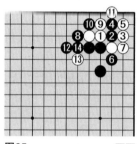

图25

**图25（定式）**

白1连回。黑2断整形。白棋必须要吃掉黑一子，白3打吃必然。

黑4多长一子方可弃。黑6打吃，8、10都是先手利。形成实地与厚势的两分局面。

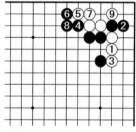

图26

**图26（白无理）**

白1长，黑如果3位挡，白可以9位打吃。

黑2立是最强抵抗。白3爬，黑4扳、6连扳严厉。白5、7长气，白9虎扳对杀——

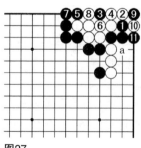

图27

**图27（黑先劫）**

黑1拐、3点是局部手筋。白4粘进行至白8是一本道，黑9扑形成劫争。

此劫白a打吃，黑9提。打劫是黑先劫，本图黑有利。

476

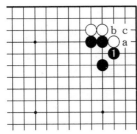

图28

### 图28（虎）

图25中的黑1断后续变化基本是一本道。

本图黑1虎，白棋可以选择的下法较多，其中不乏复杂的变化。

白的应手有a位立、b位粘和c位虎。

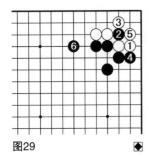

图29 ◆

### 图29（定式）

白1立。黑2断试应手，考验白棋的应法。

白3打吃，黑4挡先手利、黑6跳整形。

形成黑棋外势，白棋实地转换，两分。

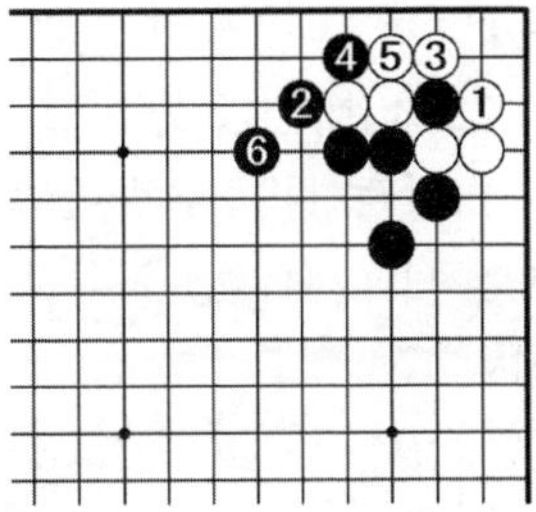

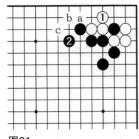

图30

### 图30（白稍亏）

白1打吃，黑2扳是先手。

白3提，黑4扳先手利、6位虎补强告一段落。

本图与图25相比可以看出黑棋只损失了一个子，黑稍好。

### 图31（两分）

上图白3，可以选本图白1。这样上图黑4的利用就没有了。

这样黑2直接虎补，后续白可以a扳，黑b挡，白c交换。

本图也是两分。

图31

477

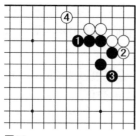

图32

### 图32（白稍好）

黑1直接长，白2拐。黑3小尖是好形，但白4小飞角地较大。

本图也是黑棋外势、白棋实地的局面，但白稍好。

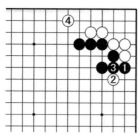

图33

### 图33（一长一短）

上图黑选择3位小尖是不想让白棋借用。如果没有这样的担心，可以选择本图黑1虎扳。

白2刺先手利，4位小飞。

这样一来黑棋防止了白棋以后破空的手段，但棋形偏重。与上图相比各有优劣，白棋无不满。

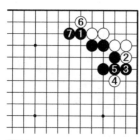

图34

### 图34（强手）

图32黑1长稳健，本图黑1扳偏严厉。

面对黑1扳，白棋暂时找不到合适的反击手段。这也是图29的白1立并不是此时首选下法的原因。

白2至黑5交换之后，白6扳忍耐。本图白略有不满。

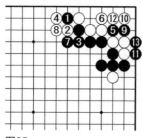

图35

### 图35（黑有利）

上图黑7还可以继续用强，1位连扳。

此时白2、4反击可以吃掉黑一子，但黑5断之后，白角上三子已经无法救回。

白10、12先手利，黑13吃掉白三子外势厚实，本图黑好。

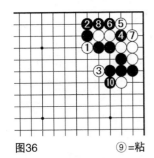

图36

⑨=粘

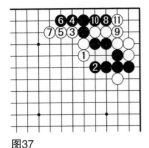

图37

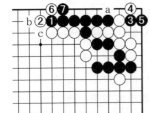

图38

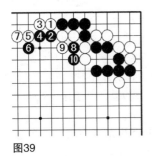

图39

### 图36（黑有利）

那么面对黑棋扳，白1断如何呢。

黑2立严厉，接下来增加了破坏白棋角上眼位的手段。

白3靠是手筋，黑4断，6、8滚打时机绝好，白棋角上已经出现死活问题。黑10拐出头，本图明显黑可战。

### 图37（对杀）

白1长先手利，接下来3位扳对黑两子发起攻击。

但是黑8、10之后可以长气，同时白棋角上仍然没有净活。

白棋此时是强硬的对杀态度，但是——

### 图38（黑好）

接下来黑1爬、白2扳交换，黑3、5角上破眼。

黑a立做活和b位夹出头见合，角上白棋已经净死。

白2扳如果补在3位可以将角上做活，但是黑c扳棋形极好，黑棋仍然优势。

### 图39（破话）

图37中的白7如果直接1位扳，黑2断白仍然战斗不利。

白3长，黑4、6先手利，黑8、10断吃之后白棋两边必死一边。

面对图34中的黑1扳，白棋以后是否会找到合适的应对手段呢。

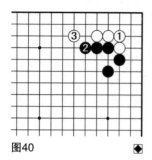

图40

### 图40（定式）

白1粘简明。

黑2长，白3跳出头。本图与白小目·黑一间高挂·白下托的定式棋形相同。

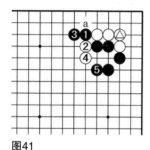

图41

### 图41（战斗）

黑1扳，白2断应战的可能较大。黑4，白5之后变化较为复杂。

与图36不同，白棋△棋形坚实，这一点来说白棋有利。

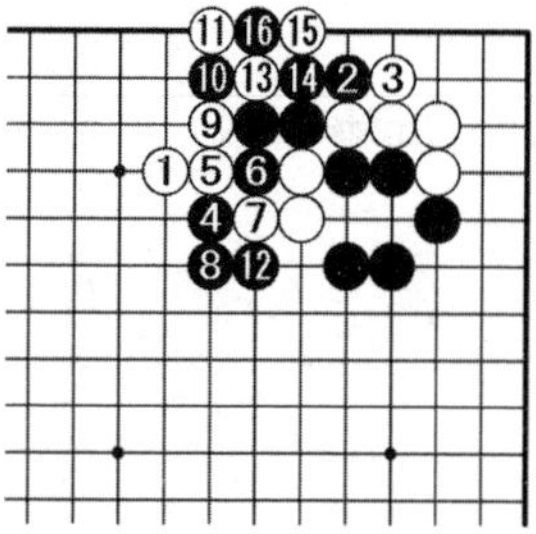

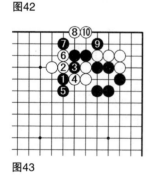

图42

### 图42（白无理）

接上图。白1跳封看似棋形好点，但此时危机重重。

黑2扳先手利、4位小飞出头好次序。白5、7冲断形成对杀，黑10扳白只能形成打劫。黑16先手提劫，黑有利。

图43

### 图43（黑崩）

上图黑2交换非常关键，如果直接如本图黑1小飞是问题手。

白2、4冲断对杀，黑7扳，白有8点是绝妙的手筋，黑9扳，白10并，对杀黑不利。

白8、10的下法是被称为"黄莺扑蝶"的手筋。

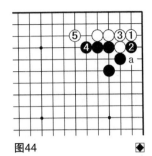

图44

### 图44（两分）

白1虎同样是坚实的下法。因为有a位扳的强手，黑2打吃交换。后续白a可以吃掉黑一子。

黑2、4定形，白5跳告一段落。本图与图40的棋形知识多了一个黑2与白1的交换。

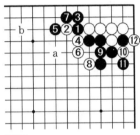

图45

### 图45（白可战）

上图黑4如果在1位扳，白会直接2位断反击。

黑3立、5位夹是常见手筋，白6、8先手利，白10、12吃掉一子在角上做活。

后续若白a、黑b交换，白可以对右边黑棋发起攻击，白可战。

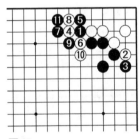

图46

### 图46（黑无理）

黑棋不在二线打吃交换，而是直接如本图1位扳，白2虎扳交换后的结果黑棋更加不利。

白仍然4位夹。此时黑7夹，白8立是强手。

黑9、11可以吃掉白二子，但是——

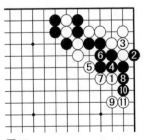

图47

### 图47（黑崩）

白1刺先手，黑4粘，白5、7可以将黑包围。

黑8拐，白9跳。黑10长，白11挡，黑棋完全被封住。

黑6若在7位拐，白6破吃掉黑二子棋筋，明显白有利。

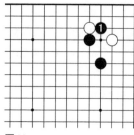

图48

### 图48（扳断）

此时黑1扳断，一看就是非常严厉的下法。接下来很可能发展成较为复杂的局面。

由于后续变化复杂，手数繁杂的定式很多，堪比大斜千变和妖刀。

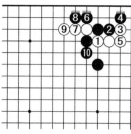

图49

### 图49（基本形）

白1断必然。黑2进角瞄着黑7打吃。白3、5扳粘预防黑7的手段。

黑6打吃、8爬，获得先手以后10位连回。本图是基本形，后续变化皆有本图开始发展。

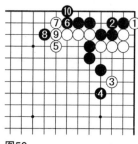

图50

### 图50（白先手利）

白1扳，黑2粘。交换之后白3跳出。

白3，黑4交换之后，白5小尖是先手利，瞄着角上黑棋的死活。

此时黑6至黑10先活角，然后看白棋在右边如何整形。

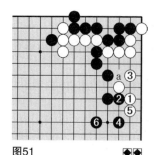

图51

### 图51（代表定式）

此时白棋的选择有1位小尖或者a位连回。此时选择1位小尖的情况较多，虽然棋子处于低位，但能够不给黑棋借用获取厚势的机会。

黑2至黑6整形之后告一段落。

图48至本图都是代表定式。

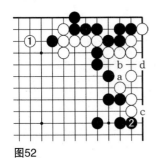

图52

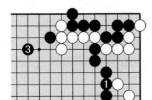

图53 ◆◆

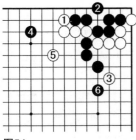

图54

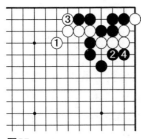

图55

### 图52（后续手段）

接下来白棋在1位一带补强上边棋子是常识下法。

如果重视右边发展，可以黑2挡。当然此时即使脱先也没有关系。

即使已经有了黑2一子，白棋也可以脱先。后续黑a破眼，白b，黑c，白d，局部白棋仍然是活棋。

### 图53（定式）

图51的黑2，可以如本图黑1粘。

白2小飞出头。在右边白棋获得较好的棋形，那么此时轮到黑棋落子了。黑3小飞是其中一个选择，但要注意的是，此时黑棋自身棋形并不厚实。

### 图54（白不利）

图50中白3，虽然如本图白1拐也是先手，黑2必须做活。但这样一来局部就失去了其他借用的可能。

白3出头，黑4直接夹击，白5小飞出头，黑6跳封。白棋两边兼顾，疲于奔命。

### 图55（白失败）

如果忽略图50中白3、黑4的次序，直接如本图1位小尖，黑棋不会老实的在角上做活。

黑2紧气，白3拐，黑4紧气，对杀白失败。

图50中的白3与黑4的交换带有长气的目的。

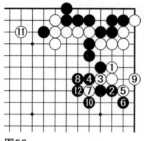

图56

### 图56（旧形）

旧定式会更多选择白1。

黑2挡，白3冲交换后，黑8长，白9虎局部做活。白7断是为了让黑12在局部多花一手棋。

但是黑12中腹提子，棋形厚实，可以满意。

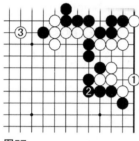

图57

### 图57（其他下法）

上图白7也可以直接1位虎做活。

黑2粘，此时黑棋的棋形不如上图厚实。

但要注意的是，上图白棋获得先手，可以脱先他投。本图局部黑棋稍逊于上图，但获得了先手。各有优劣。

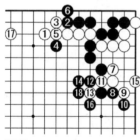

图58

### 图58（就行）

图50中的白5小尖，还有一种下法是本图白1跳。这样下局部仍然是先手，后续17位拆二速度更快。

不足之处在于黑4刺是先手，黑棋外势更加明显。进行至图18定形，本图如今已经不能称局部代表定式。

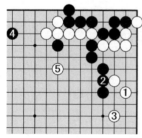

图59

### 图59（定式）

此时白1小尖，不让黑棋局部加厚是正确选择。

黑2粘，白3出头。虽然此时轮到黑棋落子，黑棋若选择4位夹击，白5出头之后，黑棋上边4位夹击一子和右边五子都尚未安定，本图白有利。

◆◆

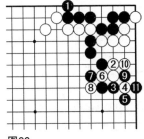

图60

### 图60（骗招）

图58中的黑4直接选择本图黑1做活，可以说是一步骗招。

图2至白8冲断，黑9、11吃掉白二路一子。黑棋这样下并不成立，是骗招。

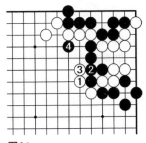

图61

### 图61（白中计）

白棋必须吃掉黑四子才行。

白1、3紧气，此时白棋已经中计。黑棋保留刺的先手，就是因为这样一来黑4夹可以出头。

白棋已经无法吃掉黑棋。

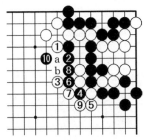

图62

### 图62（黑逃出）

比如白1、3试图封锁黑棋，黑4断吃、6挖好手。白7断吃，黑8、10逃出。这样一来白棋右上数子已经被吃。

白7若在8位打吃，黑可以a位拐。白3若在b位夹，黑8冲，白6，黑3断仍然可以冲破封锁。

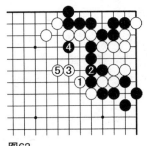

图63

### 图63（破解骗招）

白1打吃，黑2粘，白3小尖好手。黑4夹，白5并好手，黑棋的骗招被破解。

如果白棋不选择图58中的一系列下法，本图的场面就不会出现。

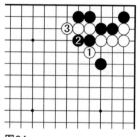

图64

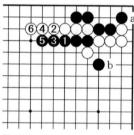

图65

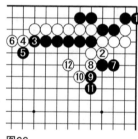

图66

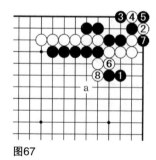

图67

### 图64（打吃）

基本形第49图中，白9长也可以考虑本图1位打吃。

这是非常紧凑的下法，后续变化会变得复杂。

这里将代表性的变化进行展示，请各位读者一定要对后续变化的复杂度有所了解。

### 图65（二选一）

黑1～5压，白6长。

此时黑棋有a和b两个选择。黑a是先确保角部活棋的坚实下法；黑b则意在攻击白棋，但白a扳之后黑角已经无法做活。

### 图66（两分）

黑1立做活。白2粘，黑3压、5扳先手、黑7夺取白棋根据地。

白8至白12向中央出头，形成互攻局面，双方两分。

黑3、5如果保留，白3拐价值极大。

### 图67（两分）

黑1长，白2扳。黑3虎做劫，白4扑进行至白8，结果与上图相似。

黑7如果在a位封锁，目的弃掉角地获取外势。

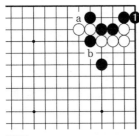

图68

### 图68（有陷阱）

黑不在a位爬，而是直接在1位立做活。这样下的前提是白b打吃征子不利。

黑1可以说是一种趣向，和图60那样明显的骗招不同。但白棋在后续的应对中也要小心不要中了黑棋的圈套。

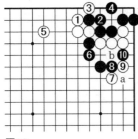

图69

### 图69（白中计）

白1拐、3扳都是先手，但接下来白5拆二就中了圈套。

黑6连回，白7跳出头，黑8、10分断，黑a和b位见合，白四子被吃已成定局。

白5是缓手。

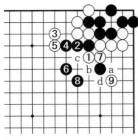

图70

### 图70（破解）

上图白5应该如本图白1打吃、3位跳应对。黑4长，白5压、7位粘。黑8小尖，白9出头即可。如果黑a冲、白可以b位拐。

黑4若在c位拐，白a虎，黑d，白9爬即可。如此也是白棋好下的局面。

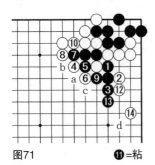

图71　　　　　　❶=粘

### 图71（白好）

上图黑4直接1位断，白2托紧气是此时的手筋。

黑3长，白4滚打包收，白12、14可以就地做活，白无不满。

接下来黑a，白b，黑c，白d定形，白棋上下两边兼顾，白好。

487

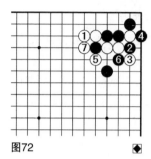

图72

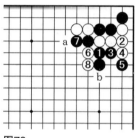

图73

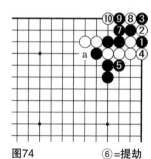

图74　　⑥＝提劫

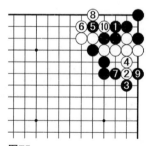

图75

### 图72（两分）

白不在2位粘，而是选择1位长。这是简明的下法，但前提是白5必须征子有利。

黑2、4吃掉一子，白5打吃，黑6断吃，白7提告一段落。

白棋厚实，双方两分。

### 图73（黑无理）

上图黑2如果在本图1位顶，意在全吃白棋。这样下明显无理。

白2粘，黑3紧气，白4爬，黑5交换之后，白6、8好手，后续白a征子和b位打吃见合。

### 图74（白劫胜）

上图黑3，如果选择本图黑1扳，白2扑、4位打吃是正确次序。

黑5紧气，白6提劫，黑7粘不得已，白8、10形成劫争。

接下来黑棋继续提劫，白棋在外围比如a位一带有劫材，打劫白胜。

### 图75（白好）

上图黑5，如果选择本图1位粘，白2跳长气。

黑3靠，白4粘长气。对杀仍然是白棋有利。

黑7紧气，白8打吃，角上形成劫争。此时仍然是白先提劫，白好。

488

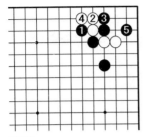

图76

### 图76（包含陷阱）

此时黑1打吃，白2立，黑3、5进角是要强硬攻击白二子。

高目定式是骗招的宝库，此时黑棋的下法也有陷阱。

只要应对正确就是白棋有利的局面。

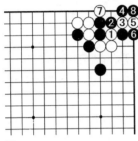

图77

### 图77（大头鬼）

白1、3冲断是破坏黑棋计划的好手。

黑4打吃，白5立弃掉二子形成"大头鬼"的局面。这是常用的手筋。此时黑棋已经无法吃掉白三子。接下来——

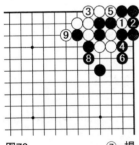

图78　　　　　　⑦=提

### 图78（白好）

白1扑、3粘，黑棋三子已经无法救回。

但是黑4可以想办法出头联络，因此黑棋还有继续落子的可能。

进行至白9，勉强是双方转换的局面。但白棋稍好。

图79　　　　⑪=提 ⑫=提

### 图79（黑好）

上图白1选择本图白1是过分手。

黑2粘先手利，黑4夹，白5、7吃掉黑三子。

但本图与上图最大的区别是黑2与白3的交换，棋形厚薄相差极大。

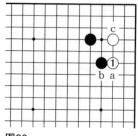

图80

**图80（托）**

白1托的前提是必须征子有利，否则会导致不利后果。

黑棋的应手有a位扳、b位长、c位托等。

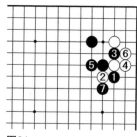

图81

**图01（两分）**

黑1扳，白2断是准备好的手段。此时白棋如果下在别处结果都不会满意。

图3打吃、5长是常型。白6拐吃，黑7征吃。

黑棋如果征子不利可以选择图83的下法。本图黑3并不是只此一手。

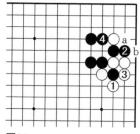

图82

**图82（实地大）**

上图白6如果选择本图1位打吃，黑2分断。

白3提，黑4顶补强。黑棋角地非常可观。

黑4如果脱先，白可以立即a夹，黑b，白4顶好动出。

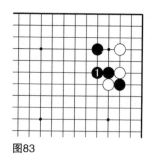

图83

**图83（单长）**

图81中的黑3，可以如本图黑1长。这样下的目的是不给白棋凑调的机会。

但是直接长的前提是黑棋在图86的变化中是征子有利的一方。

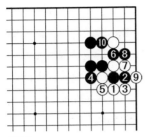

图84

### 图84（黑有利）

白1打吃，黑2立。白3挡，黑4打吃先手至黑10，本图黑稍好。

与图82对比可以看出，虽然黑棋弃掉了两个子，但是获得了4位打吃的先手利，相较之下有所得。

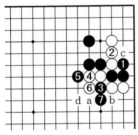

图85

### 图85（见合）

上图黑4打吃，长气之后可以在3位断吃。

白4长，黑5打吃、7位长。接下来黑a打吃、b位拐见合。

如果征子不利，白c紧气，黑b夹封锁也是两分的局面。

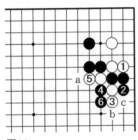

图86

### 图86（征子关系）

白1挡，黑2拐。白3长，黑4、6交换之后，黑a打吃和b位打吃见合。黑好。

黑棋如果征子不利，白3长，黑只能c位爬。这样结果黑棋不利，必须选择其他的下法。

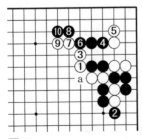

图87

### 图87（黑可战）

接上图。白1扳防止征子，但是黑2吃掉白二子可以满意。

白3长，黑4顶先手。黑棋后续整形不用担心安全问题。

白1若在a位长、黑2打吃，白1拐，黑4顶，白5立，黑7跳出头，结果仍是黑好。

491

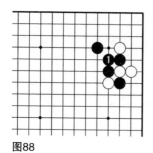

图88

**图88（粘）**

如果图81和图86展示的征子局面黑棋不利，此时黑1粘是常见选择。

虽然马上会进入互攻模式，但战斗黑棋仍然是有力的一方。即使是征子有利，也可以选择黑1粘的下法。

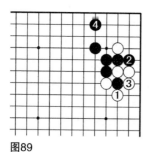

图89

**图89（实地可观）**

白1打吃避战。黑2分断、4位跳角上实地巨大。

与图82、图84对比就可以看出，直接放弃角地的下法基本上都是白棋不利的局面。

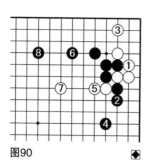

图90

**图90（两分）**

白1拐联络，战斗开始。但是黑2长出头之后，白棋必须在角上补棋（参考图95）。

黑4小飞，白5长，黑6跳对白棋保持攻击态势。根据周围棋子配置，本图也是白棋可选择的局面。

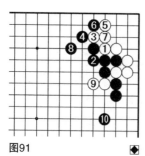

图91

**图91（两分）**

上图白3也可以如本图1位挤加固角上棋形。

黑2粘，白3、5扩大角地。

另一方面黑棋在上边整形，棋形厚实，双方两分。

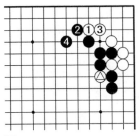

图92

### 图92（白满意）

此时白1托有过分之嫌。

但是黑2扳会让白棋的过分手变成好棋。白3退，角上白棋成功整形。这样一来白棋外围△一子可以等待时机再伺机动出。

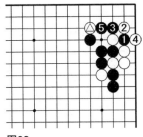

图93

### 图93（白不好）

面对上图白1，黑1断是好手。

白2打吃，黑3、5分断。△一子亏损。

这是白棋明显中计的下法。

黑1断时——

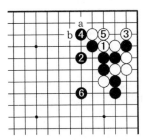

图94

### 图94（黑可战）

白1挤是此时的最强抵抗。但即使此时将黑棋紧气，结果也不能满意。

黑2虎，白3打吃，黑4虎扳先手，黑6吃掉白外围分断一子。

后续a位是好点，但若白a位扳，黑b长棋形厚实，白棋在外围更难有作为。

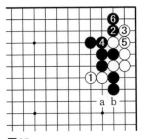

图95

### 图95（白崩）

此时白1长，黑2以下破眼严厉。这样一来白棋角上已经无法净活，白若a位跳，黑b爬即可。对杀也是白棋不利。

白1必须要先保证自身角上做活之后才能动手攻击黑棋。

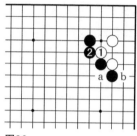

图96

### 图96（棋形重）

白1虎，黑2挡。此时白棋形笨重，白1俗手轻易不要选择。

白1与黑2交换之后，白棋后续基本无法形成好的结果。

接下来白有a位断吃和b位连扳两种下法。

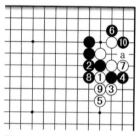

图97

### 图97（黑好）

白1断吃。黑2粘，白3打吃、5虎可以吃掉黑二子。

但是面对黑6靠，白棋毫无反击之力。白7挡，黑8打吃先手、10扳，本图黑好。

后续黑a可以先手吃白二子。

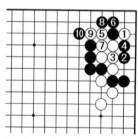

图98

### 图98（白崩）

上图白7如果选择本图白1扳，黑2刺绝佳。

白3粘，黑4断，白无法应对。

白5、7试图长气，黑8、10紧气即可将白全歼。

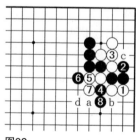

图99

### 图99（征子关系）

图97中的白5，如果直接1位挡的前提必须征子有利。

黑2打吃先手长气、4位断吃。白5长，黑6打吃、8位长出头。后续黑a征子和b位拐见合。

此时即使黑棋征子不利，白c位紧气，黑d夹封头也可以接受。

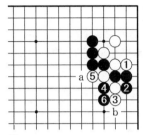

图100

### 图100（征子关系）

白1挡在里面，后续下法也和征子有关。

黑2拐，白3长，黑4、6是常用手筋，接下来黑a和b两点见合。

白a长，黑b打吃，结果白不利。黑如果a位征子不利会选择其他下法。

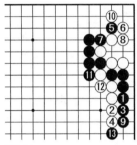

图101

### 图101（黑好）

黑可以1位继续爬，与角上白棋对杀。

白4长，黑5托角至白8粘交换，之后黑10立白棋角上已经无法做活。此时黑9爬长气。

白10可以补活角上，但黑11、13整形之后明显黑好。

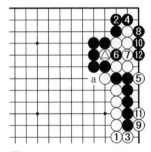

图102

### 图102（劫争黑胜）

上图白10，选择本图1位长，黑2立形成对杀局面。

白3以下至黑12的变化是一本道。此时白如果△位提劫，黑棋在a位有本身劫，而白棋没有合适劫材，劫争黑胜。

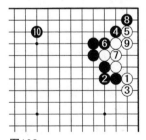

图103

### 图103（黑充分）

相比直接断吃，白1连扳更符合手筋的特点。黑2粘，白3长出头。

但是黑棋马上会利用白气紧的弱点，黑4托角至黑8先手利。黑棋形厚实，黑10拆边以后可以满意。

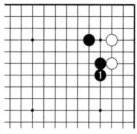

图104

### 图104（长）

黑1直接长是稳健的下法。在图81所示的变化图中黑棋如果征子不利，本图是选择之一。

同时黑1还在继续努力中腹发展，符合高目占角的思路。

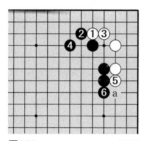

图105

### 图105（定式）

白1、3确保眼位的同时获取角地。黑4虎、白5爬先手交换之后可以脱先他投。

虽然在过程中都在跟着白棋的步调进行，但黑棋外势厚实也可以满意。接下来a位拐好点。

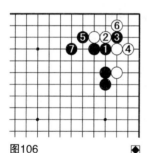

图106

### 图106（两分）

上图黑2扳的另一个选择是本图黑1顶、3位断。

白4立本手，黑5扳、7位虎结果与上图不分上下。

但是黑1至黑7的进程并不是必然结果。

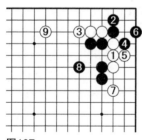

图107

### 图107（战斗）

上图白4，可以选择本图白1粘反击。如果黑3位扳，白2打吃，结果要好于上图。

黑2立，4、6在角上做活，白7跳出头，形成互攻的局面。

白1粘之外，在2位打吃、3位直接长也是复杂下法。

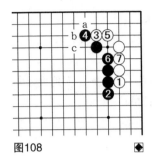

图108

### 图108（两分）

白先在1位爬。黑2长，白3托，与图105定式的次序相反。

次序变化，结果也可能会有所不同。黑6长之后黑棋可以获得先手。后续如果白a位扳，黑b长即可。在图105中黑6应该在c位虎。

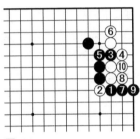

图109

### 图109（手筋）

黑1扳是此时的强手。

白2断，黑3挖是棋形手筋。意在给白棋制造断点。

白6补断。黑7、9长气手筋，白10必须自补。

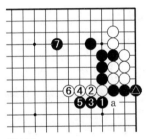

图110

### 图110（战斗）

接下来黑1打吃，3、5出头，白6长、黑7拆边形成战斗局面。

黑△效果明显。先手补了a位断点，可以省一手棋。

本图的战斗对白棋不利，图108的白1爬是问题手。

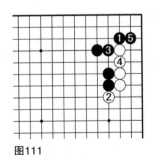

图111

### 图111（转换）

此时黑1托角可以形成转换。

白2扳，黑3、5获取角地，黑无不满。

白2若在5位扳，黑3顶先手，白4粘，黑2位长，与图108对比可以看出白棋明显被利。

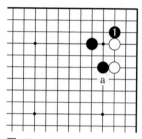

图112

### 图112（托）

面对白棋托，黑1直接托在三三转型。

在黑a长价值不大，角上实地更重要的时候可以选择黑1。

轻率的应对白不利，此时需要认真对待。

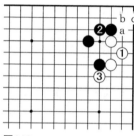

图113

### 图110（白可战）

面对黑棋托在三三，白1是其中一种应对方法。接下来白3扳和2位扳见合。

被白扳断是不可能的。黑2退，白3扳好形。角上白a，黑b，白c可以确保眼位，白棋形弹性十足。

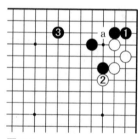

图114

### 图114（白可下）

上图黑2可以直接本图1位立，这不让白棋在角上扳，实地所得较大。

不足的是白2扳出头之后，a位扳的下法变得严厉，黑3必须花一手补强自身棋形。

本图黑虽是好形，但白棋获得先手也可以满意。

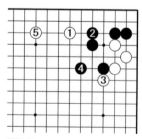

图115

### 图115（其他下法）

白棋如果不希望黑棋如上图黑3拆边，可以白1逼住。

黑2守角，白3扳。

黑4跳，白5拆二。本图白棋形略显薄弱，但做到了上下两边兼顾。

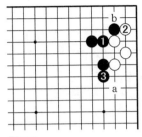

图116

### 图116（白好形）

黑1顶，白2必扳，交换之后抢占3位长是黑1顶的目的。

接下来白a跳出头、b位打吃获取角地或是脱先皆可。

进行至黑3，局部黑棋多一手棋，从棋子效率来看白无不满。

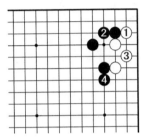

图117

### 图117（基本两分）

白1扳是常识下法。

黑2托，白3虎，黑4长告一段落。

后续白棋进角和出头见合，局部已经安定。与图113相比各有优劣。

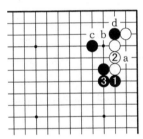

图118

### 图118（黑棋的其他选择）

上图黑2顶也可以选择本图黑1扳。

白2粘或者a位虎应对，黑3粘棋形厚实。

后续白b打吃，黑c挡住。如果白棋就此脱先，黑有d位立的余味。

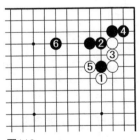

图119

### 图119（根据情况）

白1扳，黑可以2位顶。白3粘，黑4立好形。

白5打吃棋形厚实，黑6拆边可以在上边获得可观实地。

本图黑棋可以满意。

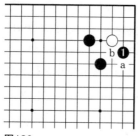

图120

**图120（脱先）**

此时白棋脱先也不少见。即使黑棋在局部再落一子也无法将白棋净吃。

如果白棋脱先，黑1小飞、a位跳、b位尖顶等都是局部较为严厉的下法。

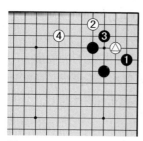

图121 ◆◆

**图121（定形）**

黑1小飞，白大多选择在2位侵分。这样下的好处是棋形轻灵、进退自如。后续在4位一带拆边和进角作何见合。

所以黑3小尖获取角地，白4位拆边。白△一子尚有活力。

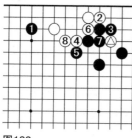

图122

**图122（整形）**

比如黑1夹。白2、4可以轻松整形。

黑5扳，白6挤先手，黑7粘，白8长确保眼位。

白2、6都是在有△一子的前提下成立的手段。

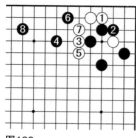

图123

**图123（白过分）**

如果图121中的白4选择本图1、3有过分之嫌。

右边的黑棋已经坚固，黑4夹击严厉。白5长，黑6是急所。白7退，黑8拆边。白整块棋没有眼位，处于被攻击的状态。

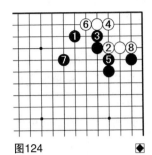

图124

◆

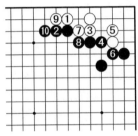

图125

### 图124（白充分）

黑1小飞，不让白棋如图121白4小飞出头。

这样的话白棋会在角上寻求眼位。白2顶是好手。黑3顶，白4以下至白8，白棋局部做活。

黑棋外势厚实，白棋也无不满。

### 图125（黑厚）

上图白2顶，选择本图1、3可以快速做活。

但是这样下的问题是让黑4、6形成好形，进行至黑10，黑棋外势极厚。

一手之差，相比之下还是白棋选择上图更好。

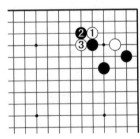

图126

### 图126（托断）

图121中的白2是轻灵的下法。本图白1稍显笨重。但是黑2扳，白3断的腾挪下法是可选变化之一。白棋托断符合棋理，黑棋的应对一样出现失误就会落入白棋圈套，必须小心对待。

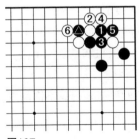

图127

### 图127（白好）

黑1、3可以分断白棋角上一子，但白6吃掉黑◬一子，棋形更好。

可以理解行棋次序为图123白1、3整形时，黑◬扳，然后被吃掉。

吃掉角上一子并不能令人满意。

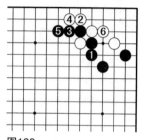

图128

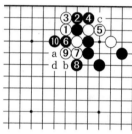

图129

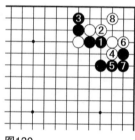

图130

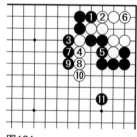

图131

**图128（黑不满）**

面对白棋托断，黑1退是缓手。

白2打吃、4位爬之后白6连回。虽然给了黑棋一定的外势，但白棋角地完整可以满意。

而且根据征子情况，白棋还有更严厉的手段。

**图129（奇袭）**

此时白棋还有1位打吃、3挡的手段。

黑4～10是常用手筋，接下来黑棋如果a或者b位征子不利，面对白c紧气，黑只能d位夹，亏损明显。

**图130（最强手段）**

面对白棋托断，黑1顶是最强抵抗。白2，黑3立夺取白棋角上的眼位。

当然角上白棋不会有死活问题。白4、6先手交换之后8位虎可以做活。

但是——

**图131（黑可战）**

黑1拐、5粘都是先手利。

黑7，白8长至黑11都是既定下法，明显战斗对黑棋有利。

白棋选择托断就必须想到本图的战斗局面如何应对。

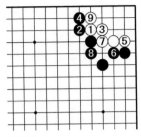

图132

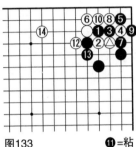

图133　⑪=粘

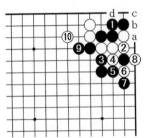

图134

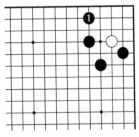

图135

### 图132（黑充分）

白1托，黑2扳，白3退更显笨重。

黑4立严厉。白棋为了做活需要白5、7扩大眼位，这样会继续帮助黑棋加强外势。黑8长，白9不能脱先。

黑棋获得厚势的同时还得到了先手，明显优势。

### 图133（白有利）

白托、黑1扳的目的是要吃掉白△一子。与图127相同，只想吃掉角上一子结果都不会令人满意。

白4、6意在弃子整形，黑7打吃不得已。白12打吃先手、14拆边，白棋优势。

### 图134（黑崩）

上图黑7，选择本图黑1粘抵抗无理。

白2粘，黑3顶，白4冲至白8可以吃掉黑一子。黑9长，白10跳出头，角上黑四子被吃。即使黑a扳破眼，白b，黑c，白d，结果是有眼杀无眼，对杀白胜。

### 图135（再脱先）

白棋如果继续脱先，黑在局部落子会在1位跳。

这样角上黑棋多了三个棋子，但角地已经基本完整，棋子效率很高，黑无不满。

这是白棋需要避开的局面。

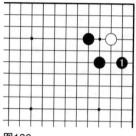

图136

## 图136（跳）

黑1跳。虽然比黑棋小飞看起来更温和，但日后如果获取角地也会更加可观。

当然黑棋并不一定要吃掉白角上一子，白棋也可以寻找轻灵的处理方法。

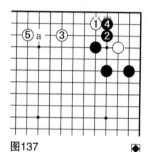

图137

## 图107（定形）

白1侵分仍然是有效的下法。黑2小尖，白3大飞出头。

但是本图中黑棋可以考虑黑4直接挡。白棋如果脱先，a位夹击严厉。白5拆二是本手。白3、5也是好形。

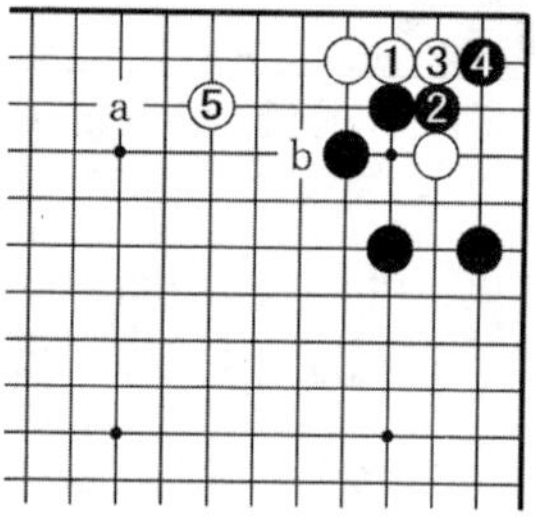

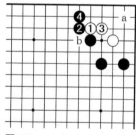

图138

## 图138（转换）

如果白棋不满上图结果，会选择本图1、3进角。

黑4挡，白5拆二基本已经确定做活。

黑若a位夹击，如图122所示，白b靠可以整形。

## 图139（其他下法）

白1、3棋形有些笨重，但为了局部做活也是可选的下法之一。

黑4立威胁白棋眼位。

接下来白a可以做活，或者b位断发起战斗。白棋可以根据具体局面做出选择。

图139

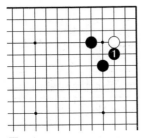

图140

### 图140（尖顶）

黑1尖顶，对白一子直接发起攻击，是局部强手。

尖顶看起来是重视右边发展，其实是以上边为中心的下法。主要是不希望白棋下到图137的白1侵分。

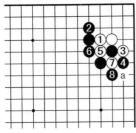

图141

### 图141（劫争）

白1顶必然。

黑2立是黑棋的既定下法。

白3、5至黑8打吃，局部形成劫争。面对黑8，白棋很难应对，关键是在于白是否可以在a位开劫。

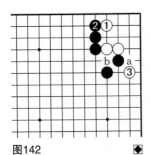

图142 ◆

### 图142（定形）

如果打劫无理，白1跳扩大眼位之后，3位点是棋形好点。

白3可以避免上图的打劫。如果黑a挡，白可以b位挤出头。

但是白早晚都需要在a位补棋。

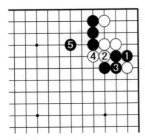

图143

### 图143（目的）

如上图所示，如果没有在a位补，黑1分断严厉。

白2、4可以出头，黑5跳，战斗要根据具体情况而定。

如果周围棋子配置允许，黑可能立即1位挡发起战斗。

## 4. 大飞压

黑1大飞压。并没有特意选择大飞压的理由，但其中却别有深意。

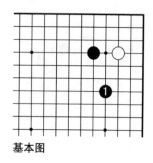

基本图

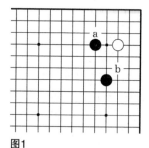

图1

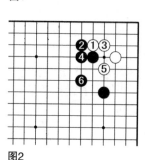

图2

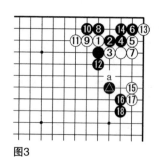

图3

### 图1（白的应手）

黑棋大飞压，白棋如果局部应对会选择白a托或者b位跳。

"如果应对"，意思是在以往的思路中，面对大飞压"脱先"才是最好的选择。但要注意脱先并不是所有时候都适用。

### 图2（白充分）

白1托，黑2扳，白3退在角上做活。白5小尖先手利，白棋形充分。

既然选择了大飞压，黑棋就不能简单的2位扳。此处必须有详细的计划才行。

### 图3（黑有利）

黑2扳反击，白3断，黑4进角。这是与小飞压482页图49一样的手段。

不同的是黑▲的位置。明显比a位更有利。

白15跳，黑16、18封锁，黑好。

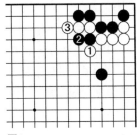

图4

### 图4（入口）

上图白11长，改为本图1、3交换。

这是按照黑棋战斗思路的下法。大飞压并不仅仅是战斗意图，但至少有引向战斗的想法。

接下来——

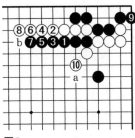

图5

### 图5（战斗）

黑1压长气，在角上有死活危险的情况下反手回补。黑9立。

白10小尖出头，黑棋的目的就是对白整块进行攻击。

后续结果复杂，黑大概会选择a位靠之后b位压的。

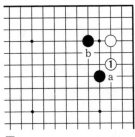

图6

### 图6（跳）

面对大飞压，白1跳是简明下法。意在避开上图的复杂战斗。

白1跳之后，白a爬和b位靠见合。选择权在黑棋手中，但结果都会是比较平稳的局面。

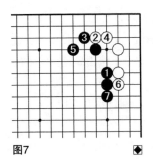

图7

### 图7（定式）

此时黑1压，白2、4托退交换之后6位爬，黑7长。局部告一段落。

本图与小飞压、白托的图形相同。

两分。

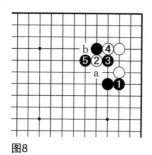

图8

### 图8（靠）

如果黑棋在1位挡，白2靠出头。

黑3扳反击，白4断。黑3如果在5位扳，白a长，黑b粘，白4顶，黑棋不利。

黑5打吃，白应该如何应对呢？

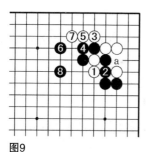

图9

### 图9（黑好）

白1长，黑2粘必然。

白4断无理，白3打吃获取角地是正确选择。

但是进行至黑8，黑棋还有a位断吃一子的后续手段，同时外围白二子已经没有活动能力，本图白不利。

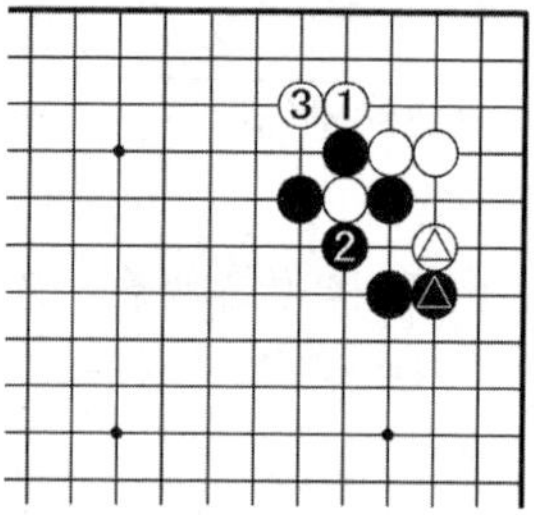

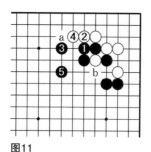

图10

### 图10（两分）

上图白1，改为本图白1直接打吃更明智。

黑2提，白3长。白△与黑▲交换虽然是恶手，但获得巨大角地白棋也可以满意。

黑棋形厚实，两分。

### 图11（白无不满）

黑棋不想让白如上图3位长出头，选择本图1位粘。这个下法稍显过分。

进行至黑5，黑有a位挡的后续手段，与图9相似。但白没有在b位长，明显可以满意。

黑1还是应该如上图。

图11

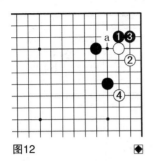

图12

### 图12（白棋脱先）

面对大飞压，白棋如果脱先，黑棋并没有非常严厉的后续手段。所以此时白棋脱先是最佳选择。

比如黑1托，白2小尖好手。接下来a位扳、4位大飞见合。黑3立，白4出头棋形轻灵。

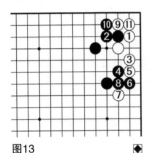

图13

### 图13（定形）

白棋如果想要实地，可以直接在角上就地做活。白1扳、白3虎确保眼位。黑4是棋形急所，白5以下至白11，白棋净活。

考虑到局部黑棋多了一手棋，本图黑棋厚实，双方可下。

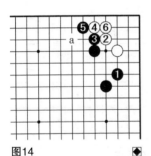

图14

### 图14（小尖）

黑1小尖，白2小尖，4、6扳粘即可做活。

接下来黑棋如果不在a位虎补，棋形尚不完整。

面对飞压，白2也可以下在4位侵分。

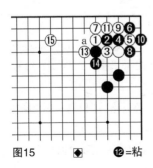

图15 ◆ ⑫=粘

### 图15（托）

白还可以1位托。黑若a位扳，白2位退可以轻松做活。

黑2扳断，白3、5应对之后7位立，意在弃子。

进行至白15告一段落。局部白棋少一子，可以满意。

# 三三挂角

## 1. 小飞封

面对高目占角，白1三三挂角。这也是继小目挂角之后较多选择的下法。黑棋的应手除了2位小飞封之外还有a、b、c等。

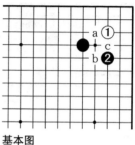

**基本图**

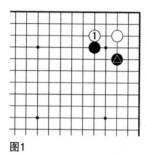

图1

### 图1（托）

此时白1托。

本图与黑▲位目外、白三三挂角、黑飞压图形相同。

后续变化可以参考目外·三三挂角·飞压部（图436页）。

## 2. 尖顶

黑1尖顶是重视上边发展的下法。让白棋在右边出头的同时形成厚势，在上边扩张。黑棋如果在上边已经有棋子配置，选择本图的可能性较大。

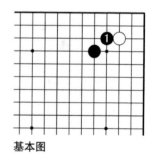

**基本图**

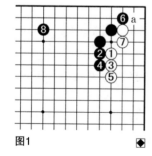

图1

### 图1（两分）

面对黑尖顶，白1小飞是轻灵的下法。出头速度快于黑棋，可以在右边有所发展。

黑2、4压，6扳角。白7退，黑8拆边是普通应对。

黑8如果已经有子，黑a价值极大。

510

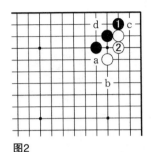

图2

### 图2（黑稍差）

黑调整次序，黑1先扳角。

这样黑a压，白b跳可以速度更快。

白2之后，c位扳，d位跳棋形都可以满意。所以上图黑2压是正确次序。

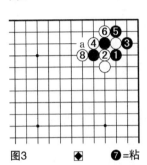

图3　◆　　　❼=粘

### 图3（征子关系）

此时黑1扳需要考虑征子问题。

白2断、4断吃、白8打吃。此时征子是否有利是重要问题。

如果征子成立，白棋可以满意；征子不利，白只能a位长，黑8压，白苦战。

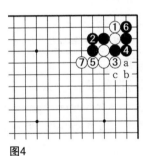

图4

### 图4（征子关系）

上图白4也可以如本图白1立。

黑2至白7简单定形。但白5如果在6位拐，黑a，白b，黑c断，后续变化也与征子结果密切相关。

如果征子黑棋不利，黑2只能在6位挡。

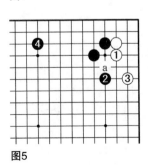

图5

### 图5（两分）

此时白1长也是常见下法。

黑2飞压，白3小飞确保根据地。

黑4拆边，双方两分。黑2也可以在a位小尖。

## 3. 小尖

白三三挂角，黑1小尖看似步伐迟缓，但棋形坚实。但问题是因为棋形两边对称，在哪边落子选择权在白棋手中。

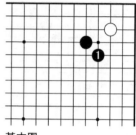

**基本图**

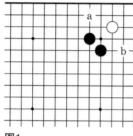

图1

### 图1（白棋应于）

白棋此时可选下法有a或者b位小飞。

不管在哪边落子，因为棋形相同，后续变化也相同。白棋可以根据两边棋子配置做决定。

另外即使黑棋继续在局部落子，也无法将白三三一子净吃，所以白棋也可以脱先他投。

### 图2（定形）

白1小飞。黑2尖顶消除白在上边小飞的隐患，之后黑4拆边。

本图也是双方两分。

如果黑在4位一带已经有棋子配置，可以选择黑a，白b，黑c继续扩张厚势。

图2 ◆

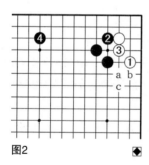

图3

### 图3（黑过分）

上图黑4如果直接1位靠过分。

白2扳反击，吃掉黑一子。本图与图5相比，白8变成了先手，白有利。

黑9如果在a位扳，白9立严厉。

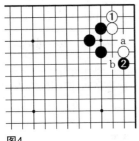

图4

### 图4（白过分）

白1立，意在给黑棋上边棋形留下空隙，但这手棋有些过分。

此时靠2靠非常严厉。

白a退，黑b的局面不能考虑。

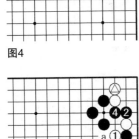

图5

### 图5（黑好）

白只能1位扳，黑2、4获得角地，明显黑好。

白△一子被吃，白无法接受。

此时白a对黑棋无法造成威胁，但如果脱先黑b是绝好点。

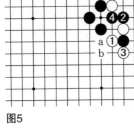

图6

### 图6（白棋脱先）

面对黑棋小尖，白可以选择脱先他投。

这样黑1尖顶。黑是在1位尖顶还是a位尖顶，方向的选择掌握在黑棋手中。

白2小飞是常识下法。白4小飞与白3立见合。黑3位扳，白4小飞出头。

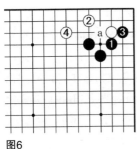

图7

### 图7（白做活）

白1长可以做活。

黑2挡，白3小尖，黑4立，白5、7做眼是死活手筋，至此白净活。

但是黑a、b都是先手，黑外势厚实，与上图相比黑明显有利。

513

## 4. 靠

黑1靠。虽然也是局部下法之一，但因给了对手凑调的机会，作为攻击手段来说不算好选择。白棋需要轻灵处理。

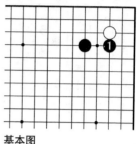

基本图

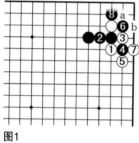

图1

### 图1（白充分）

白1夹是轻灵的整形手段。如果此时在3位扳，黑1长，会让黑棋形变厚。

黑2粘，白3渡过。接下来黑棋断哪边白棋吃哪边，进行至白7，白无不满。

黑4若在6位断，白a，黑4，白b应对即可。

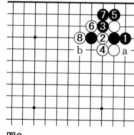

图2

### 图2（白可战）

此时黑1立并不是好选择。白2挖即可轻松整形。

黑3、5吃掉角上白一子，白6、8征吃。即使白棋征子不利，白a位挡先手利之后b位夹定型，白仍然可战。

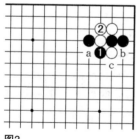

图3

### 图3（白好）

黑1在外面断吃，白2粘。黑棋有两处断点，无法兼顾。

黑a粘，白b挡吃掉黑二子；黑c打吃，白a断吃先手，然后征吃黑上边一子。黑不好。

# 第四章

## 三三

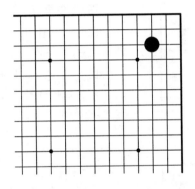

在"3·三"占角的方法，就取名为三三。与星位一样都是两边对称的棋形，无须特意守角，棋子有速度快的特点。局部挂角的方法有一间挂、二间挂、小飞挂、大飞挂等，还有三三占角特有的星位肩冲等选择。三三是更偏重实地，棋子位置偏低。后续战斗、发展模样的可能性较低。

# 肩冲

黑棋三三占角，白肩冲棋形左右对称。黑2位或者a位爬应对必然。如果脱先白2挡，可以理解为白星位占角、黑点三三的棋形。失去先手利得不偿失。

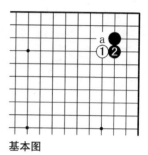

基本图

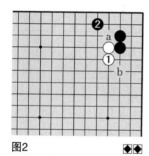

图1

### 图1（白棋应手）

此时白有a位长、b位跳两种选择。白c挡不好，黑a扳二子头棋形绝好。

白a长坚实。白b跳的态度是轻灵处理。不管如何选择，都要根据周围棋子配置而定。

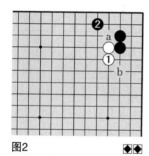

图2 ◆◆

### 图2（跳）

白1长，一般情况下黑2小飞或者a位拐应对。特殊场合下黑也有b位跳的可能。如果脱先，白a挡好点，黑棋的先手之利消失。白棋的后续手段如下图，局部交换已经有所得，白棋也可脱先他投。

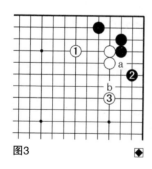

图3 ◆

### 图3（后续手段）

如果白棋在局部继续落子，白1跳形成局面。

白1是将黑棋限制在低位，同时自身发展模样的下法。黑2小飞、白3跳是常识手段。

黑2如果脱先，白a拐；白3如果他投，黑b是好点。

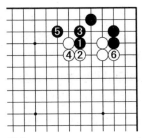

图4

### 图4（其他下法）

上图黑2也可以如本图黑1靠。白2扳、4粘交换之后黑5跳出头。

这是重视上边的下法。

这样一来白棋可以占到6位好点或者获得先手脱先他投。

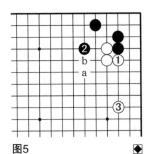

图5　◆

### 图5（定形）

白棋如果重视右边，图3中的白1可以直接如本图1位拐。黑2小飞、白3拆边，在右边发展。

两分。

后续黑a跳、白b压都是局部必争好点。

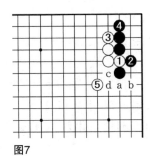

图6

### 图6（场合下法）

黑棋如果对上图不满，也想在右边发展的话可以选择黑1跳。

但是白2挡是好点，黑3粘必然。白4拆三好形。

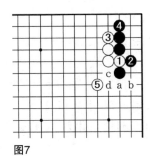

图7

### 图7（白棋的其他下法）

上图白2，可以先在本图1位冲给黑棋制造断点。

接下来白3挡，根据黑棋的应对决定后续下法。

如果黑4立，白5小飞，下一手可以a位夹。黑4若在b位虎，白c拐，黑d，白5扳顺调整形。

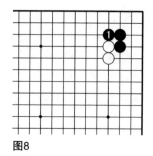

图8

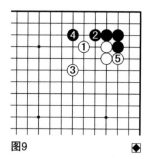

图9

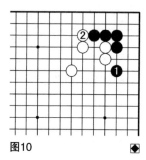

图10

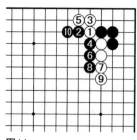

图11

### 图8（拐）

此时黑选择1位拐。这是坚实的下法，意在巩固角地。

但是这样也给了白棋顺调整形的机会。

是选择坚实的黑1拐还是图2中不给白棋整形机会的黑2小飞，这取决于实战对局中黑棋的判断。

### 图9（定形）

白1跳好形。

黑2长急所。白3小飞补断点。

黑4跳，白5拐定形，形成黑棋厚实、白棋实地的转换。

白5可以脱先。

### 图10（其他下法）

上图黑4，可以如本图黑1跳出。很明显，上图黑4重视上边，本图黑1意在右边有所发展。

可以理解为1和2两点见合。

既然是见合，那么白2也可选择在其他地方落子。

### 图11（白崩）

图9中的白1跳是本手，本图白1扳过分。

黑2夹严厉。白3立，黑4断，白5拐，黑6、8先手利，黑10长，白崩。

白7若在10位打吃，黑7征吃白二子，黑优势。

518

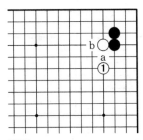

图12

### 图12（跳）

白1跳轻灵，速度快。面对三三占角、肩冲的局面，基本上后续的定型都是黑棋获得实地、白棋取得外势的局面。

黑棋的应手主要有a位挖和b位夹两种。

此时黑棋脱先仍然是好选择。

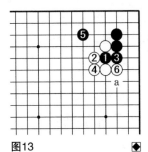

图13

### 图13（定式）

黑1挖。白2打吃、4粘，在中腹筑起厚势。

黑5跳在上边出头，白6挡。

如果不满意被白6挡，黑5可以在a位跳。

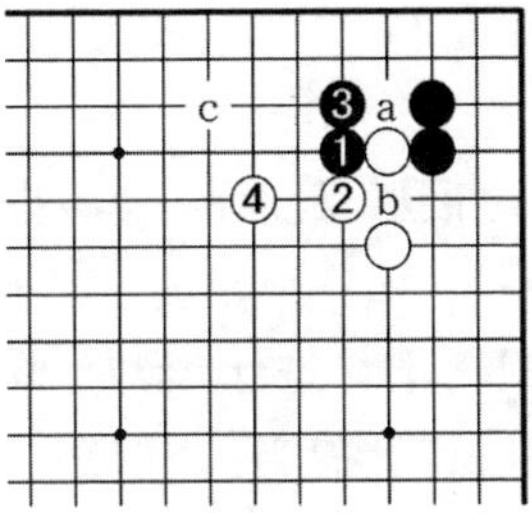

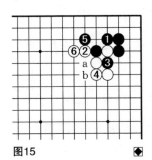

图14

### 图14（定式）

黑1夹。接下来白如果a位立无理，黑b挖严厉。白b粘，黑a渡过棋形没有弹性。白2虎试应手。

黑3立稳健。白4跳告一段落，两分。

黑c拆二价值很大。

### 图15（定式）

上图黑3可以1位打吃。

白2反打是正确应对。黑3提，白4粘或者a位粘。黑在5位或者反方向扳。

白4在b位虎不好。

图15

# 大飞挂·其他

三三挂法除了白1大飞挂角之外还有a位小飞挂、b位二间挂、c位一间挂。其中出现频率最高的是白1大飞挂。

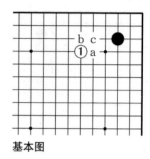

基本图

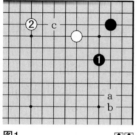

图1 ◆◆

### 图1（定式）

面对白1大飞挂角，黑棋的应对方法也有大飞、小飞、二间跳、一间跳四种。

黑1大飞，白2拆边告一段落。

接下来黑马上a位拆边也是好点。后续黑还有c位打入的手段。

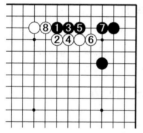

图2

### 图2（打入）

黑1打入。

白2压是常见下法。此时白7位碰腾挪也是一种选择。

白2压，黑3长稳健。进行至黑7，黑棋获得实地。白8顶棋形厚实双方两分。

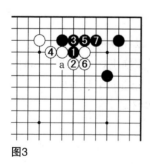

图3

### 图3（其他下法）

上图黑3在征子有利的前提下可以本图黑1挖。

白2打吃，黑3粘，这样给白棋制造了断点。

白6粘，黑7长，这样给白棋留下了a位断点。

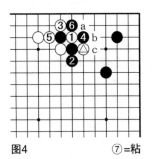

图4　　　　　　　⑦=粘

### 图4（白棋的其他方法）

上图白2如果在1位下打，意在看轻白△一子。白3、5吃掉黑打入一子，棋形厚实。

白7粘或者a位、b位开劫取决于盘面劫材情况。白7粘之后，黑是在a位粘还是b位长也要考虑到全盘局势而定。

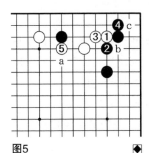

图5

### 图5（定形）

图2中的白2，可以如本图先在1位。

黑2、4确保角地，白5压。后续黑一子还有可以利用的价值，角上实地已经完整。双方两分。

黑4若在a位跳，白4扳，黑b粘，白c进角后续形成战斗局面。

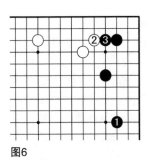

图6

### 图6（定式后）

黑1拆边是常识下法，大场。

白棋可以找准时机在2位小尖价值极大，可以防止黑棋打入。

黑3顶棋形厚实，此时也可以考虑脱先。

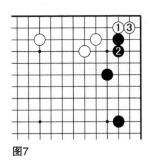

图7

### 图7（定形）

但是上图黑3如果脱先他投，白1托是好点。

黑2并，白3虽然局部落了后手，但所得丰厚可以满意。

当时黑2是本手，如果此时3位扳，白2位夹严厉。

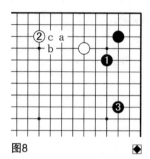

图8 ◆

## 图8（定形）

面对白棋大飞挂角，黑1小飞守角应对。与大飞相比角上棋形更加坚实，但向边上发展的速度变缓。

白2拆边。后续黑有a位打入的手段，但白2从棋子配置上优于b、c位，所以实战中下在2位的居多。

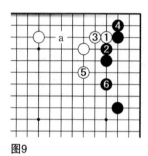

图9

## 图9（定式后）

为了防止黑棋打入，白1靠加强自身棋形。黑2、4应对之后，白5跳之后，黑a的打入已经基本不需要担心。

但是黑2～6的交换确保了边角实地，棋形厚实。本图的下法要找到合适的时机才好落子。

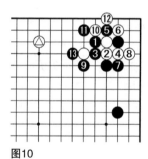

图10

## 图10（转换）

白棋选上图白1靠，就必须考虑到本图黑1夹的反击手段。

白2顶之后形成转换，白棋获得了角地。

黑棋明显是更重视外势的态度，需要注意的是，如果白△一子的位置是否会对黑模样发展产生影响。

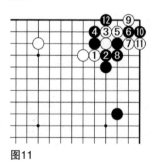

图11

## 图11（白失败）

此时本图白1冲不成立。

黑2断吃，白一子已经无法救回。白3立，黑4、6手筋，形成经典的大头鬼棋形，白棋被吃。

上图白2顶是本手。

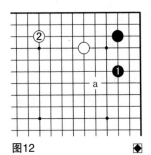

图12

### 图12（定形）

黑1拆二，与图6、图8需要在右边花费二手补强棋形不同，拆二只需花费一手棋就可以基本定型。

白2拆边告一段落。

黑1抵御可以来自前方的攻击，但因棋子处于低位，后续白可能会在a位一带压迫黑棋。

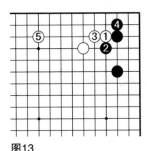

图13

### 图13（其他下法）

上图白2，可以先在1位靠。

黑2扳，白3退，黑4立是常识下法。接下来白5拆边。

白自身棋形得到加强，黑角地也变得完整。两分。

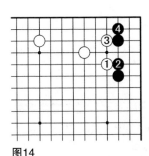

图14

### 图14（白的后续手段）

图12之后，白棋如果想要加强局部棋形，面对黑棋拆二，白1比较常见。

黑4位立应对，并无不满。因为这样一来黑棋角上棋形也得以巩固。

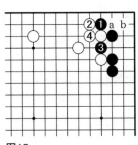

图15

### 图15（黑棋的其他下法）

此时黑棋也可以1位扳反击。白2连扳好形，黑3先手打吃之后脱先他投。

接下来白a断吃黑一子，黑b打吃之后仍然可以继续脱先，这是快速行棋的下法。

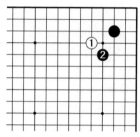

图16

## 图16（小飞挂角）

面对三三的4种挂角方法中，小飞挂角出现最少。

大概原因是黑2小飞棋形非常舒适。白1与黑2同样都在高目位置，而且黑棋已经占据了三三，获得了根据地。

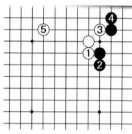

图17

## 图17（黑稍好）

白1压要点。黑2长，白3尖顶先手，白5拆边。

黑棋角上好形，还可以在右边继续扩张。而白棋的厚势还尚有缺陷，一般情况下本图黑棋稍好。

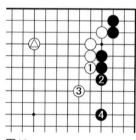

图18

## 图18（黑可战）

如果白棋在△一带已经有了棋子配置，那么白1继续压、3位飞是普通应对。

白棋形非常满意，但是考虑到此处白多一子，黑4的实地所得也非常可观。

本图黑无不满。

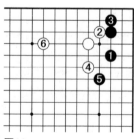

图19

## 图19（两分）

面对白棋小飞挂角，图16中黑2是好手。

如果选择本图黑1跳，目的是不给白棋凑调整形的机会。

白2、4先手利，白6拆边。黑棋形厚实，两分。

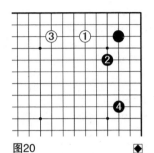

图20

### 图20（二间挂）

白1二间挂和图22的一间挂都处在低位。与大飞挂和小飞挂志在中腹发展不同，棋子下在低位是将快速安定放在首位。

不论黑棋如何应对，白都是3位拆二。

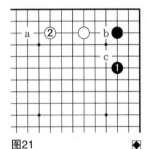

图21

### 图21（两分）

黑1拆二，与在右边有所发展相比，更倾向于一手棋快速定型。

白2拆二告一段落。

如果接下来黑a一带逼住，则白可以b位或者c位腾挪整形。

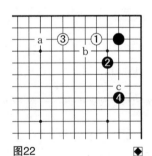

图22

### 图22（一间挂）

白1一间夹。

黑2小飞棋形处在高位，同时一旦以后在a位逼住，还有b位飞压的后续好点。

但是黑4不能脱先，否则白c严厉。

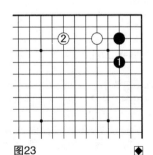

图23

### 图23（两分）

黑1拆一坚实。这样一来上图白c的手段消失，黑棋可以一手补强角地。

同样的，上图黑a逼的威力也小了很多，b位飞压的好手也很难实现。

相较之下，黑1的目的不是对白棋产生压力，而是更倾向于加强自身棋形。

### 阿尔法围棋是如何思考的？

（日）河野临（日）小松英树（日）一力辽 著

苏 甦 译

书号：ISBN 978-7-5591-1467-9

定价：58.00元

· 本书选取阿尔法围棋带有强大冲击力的精彩手段，展现具体的应对方法。
· 回答问题的是被誉为最努力棋手的河野临九段和才气逼人的棋手一力辽八段。
· 由小松英树九段作为出题者和其他两位棋手共同研讨和讲解。
· 本书将以往的常规下法进行详细介绍，力图加深对阿尔法围棋的理解。

### 围棋手筋宝典

（日）石田芳夫 著

马旭赫 译

书号：ISBN 978-7-5591-1468-6

定价：48.00元

· 本书收录了实战中常见的手筋形、手段形等共668图。
· 依据棋子构成形状和主要部分所占路数区分主要棋形。
· 各个棋形配有相应的相似图、参考图或次序图。
· 参照图中配有类似棋形或双方对同一手筋的不同下法，以供参考。

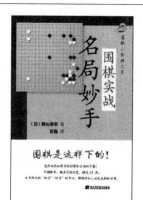

### 围棋实战名局妙手

（日）鹤山淳志 著

苏 甦 译

书号：ISBN 978-7-5591-1781-6

定价：48.00元

· 本书中以序盘和中盘为中心，选取了职业棋手对局中比较精彩的38个片段，简化读者的打谱时间。
· 每道题目都设置了ABC三个选项，对每一个选项的实战变化做了深入分析，附录了问题图之前的对局次序图。

**林海峰围棋死活快速提高200题：基础力**

（日）林海峰 著
马旭赫 译

出版日期：2022年2月
书　　　号：ISBN 978-7-5591-2422-7
定　　　价：50.00元

**林海峰围棋死活快速提高200题：必杀力**

（日）林海峰 著
母东让　胡丹蔚 译

出版日期：2022年2月
书　　　号：ISBN 978-7-5591-2421-0
定　　　价：50.00元

**林海峰围棋死活快速提高200题：逆转力**

（日）林海峰 著
苏甦 译

出版日期：2022年2月
书　　　号：ISBN 978-7-5591-2420-3
定　　　价：50.00元

## 围棋常用定式与序盘策略

（日）大桥成哉　编著
　　　　　刘　林　译

出版日期：2023年5月
书　　号：ISBN 978-7-5591-2896-6
定　　价：50.00元

## 围棋局于在想什么：基本作战问题大集锦

（日）水间俊文　编著
　　　　　鲁　健　刘　林　译

出版日期：2023年5月
书　　号：ISBN 978-7-5591-2897-3
定　　价：58.00元

## 围棋打谱提高法：黑棋的作战下法与白棋的行棋意图

（日）水间俊文　编著
　　　　　刘　林　鲁　健　译

出版日期：2023年5月
书　　号：ISBN 978-7-5591-2898-0
定　　价：58.00元

## 围棋点三三定式与攻防

（日）藤森稔树　著
　　　　　刘　林　译

出版日期：2023年4月
书　　号：ISBN 978-7-5591-2927-7
定　　价：58.00元